Katja Böhler / Jürgen Hoeren (Hrsg.)

Afrika – Mythos und Zukunft

Schriftenreihe Band 426

Katja Böhler / Jürgen Hoeren (Hrsg.)

Afrika

Mythos und Zukunft

bpb: Bundeszentrale für politische Bildung

Bonn 2003
Lizenzausgabe für die
Bundeszentrale für politische Bildung

Umschlaggestaltung: Michael Rechl, Wanfried
Umschlagfotos: oben: ullstein bild/Mitterbauer, Kamerun
unten: dpa/Kärkkäinen, Nairobi/Kenia
rechts: dpa/Langenstrassen, Sierra Leone
Satz: Barbara Herrmann, Freiburg
Druck und Bindung: freiburger graphische betriebe
ISBN 3-89331-502-0

Inhalt

III. Soziales Leben in Afrika

IV. Kultur in Afrika

V. Konfliktfelder des Kontinents und Ausblick

Vorwort

Lange Zeit haben die Deutschen den afrikanischen Kontinent politisch und kulturell vernachlässigt. Wenn irgendwo in Afrika Hungerkatastrophen auftreten und wir die Bilder ausgemergelter Kinder sehen, verfestigen sich Klischees, die sich zum Teil über Jahrhunderte entwickelt haben: Afrika als Kontinent der Bürgerkriege, des Chaos, der Unterentwicklung, der Korruption, des Elends, heimgesucht von AIDS und Seuchen. Im Geschichtsunterricht, in den Medien und in der öffentlichen Wahrnehmung spielt Afrika kaum eine Rolle. Positive Entwicklungen werden kaum zur Kenntnis genommen. Ziel dieses Buches ist es daher, die Vielfalt und Vielschichtigkeit des Kontinents ins Zentrum der öffentlichen Aufmerksamkeit zu rücken und damit ein realistischeres Bild von der afrikanischen Wirklichkeit zu skizzieren, ohne die negativen Aspekte zu verschweigen.

Darüber hinaus geht es um folgende Fragen: Wie erleben Afrikaner Deutschland? Warum verlassen so viele Afrikaner ihre Heimat? Was wissen wir über die Geschichte Afrikas bzw. die deutsche Geschichte in Afrika? Welche Afrika-Bilder haben wir – wie sind sie entstanden und wie beeinflussen sie unser Denken und Handeln? Wie sieht das Leben in Afrika heute tatsächlich aus und welche Rolle spielen Religionen und Traditionen? Die Beiträge, die aus wissenschaftlicher und journalistischer Perspektive verfasst wurden, sollen einerseits den aktuellen Stand der Forschung vermitteln, dem Leser aber zugleich das moderne Leben auf dem afrikanischen Kontinent näher bringen. Die Zusammenstellung der Beiträge erhebt keinen Anspruch auf Vollständigkeit, vielmehr wollen die Herausgeber das Interesse für den Kontinent neu wecken.

Konkreter Anlass für dieses Buch ist ein Schwerpunktprogramm Afrika des Kulturprogramms von SWR2 (Südwestrundfunk).

Katja Böhler
Jürgen Hoeren

im August 2003

I. Deutschland in Afrika – Afrika in Deutschland

1. „Ich setze mich nicht neben einen Neger"

Alltagserfahrungen eines Afrikaners in Deutschland

Von Osman A. Sankoh

Ein dünner Lichtstrahl zwängte sich durch das Fenster und traf mich genau auf der Stirn. Ich öffnete meine Augen einen Spalt und sah nach oben an die Zimmerdecke. Ich glaubte zu träumen, denn was ich sah, war mir nicht vertraut. Ich schüttelte meinen Kopf ein bisschen, um richtig wach zu werden. Ich erhob mich von dem Bett, schob die ungewohnt schwere Bettdecke zur Seite und ging schwerfällig zum Fenster. Ich schob die Vorhänge zur Seite und schaute hinaus. Ich sah etwas, was mir wie ein Häusermodell auf dem Tisch eines Architekten erschien. Unter und zwischen den Häuserreihen gab es eine saubere graue Straße, die Markierungen in Form von geraden weißen Linien und Pfeilen aufwies. Die Ampel wurde grün, und ich sah, dass ein weißer Mann seine Kinder zur Schule brachte. „Ich bin in Deutschland!" Es war Ende 1998.

Als das Flugzeug über Deutschland hinunterging, fing mein Herz an, schneller zu schlagen. Ich machte mir klar, dass dies eine einmalige Gelegenheit war. Ich dachte an meine vielen Landsleute, die gerne ausreisen und das Leben in Übersee kennen lernen wollten. Einige würden alles Mögliche tun, um dieses Ziel zu erreichen. Ich dankte meinen Sternen, dass ich nicht hatte kämpfen müssen, um hierher zu kommen. Ich hatte an der Universität in Sierra Leone hart gearbeitet, und jetzt war es der weiße Mann selbst, der mir ein Ticket gekauft hatte und der für meinen Lebensunterhalt in seinem eigenen Land zahlen würde.

*

Welch ein Willkommen! Eines Nachts gegen halb zwei wurde in unsere Wohnung eingebrochen, während meine Frau und ich schliefen. Wir hatten große Angst, der Einbrecher könnte uns etwas antun. Wir riefen deshalb die Polizei an. Wir waren sehr froh, dass innerhalb weniger Minuten zwei große deutsche Polizisten kamen. Als sie jedoch sahen, dass wir Afrikaner waren, baten sie uns als Erstes darum, unsere Reisepässe vorzuzeigen. Wir waren enttäuscht. Sie blätterten sie durch und überzeugten sich davon, dass wir eine gültige Aufenthaltsbewilligung hatten. Dann gaben sie uns die Pässe zurück, und das war alles. Sie wiesen uns an, den Diebstahl am nächsten Morgen zu melden und verließen uns dann.

⋆

Es stimmt, dass einige Afrikaner bei Straftaten erwischt werden. Aber dies ist kein ausreichender Grund, *alle* Afrikaner in Deutschland dieser Gruppe zuzuordnen. Dahinter versteckt sich folgendes Vorurteil: Ein Afrikaner in Deutschland wird im Allgemeinen als ein armer Mann wahrgenommen – im Hinterkopf sind immer die verhungernden Afrikaner, die im deutschen Fernsehen gezeigt werden.

So nahm mich ein junger und netter deutscher Fahrer an einem Samstagabend von Frankfurt nach Dortmund mit. Er wollte, dass ich ihm sage, wo er mich in Dortmund absetzen sollte. „Ich hätte Sie sonst an der Bushaltestelle abgesetzt, denn ich weiß nicht, wo das Asylantenheim ist", sagte er entschuldigend zu mir.

⋆

An der Universität hatte ich mich mit anderen Dingen herumzuschlagen. Ich musste an einem Projekt teilnehmen, das in verschiedenen Arbeitsgruppen organisiert war. Als ich ankam, hatten sich die *weißen* Studenten schon in Gruppen aufgeteilt, und so war es sehr schwierig für mich, noch einen Platz in einer Gruppe zu bekommen. Es gelang mir nur mit Mühe, mich einer Gruppe anzuschließen, die noch Platz für zwei weitere Studenten hatte. Manchmal musste ich die anderen praktisch anflehen, mich zu akzeptieren. Also ehrlich, es war so entwürdigend!

Als Afrikaner muss man seinen Stolz hinunterschlucken, um vorwärts zu kommen. Man muss sich dazu zwingen, freundschaftliche Beziehungen zu Deutschen aufzubauen, weil sich sonst niemand um einen kümmert. Die Deutschen denken offenbar, dass es sich nicht lohnt, einen afrikanischen Freund zu haben, weil man von ihm nicht profitieren kann.

*

„Herr Sankoh, Ihr Apartment ist für Ihre Frau und Sie zu klein. Die Vorschriften verlangen, dass Sie ein mindestens 45 m^2 großes Apartment haben, um vernünftige Lebensbedingungen für zwei Personen zu haben", erklärte mir ein Beamter, nachdem ich ihm voller Stolz die Bewilligung meines Stipendiums und meinen Mietvertrag auf den Schreibtisch gelegt hatte.

Er nahm seine Lesebrille ab und sagte, dass ich definitiv ein Apartment brauchte, das der vorgeschriebenen Mindestgröße entspreche, sonst wäre es nicht möglich, meine Frau nach Deutschland kommen zu lassen. Ich versuchte mir vorzustellen, warum elf Quadratmeter solch einen großen Unterschied machen sollten. „Aber das Apartment ist für meine Frau und mich groß genug", versuchte ich ihn umzustimmen. Ich wollte ihm von meinen Problemen an der Uni erzählen. Ich wollte ihm erklären, was mir die Anwesenheit meiner Frau bedeutete. Ich wollte ihn fragen, wie *er* sich fühlen würde, wenn ich ihm als Beamter der Ausländerbehörde in Sierra Leone gesagt hätte, dass er seine Frau wegen elf Quadratmetern nicht zu sich holen könnte. Das wollte er jedoch nicht hören. Als er den nächsten in sein Büro hereinrief, merkte ich, dass er meinen Fall als erledigt ansah. Ich fand den Mann kaltherzig. Dann aber versuchte ich mir klarzumachen, dass er lediglich Vorschriften und Bestimmungen ausführte, die er nicht selbst gemacht hatte. Zustimmen konnte ich ihm aber nicht.

Mir blieb also nichts anderes übrig, als mich auf dem privaten Wohnungsmarkt umzusehen, um eine größere Wohnung zu finden. Es war grauenhaft! Was die Sache noch verschlimmerte: Sobald die Leute merkten, dass ich Ausländer war, legten sie einfach den Hörer auf. Manche sagten zwar, ihnen sei es egal, dass ich Ausländer sei, aber sobald ich ihnen sagte, dass ich schwarz sei, hielten sie für einen Moment inne und erklärten mir dann, dass es nicht gut für mich wäre, in ihrer Wohngegend zu leben. Also machte meine Hautfarbe die Lage noch schwieriger.

⋆

„Herr Sankoh, Ihre Frau muss in unserem Land Hausfrau bleiben. Etwas anderes ist nicht möglich", erklärte uns ein Beamter. „Es ist egal, ob sie in Sierra Leone Studentin war oder nicht. Der Grund, warum sie hierher gekommen ist, war die Familienzusammenführung und sonst nichts. Sie hat also weder eine Arbeitserlaubnis noch die Erlaubnis, hier zu studieren; ich hoffe, das ist Ihnen klar. Es ist mir unangenehm, es Ihnen zu sagen, aber sie muss als Hausfrau zu Hause bleiben, bis Sie ihr Studium beendet haben und in ihr Land zurückkehren. Wenn sie studieren möchte, muss sie erst nach ... Aus welchem Land kommen sie noch mal?", fragte er.

Meine Frau und ich sahen uns an, bedankten uns und verließen das Büro. Der Mann hatte unsere einfache Frage unfreundlich beantwortet und hatte keine Anstalten gemacht, uns irgendwie weiterzuhelfen. Warum? Manchmal habe ich den Eindruck, dass diese Leute einfach schon zu abgestumpft sind. Aber ich denke, es hängt davon ab, wen man trifft und in welcher Stimmung er oder sie gerade ist. *Es ist also falsch, alle über einen Kamm zu scheren.*

⋆

Es dauerte noch vier Minuten, bis die S-Bahn abfuhr. Meine Frau und ich saßen uns gegenüber, so dass zwei Plätze neben uns frei waren. Eine deutsche Frau stieg mit ihrem fünfjährigen Sohn ein. Sie hatte strähnige Haare und sah ungepflegt aus, das Gleiche galt für ihren Sohn. „Nimm den Platz da", sagte sie und zeigte ihrem Sohn den freien Platz neben uns. Der Junge verzog voller Verachtung den Mundwinkel. „Nein, ich setze mich nicht neben Neger", erwiderte er laut und mit schriller Stimme. Jetzt schauten uns alle Fahrgäste an. Die Mutter schien verlegen zu sein. „Nein, das sind keine Neger! Halt dein großes Maul!", schrie sie ihren Sohn an. „Aber du hast mir doch gesagt, dass alle Schwarzen Neger sind", protestierte der kleine Junge. „Diese hier sind keine Neger, kleines Schwein!", schimpfte die Mutter, der die Situation sichtlich peinlich war. Sie sah sich um. Ich sah meine Frau an, die bei dem Versuch, ihren Ärger zu unterdrücken, ihren Kopf gesenkt hatte. Ich stand auf und ging zu dem kleinen Jungen, ging vor ihm in die Hocke und fing an, mit ihm zu reden. „Schau her, mein Freund, ich bin genauso ein Mensch wie du", sagte ich in gutem Deutsch zu ihm. „Eh, du kannst Deutsch?", fragte er mich. „Ja, komm und setz' dich zu mir. Ich muss dir etwas erklären", versuchte ich ihn zu ermutigen. Er sah mich völlig überrascht an und nahm die Einladung an.

*

Es gab eine Zeit, in der ich dringend einen Job brauchte, um die ausstehende Miete für mein Apartment aufbringen zu können. Also ging ich zum Studenten-Service beim Arbeitsamt und verbrachte dort den ganzen Tag, um geduldig auf ein Jobangebot zu warten. Als ich endlich eine Karte mit einem Jobangebot bekam, war ich richtig glücklich. Der Job – Be- und Entladen von LKWs mit Ware – war von einem Supermarkt gemeldet worden. Der Studenten-Service hatte mit dem Supermarkt ausgemacht, dass ich direkt dorthin kommen sollte, um mich vorzustellen. Ich lief sofort zur Haltestelle, um mit der Straßenbahn dorthin zu fahren.

Ich fand die Frau, die den Studenten-Service angerufen hatte, beim Durchblättern eines Papierstapels. Als ich in ihr Büro trat und ihr erklärte, dass ich wegen des ausgeschriebenen Jobs gekommen sei, sah ich ihren Stift aus ihren Fingern gleiten, als ob sie eben taub geworden wären. Sie schien in ihrem Sessel zu versinken. Sie verschränkte die Finger ineinander und zeigte so ihre perfekt manikürten Nägel. Sie hatte eine lange gerade Nase, die riesig wirkte, weil ihre Augen, die fast vollständig von ihren Lidern verdeckt wurden, so klein waren. Sie musterte mich von Kopf bis Fuß.

„Die Verwaltung hat gerade beschlossen, dass wir den Job für eine Weile streichen", sagte sie und zuckte mit beiden Schultern, als ob sie damit ausdrücken wollte, dass dies nicht ihre Entscheidung war.

„Aber vor dreißig Minuten hat jemand mit Ihnen gesprochen, und Sie baten darum, dass der Student umgehend zu Ihnen käme", protestierte ich, um sie wissen zu lassen, dass ich wusste, dass sie mich anlog. Tja! Sie hatte eben keinen *schwarzen* Studenten erwartet.

*

Die meisten Menschen in Europa sehen nur das Schlechte in Afrika und versuchen, mir meine Zuversicht und Hoffnung zu nehmen. Wenn ich hier aus der Tür trete, bin ich ihnen dankbar, dass sie mich ein besseres Leben in ihrem Land leben lassen. Ja, ich sehe die Armut, über die die Menschen in Europa und Amerika reden, weil ich die Welt jetzt auch aus ihren Augen betrachten kann. Aber diese *Mischaugen*, mit denen ich jetzt sehe, haben mich nicht glücklicher als früher gemacht, als ich noch in meinen Dörfern war. Meine Augen waren früher einmal anders. Ich konnte das meiste Negative nicht sehen, das einem hier im Westen dauernd vor Augen geführt wird.

Aber mit meinen *Mischaugen*, mit meinen Erfahrungen aus dem Alltag hier in Deutschland, kann ich noch mehr Sachen sehen, die ich früher nicht sah. Ich sehe täglich Leute, die auf mich herabblicken. Ich sehe sie voller Verachtung, wenn ich näher an sie herankomme. Ich kann hier nicht viele Freunde sehen. Aber ich sehe viele Menschen, die fast keine materiellen Sorgen haben, die aber trotzdem nie zufrieden sind mit dem, was sie haben. Lassen Sie mich jetzt diese

Mischaugen schließen, meine *Dorfaugen* wieder öffnen und mir mein Dorf vorstellen ... Oh, Gott! Meine *Dorfaugen* können jetzt auch etwas Negatives sehen. Meine Sichtweise hat sich für immer verändert. Ich sehe Gutes und Schlechtes – überall.

*

Meine Tochter musste am Herzen operiert werden. Ich wollte mit den Professoren sprechen, die die Operation durchführen wollten. Als ich der Sekretärin eines Professors von meiner Tochter erzählt hatte, machte sie eine Bemerkung, die mich zutiefst verletzte und die ich nie vergessen werde. „Oh, ja!", sagte sie, ohne mich anzusehen, „ich habe gehört, dass einige Leute sich am Herzen operieren zu lassen, nur um eine Aufenthaltsverlängerung in unserem Land zu bekommen." Ich ärgerte mich so sehr, dass ich nicht ein Wort sagen konnte.

Das Negative wendete sich für meine Tochter noch zum Positiven. Innerhalb von drei Monaten wurde ein Gesamtbetrag von 56.118,72 DM von Leuten gespendet, die uns gar nicht kannten. Die Menschen waren so besorgt, dass eine Ärztin ihren Schmuck im Wert von 22.000 DM für die Operation zum Verkauf anbot. Dies beweist allen von uns, dass Verallgemeinerungen über Menschen, seien es Europäer, Amerikaner oder Afrikaner, nicht gut sind. Es gibt *immer* viele Menschen, die den Verallgemeinerungen *nicht* entsprechen.

2. Folgenschwere Konstrukte

Beobachtungen zu Afrika-Bildern in weißen Köpfen

Von Kodjo Attikpoe

Man kann nicht stets das Fremde meiden.
Das Gute liegt uns oft so fern
Goethe (Faust I)

Trotz der jahrhundertelang währenden europäisch-afrikanischen Beziehungen ist Afrika im westlichen Kulturraum noch immer wenig bekannt. Einer der Gründe für die Wahrnehmung Afrikas als ferne fremde und unheimliche Welt liegt in der Art der Kommunikation, die zwischen diesen beiden Teilen der Welt stattfindet: Aufgrund der hegemonialen Machtstellung Europas verläuft sie nicht zwischen zwei gleichwertigen Partnern. Die „Begegnung" mit dem afrikanischen Kontinent vollzog sich zweckgebunden und war in erster Linie durch imperialistisch-kolonialistische Zielsetzungen motiviert und nicht darauf ausgerichtet, einen echten kulturellen Austausch zu entfalten.

Die wohl aus dem Zeitalter des Imperialismus stammende Bezeichnung „dunkler Kontinent" hat auch gegenwärtig noch Bestand und sagt viel über die westliche Einstellung gegenüber Afrika aus. Das Image Afrikas ist im kollektiven Bewusstsein der Weißen im Kern ungebrochen negativ geblieben. Die Ursachen dafür sind die machtvollen Nachwirkungen der überlieferten Stereotype und Klischees über Afrika.

Die Stereotypisierung des „Fremden" gehört in den Handlungskontext jeder Kultur. Ethnien, Völker und Nationen betrachten und beurteilen sich. Der Blick auf den „Anderen" und die Bewertung des kulturell Fremden zieht oftmals die Bildung von Stereotypen nach sich. Sie prägen das menschliche Handeln, sind so etwas wie ein natürlicher Vorgang und eine anthropologische Konstante. Dennoch ist das Augenmerk auf ihre unangenehmen Folgeerscheinungen zu richten: Stereotype wirken sich nachteilig auf die zwischenmenschliche Kommunikation und auf das gesellschaftliche Beziehungsgeflecht aus. Daher ist es notwendig, ihnen entgegenzuarbeiten.

Stereotype entstehen in verschiedenen Zusammenhängen, werden dann zählebig und überdauern die Zeiten. Historisch gesehen definierte und gestaltete der Okzident die Begegnung mit Afrika als „Entdeckung". Er fasste Afrika als Ort der Finsternis auf und betrachtete seine Bewohner als Wesen, die der Tierwelt näher standen als der Menschheit. Aus diesen Prämissen entstand der Afrika- und Negermythos. So urteilte Samuel Baker: „Die menschliche Natur, wie man sie unter den afrikanischen Wilden in ihrer primitivsten Form antrifft, entspricht der des wilden Tieres und lässt sich mit dem edlen Charakter eines Hundes nicht vergleichen."[1] Richard Burtons Abwertung der Afrikaner liest sich so: „Die Erforschung des Negers ist die Erforschung primitivster menschlicher Denkvorgänge. Wenn ihm nicht jede Fähigkeit zur Fortentwicklung fehlen würde, könnte man Neger eher für eine Degenerationsform des zivilisierten Menschen als einen Wilden auf der ersten Entwicklungsstufe halten. Er ist nicht aus Edelmetall und hat auch keine Anlagen, die nach Erziehung verlangen. Er scheint zu jenen kindlichen Rassen zu gehören, die sich nie in den Rang des Menschentums erheben können. Sie fallen wie abgenutzte Glieder aus der großen Kette der lebendigen Natur."[2]

Seitdem wurde eine Flut von Literatur über Afrika und Afrikaner hervorgebracht, die bewusst darauf abzielte, diesen Mythos zu belegen und zu propagieren. Fast alle Wissenschaften waren aktiv an der Konstruktion des Mythenkomplexes beteiligt. Maßgebend dabei war auch der Einfluss vieler Gelehrter, die sich als Theoretiker der Entwicklung der Menschheit verstanden. Eine Schlüsselrolle bei dem Aufbau des Afrika-Mythos spielten jedoch besonders Forschungs- und Entdeckungsreisende sowie Missionare, die in ihren Reiseberichten *ihr* Afrika regelrecht erfunden haben. Sie imaginierten und konstruierten viele Stereotype, die im Kern die Menschlichkeit der Afrikaner negierten.

Die Grundcharakteristik, die Afrikanern zugewiesen wurde, war die „Primitivität" als Gegenpart zur „Zivilisiertheit" der Europäer. Levy-Bruhl, ein großer Verfechter der Theorie der Primitivität, stützte sich auf Reiseberichte, um seine These zu untermauern. In seinem Werk *„Die geistige Welt der Primitiven"* vertrat er die Ansicht, dass primitive Menschen nicht denkfähig seien. Hinsichtlich seines Urteils über Afrikaner machte er sich die Auffassung des Missionars W. H. Bentley zu eigen: „Der Afrikaner, Neger oder Bantu, denkt nicht, überlegt nicht, folgert nicht. [...] Einen Plan ernsthaft auszuarbeiten, mit Intelligenz eine Induktion auszuführen – das geht über seine Kräfte. [...] Der Afrikaner denkt nichts bis zu Ende durch, wenn er dazu nicht gezwungen wird. Das ist sein schwacher Punkt, das ist sein charakteristisches Merkmal."[3]

Selbst Immanuel Kant, der selbst nie gereist ist, gehörte zu den namhaften Persönlichkeiten, die dem „Negermythos" Autorität verliehen. Eine vernichtende Kritik über Afrikaner ist zum Beispiel seiner These der Ästhetik zu entnehmen. Er sprach dem Afrikaner, der Afrikanerin das Gefühl des Schönen und Erhabenen ab: „Die Negers [sic!] von Afrika haben von der Natur kein Gefühl, welches über das Läppische stiege. [...] Die unter ihnen weit ausgebreitete Religion der Fetische ist vielleicht eine Art von Götzendienst, welcher so tief ins Läppische sinkt, als er nur immer von der menschlichen Natur möglich zu sein scheint."[4]

Eine weitere Säule der kolonialistischen Herrschaftspolitik war die Verneinung der afrikanischen Sprachen. So wie die Kolonialmächte sich als *Zivilisierte* sahen, die über eine *Sprache* verfügten, wurde der Kolonisierte als *Wilder* angesehen, der nur *Dialekte* sprach. Dies hatte literarische Implikationen: Autoren beschrieben Afrikaner und Afrikanerinnen oft als Untermenschen, deren sprachliche Kommunikation nicht nur aus unverständlichen und ohrenzerreißenden Tönen bestünde, sondern eher der Sprache von Tieren ähnele. In Conrads *„Herz der Finsternis“* (1902) ist z. B. zu lesen: „Andere wechselten kurze, gegrunzte Sätze.“[5] An anderer Stelle heißt es: [...] „In regelmäßigen Abständen brüllten alle zusammen eine Tirade schauriger Worte, die nichts mehr mit den Lauten menschlicher Sprache gemein hatten.“[6]

Ebenfalls im historischen Kontext schien Europäern ihre Hautfarbe selbstverständlich. Dagegen fassten sie die der Afrikaner als eine Merkwürdigkeit auf, so bei Montesquieu: „Die Menschen, um die es sich handelt, sind schwarz vom Kopf bis zu den Füßen und haben eine so platte Nase, dass es fast unmöglich ist, sie zu beklagen. Man kann sich nicht vorstellen, dass Gott, der doch ein allweises Wesen ist, eine Seele, und gar noch eine gute Seele, in einen ganz schwarzen Körper gelegt habe.“[7] Im europäischen Bewusstsein symbolisiert die schwarze Hautfarbe das Böse und das Undurchdringliche. Sie stellt für viele eine geheimnisvolle Erscheinung dar, die einstige Gelehrte zu ergründen suchten. Man denke beispielsweise an die Klima-Theorie (Kant, Herder), welche die schwarze Farbe durch die Hitze erklärte.

Es wäre verfehlt zu behaupten, dass solche Charakterisierungen aus der Kolonialzeit ganz der Vergangenheit angehören. Die Erscheinungsbilder von Afrika-Stereotypen in der so genannten postkolonialen Ära zeugen von ihrer Aktualität. Die These des geistesschwachen Afrikaners, die auf der Skala der rassistischen Stereotypen über Afrika an exponierter Stelle steht, lebt in den Köpfen fort, mit dem Unterschied, dass sie im heutigen globalen Diskurs nicht mehr offen ausgesprochen wird. Diese Fiktion ist unterschwellig und latent vorhanden und ab und an zwischen den Zeilen zu hören oder zu lesen. 1994 löste die deutsche Bevölkerungswissenschaftlerin Charlotte Höhn einen Skandal auf der Weltbevölkerungskonferenz in Kairo mit der Äußerung aus, dass die Intelligenz der Afrikaner niedriger als die anderer Menschen sei.[8]

Die ungebrochenen überlieferten kulturellen Wahrnehmungs- und Denkmuster haben das Unterbewusstsein vieler Menschen geprägt, sie haben Stereotype und Vorurteile verinnerlicht, ohne sich deren Ursprünge bewusst zu sein. Folglich erscheinen sie in ihren Augen als Realität. Auf diese Art wird die westliche Perspektive auf Afrika durch die kulturelle Sozialisation und die Erziehungsprozesse präformiert oder herausgebildet. Interkulturelle Alltagsgespräche sind in dieser Hinsicht aufschlussreich: Manche Deutsche vertreten oft hartnäckig den Standpunkt, dass die Fremdbezeichnung „Neger" nicht abwertend sei. Wer über ein gesundes historisches Bewusstsein von menschenverachtenden Geschehnissen verfügt, die mit dieser Charakteristik verbunden waren und sind, wird nicht derart in dieser Auffassung verharren.

Im westlichen Kulturraum ist die Aufarbeitung und Bewältigung der Vergangenheit – vor allem im Bewusstsein der breiten Masse – noch nicht hinreichend geschehen. Aus afrikanischer Sicht ist dieser Aufarbeitungs- und Bewältigungsprozess unabdingbar. Der nigerianische Literaturnobelpreisträger Wole Soyinka betont die Machtwirkung der Geschichte: „Ohnehin geht es nicht darum, die Vergangenheit anzuklagen; wir beschwören sie vielmehr, um die Aufmerksamkeit auf eine selbstmörderische, anachronistische Gegenwart zu lenken, um dieser durch Mutation entstandenen Gegenwart zu sagen: Du bist ein Kind jener Jahrhunderte der Lügen, der Verdrehereien, der Opportunismen an allerhöchster Stelle, die selbst unter den Heiligsten der Heiligen der intellektuellen Objektivität grassierten. [...] Und um die Aufmerksamkeit der Welt auf ihre eigenen historischen Lügengebäude zu richten [...]."[9]

Eine weitere Ursache des negativen westlich-europäischen Blicks auf Afrika ist die europäische Selbstbespiegelung. Stephen Smith und Antoine Glaser legen in einer bemerkenswerten Analyse – mit dem anschaulichen Titel „L'Afrique sans Africains. Le rêve blanc du continent Noir"[10] (zu deutsch „Afrika ohne Afrikaner. Der weiße Traum vom schwarzen Kontinent") – die verschiedenen Aspekte dieser Selbstwahrnehmung dar. Das Buch liest sich wie eine Selbstkritik aus europäischer Sicht und dokumentiert in freimütiger Weise den fehlenden Willen des Westens, eine auf Gleichheit basierende Kommunikation mit der Wiege der Menschheit und der Zivilisation[11] zu initiieren.

Diese „weiße Haltung" ist historisch zu erklären. Europäer haben ein positives Bild von sich selbst und ein negatives von den Afrikanern. Sie halten sich gegenüber Afrikanern für überlegen, die in jeder Hinsicht als „unterentwickelt" betrachtet werden. Dieses Überlegenheitsbewusstsein ist auch durch den Mythos von Afrika als kulturlosem- und geschichtslosem Kontinent zu erklären, der ein verheerendes Unheil angerichtet hat. Dieses Geschichtsverständnis verleitet Weiße zu der Überzeugung, dass die Ursprünge der afrikanischen Geschichte erst auf die Begegnung mit Europa zurückzuführen seien. Sie waren von der Geschichtslosigkeit Afrikas dermaßen überzeugt, dass sie die im vorkolonialen Afrika existierenden Zivilisationen mit weißen Einflüssen in Verbindung brachten.[12] Auch heute noch ist das Wissen über Afrikas Vergangenheit fragmentarisch. Darüber hinaus wird die Historie afrikanisch-europäischer Begegnungen aus westlich-eurozentrischer Perspektive geschrieben und lückenhaft dargestellt. Es entsteht der Eindruck, als wolle man die dunklen Seiten dieser Geschichte ruhen lassen. Es gilt nun, nicht nur die historische Wahrheit wiederherzustellen, sondern sie in das öffentliche Bewusstsein zu rücken.

Die Selbstbetrachtung Europas findet auch Ausdruck in ihrer deutlichen Abgrenzung gegenüber Afrika, was sich in der Charakterisierung des „typisch Afrikanischen" manifestiert. Nach diesem Grundsatz der Authentizität ist der Westen stets bemüht, die Identität der Afrikaner zu definieren und festzulegen.[13] Was ist das typisch Afrikanische? Was ist das typisch Europäische? Was ist das Hybride? Was ist das menschlich Universelle? Eine ernsthafte Auseinandersetzung um solche Kategorien ist unentbehrlich. Sie muss darauf zielen, den Dekonstruktionsprozess des Afrika-Mythos im öffentlichen Bewusstsein anzustoßen.

Literatur, wenn auch wesentlich als ästhetische Kategorie verstanden, reflektiert gesellschaftliche Realitäten, Normen, Werte und das kollektive Bewusstsein. Westliche Autoren und Literaturkritiker bleiben in ihrem kulturellen Selbstverständnis befangen. Daraus resultiert eine ethnozentrische

Darstellung und Interpretation des „anderen", der schließlich als Fiktion erscheint.

Ein Paradebeispiel in der Literaturgeschichte ist die bereits erwähnte Erzählung *„Herz der Finsternis"* von Joseph Conrad. Dieser Autor befleißigte sich seines literarischen Talents, um Afrikaner zu enthumanisieren. Conrads Afrika-Bild war offensichtlich rassistisch. Er bezeichnete Afrika als „vorgeschichtliche Erde, die das Gesicht eines unbekannten Planeten trug".[14] Er porträtierte Afrikaner als hässliche Menschen, die „Gesichter gleich grotesken Masken"[15] hätten. Ebenso stellte Conrad Überlegungen über ihre vermeintliche Unmenschlichkeit an: „Die Erde schien unirdisch. (...) Es war unirdisch, und die Menschen waren ... Nein, sie waren nicht unmenschlich. Wißt ihr, das war das schlimmste – dieser Verdacht, sie seien unmenschlich. Er drängte sich einem langsam auf. Sie heulten und hüpften und drehten sich um sich selbst und schnitten fürchterliche Grimassen; doch was einen schaudern ließ, das war gerade der Gedanke an ihre Menschlichkeit – unserer gleich – der Gedanke an unsere entfernte Verwandtschaft mit diesem wilden und leidenschaftlichen Aufruhr."[16]

Jahrzehntelang hat die westliche Kritik die rassistische Dimension des Meisterwerks verkannt oder übersehen, bis der nigerianische Schriftsteller Chinua Achebe diesen Aspekt entlarvte. Achebe erklärt das Übersehen dieses rassistischen Charakters damit, dass „der weiße Rassismus gegen Afrika eine derart normale Denkweise ist, dass seine Manifestationen gänzlich unbemerkt bleiben".[17]

Diese Selbstwahrnehmung westlicher Autoren und Literaturkritiker wird bis heute vor allem im kinder- und jugendliterarischen Bereich fortgesetzt. Die kulturellen Voreingenommenheiten vernebeln den Blick auf eine angemessene Erfahrung und Darstellung des „Fremden", wie der Kinderbuchfonds Boabab konstatiert: „Bücher von europäischen und nordamerikanischen Autoren und Autorinnen über [Afrika] widerspiegeln oft Vorstellungen, Wünsche und Visionen, die viel mehr mit den Schreibenden zu tun haben als mit den dargestellten Welten. Heute erscheinen von Autorinnen und Autoren aus dem Norden leider immer noch viele oberflächliche Bücher mit Klischees und Vorurteilen, wie wir sie vor zwanzig Jahren kritisierten. Alte Titel werden unverändert neu aufgelegt und finden sogar den Beifall der Kritik. Diese Tendenz stimmt nachdenklich."[18]

Angesichts des defizitären Afrikabildes verharren viele Menschen in der westlichen Welt in der Vorstellung, dass Afrika nichts Wissenswertes anzubieten habe. Daher rührt das große Desinteresse an diesem Kontinent. Selbst die Rhetorik der Interkulturalität (Interkulturelles Lernen, Dialog, Verstehen etc.) vermag keine substantielle Änderung an dieser Gesinnung zu bewirken. Der Begriff der Interkulturalität droht eine leere Worthülse zu werden, da der interkulturelle Diskurs oft aus der westlichen Perspektive geführt wird und die vereinnahmenden Ansprüche zum Vorschein bringt.

Auch bei bestem Willen und bester Absicht greift der interkulturelle Blick meist zu kurz. Die ethnozentrische Attitüde führt nicht zu einer kritischen Betrachtung und einem profunden Hinterfragen der Repräsentation der Afrikaner. Hier sei ein typisches Beispiel aus dem Bereich der Kinderliteratur genannt, das von pädagogischen Instanzen als vorbildliche Begegnung mit dem Fremden empfohlen worden ist. Es handelt sich um *„Afrika hinter dem Zaun"*[19] von Bart Moeyaert. Dieses Kinderbuch ist weit davon entfernt, einer *anspruchsvollen* interkulturellen Begegnung Rechnung zu tragen, da es einige gängige Klischees über Afrikaner aufweist (exzentrische afrikanische Frau, Herabsetzung einer afrikanischen Sprache, Sehnsucht nach dem „Primitiven" etc.). Die behandelte Thematik – Begegnung mit dem Fremden – gehört zweifelsohne in die Rubrik der Interkulturalität. Dennoch, dass mit diesem äußerst problematischen Kinderbuch sinnvolle „Anregungen zur pädagogischen Arbeit mit Kindern und Jugendlichen"[20] gegeben werden können, erscheint äußerst fraglich.

Stereotype und Vorurteile verbleiben nicht nur im „Kopf", sondern haben auch soziale Funktionen. Sie beeinflussen in beträchtlichem Maße die innere Einstellung der Menschen und bestimmen auch deren Umgang mit dem „Anderen". Sie besitzen und entfalten eine gewisse Wirkungsmacht, die im Falle Afrikas meist von negativer Art ist. Afrika-Bilder im Kopf der Europäer beeinträchtigen deren Verhältnis zu Afrikanern. Die kontinuierlich um Schwarze aufgebaute Mauer von Stereotypen lässt sie als andersgeartete Menschen erscheinen. Bilder schlagen in Feindbilder um, die zur Ab- und Ausgrenzung führen. Vor diesem Hintergrund ist zu verstehen, warum Afrikaner im westlichen Kulturraum selten als zugehörig wahrgenommen werden.[21]

Die bittere, verhängnisvolle Wirkung der Afrikavorurteile, denen Afrikaner stets ausgesetzt sind, veranlasst, über die *Negation* des (anderen) Menschen im europäischen Kontext nachzudenken. Es scheint ein Paradox zu sein, dass Europa sich des Gebots „Die Würde des Menschen ist unantastbar" rühmt, dessen Beachtung aber in der kulturellen Handlung des Individuums und auf der Ebene der institutionellen Machtstrukturen nicht immer erkennbar wird. Vielleicht kann man sich Frantz Fanon an dieser Stelle ins Gedächtnis zurückrufen, der dieses Europa kritisierte, das, „nicht aufhört, vom Menschen zu reden, und ihn dabei niedermetzelt, wo es ihn trifft, an allen Ecken seiner eigenen Straße [...]. Wenn ich in der europäischen Technik und im europäischen Stil den Menschen suche, stoße ich auf eine Folge von Negationen des Menschen [...][22].

Der westliche Mensch scheint die Schattenseiten seiner materiellen und technologischen „Zivilisation" nicht mehr zu ertragen: die Übermechanisierung seiner Umwelt, Überindividualisierung und Verödung der zwischenmenschlichen Beziehung. Er sucht zeitweise dieser Welt zu entfliehen. Während der Sozialisation wird das Bild Afrikas als Ort des Ursprünglichen verinnerlicht. Afrikaner gelten als Angehörige von Völkern, die in einer gewaltigen Naturhaftigkeit verankert sind. Groß ist daher häufig die Desillusion europäischer Touristen bei Afrikareisen, die ihre Enttäuschung kaum durch folgende Aussage verbergen können: „Ach, das ist ja nicht afrikanisch, es sieht hier europäisch aus." In diesen Kontext gehört die Haltung derer, die eine schier endlose Bewunderung für Sitten und Bräuche Afrikas bekunden, die in der Auflösung begriffen sind. Sie trauern ihnen sogar nach und plädieren eifrig für die Bewahrung solcher Traditionen. Die Dekonstruktion des Afrika-Mythos erfordert auch das Ende dieses Ursprünglichkeitsdiskurses.

Der Abbau des Afrika-Mythos verlangt eine Neubestimmung der europäisch-afrikanischen Verhältnisse. Entgegen dem Gleichheitsdiskurs spiegeln sie den Herrschaftsanspruch des Westens wider. Zu Recht spricht Soyinka davon, dass „das Hirn Europas sich immer noch der Aufgabe gegenübersieht, die afrikanische Welt als einen gleichwertigen Bereich der Menschheit zu begreifen"[23]. Diese Haltung lässt sich auch in imagologischer Hinsicht konstatieren: Kulturvermittelnde Instrumente wie Filme, Zeitungsartikel, Literatur, Schulbücher etc. tragen zur Verfestigung des Herrschaftsdenkens und -bewusstseins bei, indem sie stets ein negatives, verfälschtes oder einseitiges Afrikabild verbreiten. Mehr noch: Afrikanische Kulturen werden kaum als achtenswert betrachtet und dauernd auf Folklore reduziert. Dies kann zu „Denkblockaden in Richtung Afrika"[24] führen. Im deutschen Kulturraum bedarf es in der Tat ungeheurer Energie, um Interesse für afrikanische Kulturen zu wecken. Wie lässt sich von „interkulturellem Verstehen" reden, wie lässt sich „interkulturelle Kompetenz" erwerben, wenn Distanz zum Fremden besteht?

Die durchaus negativen Afrika-Bilder im europäischen Bewusstsein sind ursprünglich keine Folgen von interkulturellem Missverstehen. Sie sind Wunschprodukte der Geschichte. Sie erfüllten auch eine politische Funktion und dienten der klaren Abgrenzung der europäischen Identität gegenüber dem afrikanischen Kontinent. Daher scheinen Europäer von diesen Bildern nicht abrücken zu wollen. Angesichts dessen ist die Konstruktion der Afrika-Bilder im imperialistischen Kontext anzusiedeln, da sie ein struktureller Bestandteil der Herrschaft über Afrika war.

Die Dekonstruktion der Afrika-Bilder im heutigen Kontext verlangt vom Westen eine aktive Partizipation und hängt von dessen Willen ab, sich auf einen *egalitären Dialog* mit Afrika einzulassen. Die Frage, ob der Norden wirklich zu einer ebenbürtigen partnerschaftlichen Beziehung mit Afrika bereit ist, ist nicht unerheblich: Die Verwirklichung eines wahren Dialogs mit Afrika setzt voraus, dass Europa seine uralte Haltung aufgibt; Chinua Achebe bringt diese Forderung auf eine einfache Formel: „Eines sollte doch völlig klar sein: In der Auseinandersetzung mit dem schwarzen Menschen steht der Weiße vor einer ganz einfachen Entscheidung: Entweder akzeptiert er, dass der Schwarze ein Mensch ist und damit auch die Gleichberechtigung, die sich daraus ableitet; oder er lehnt das ab und betrachtet ihn lediglich als Lasttier. Dazwischen gibt es nichts, es sei denn, man ergeht sich in intellektuellen Haarspaltereien."[25]

Die europäische öffentliche Meinung nimmt Afrika als Kontinent der Kriege, Krisen, Katastrophen wahr. Man darf aber nicht verkennen, dass die Diktaturen eine große Verantwortung in der aktuellen Krise des Kontinents tragen. Es ist die Aufgabe der europäischen Medien, die Öffentlichkeit wahrheitsgemäß zu informieren. Ein von inneren und äußeren Kräften versklavtes Afrika kann nicht vorwärts kommen. Die afrikanischen Diktaturen sind im Kontext des Kalten Krieges entstanden und werden je nach geopolitischen und strategischen Interessen von Europa und Amerika massiv unterstützt. Nun tun sich die afrikanischen Völker schwer damit, diese Diktaturen loszuwerden, die immer noch von der tatkräftigen Unterstützung mancher europäischen Länder profitieren. Die europäische Öffentlichkeit sollte über diese Situation aufgeklärt werden. Dies wird zwar nichts an der politischen Situation Afrikas verändern, könnte jedoch zu deren besseren Verständnis beitragen und die Meinungsbildung über Afrika positiv beeinflussen.

3. „Für's Vaterland nach Afrika"

Deutsche Kolonialpolitik und der Hereroaufstand

Von Katja Böhler

Kriegslied (Auszug)
Vom Oranje zum Kunene
Scholl der Kriegesruf mit Macht;
Auf Kam'raden! Auf zum Streite!
Auf zum Kampfe! Auf zur Schlacht!
Für des Vaterlandes Ehre
Ans Geschütz, an die Gewehre,
Dass Germaniens Kaiser-Aar
Hier gebiete immerdar!

Vom Oranje zum Kunene
Ging das Machtwort wie im Flug
Denn der Geist der deutschen Einheit
War es, der's von dannen trug.
Frech gewordene Barbaren
Zogen auf zu Tausendscharen,
Um Germaniens Kaiser-Aar
Zu vernichten immerdar.
(Conrad Rust, 1905)

Lieder wie dieses sind zum Glück längst vergessen, vergessen wie – vor dem Hintergrund zweier Weltkriege – die koloniale Vergangenheit Deutschlands insgesamt. Sie währte, im Vergleich zu anderen europäischen Mächten, wie England, Frankreich und den Niederlanden, freilich nur kurz: von 1884–1918 – mit dem Resultat, dass dieser Teil deutscher Geschichte in der Öffentlichkeit entweder kaum Erwähnung findet oder aber verkürzt als Vorläufer der nationalsozialistischen Rassen- und Expansionspolitik behandelt wird.

Am 18.09.2001 traten die namibischen Hereros aus dieser Vergessenheit hervor und reichten Klagen gegen die Deutsche Bank, die Terex Corporation, die Woermann-Linie und am 19.09.2001 gegen die Bundesrepublik Deutschland auf

Reparationszahlungen auf Grund von Schäden ein, die ihnen in den Jahren 1904–1907 während des Hereroaufstandes entstanden seien. Sie werfen der Bundesrepublik Deutschland vor, (als Rechtsnachfolgerin des Kaiserlichen Deutschlands) verantwortlich zu sein für:

- die Einleitung und Durchführung des Rassenkampfes gegen die Hereros,
- einen vorbehaltlosen und unverhüllten Völkermord-Feldzug,
- ihre Versklavung,
- die grausame Behandlung,
- ihren planmäßigen Einsatz zur Zwangsarbeit,
- die Erniedrigung gefangen gehaltener Hererofrauen und schließlich
- die planmäßige Vernichtung der Hererokultur.

Die Klagen waren am „Superior Court of the District of Columbia" in Washington anhängig.[1] Die Forderungen der Kläger belaufen sich auf je zwei Milliarden US-Dollar.

Die Bundesregierung lehnt die Entschädigungszahlungen ab. Während Bundeskanzler Helmut Kohl den Vertretern der Hereros 1995 bei einem Besuch in Namibia eine Anhörung nicht gestattet hatte, nahm der Bundespräsident, Roman Herzog, 1998 immerhin eine Petition entgegen. Bundesaußenminister Joschka Fischer erkannte auf der Anti-Rassismus-Konferenz in Durban im September 2001 die Schuld Deutschlands für die bis heute nachwirkenden Folgen der Sklaverei und der Ausbeutung durch den Kolonialismus an, übernahm die Verantwortung und stellte sich für Deutschland der historischen Verpflichtung, den Opfern und ihren Nachkommen die geraubte Würde zurückzugeben.[2] Statt einer Entschädigungszahlung, so betonte die rot-grüne Bundesregierung jedoch, wolle man Entschädigung durch Entwicklungshilfe in der Region zahlen.[3]

In Deutschland setzte die öffentliche Diskussion über die Notwendigkeit des Erwerbs von Kolonien erst nach Überwindung der Kleinstaaterei und Gründung des Deutschen Reiches (und damit im europäischen Kontext: verhältnismäßig spät) ein. Besonders die wirtschaftlich schwierige Situation in den 1880er Jahren, die einerseits durch einen großen Bevölkerungszuwachs (von 41 Mio. im Jahre 1871 auf 60 Mio. im Jahre 1914), andererseits durch eine hohe Arbeitslosigkeit geprägt war, hatte zu sozialen Spannungen geführt. Sie wurden begünstigt durch den raschen Wandel des Deutschen Reiches zur größten Industrienation Europas, verbunden mit einer erheblichen Reduktion des landwirtschaftlichen Sektors am deutschen Wirtschaftsmarkt[4] sowie starken konjunkturellen Schwankungen.

Für die Befürworter einer offensiven Kolonialpolitik, standen zwei Aspekte im Vordergrund: Zum einen wollte man die Abwanderung der Arbeitskräfte in nicht-nationale Gebiete verhindern, da man in der Auswanderung großer Teile der deutschen Bevölkerung (u. a. nach Amerika) einen Arbeitskräfteverlust sah, der zum Produktionsrückgang führe.[5] Man nahm an, dass der nationale Wohlstand einer Nation von ihrer Bevölkerungszahl abhinge.[6] Zum anderen wollte man neue Absatzmärkte bzw. neue Rohstoffquellen erschließen, um so der Wirtschaftskrise von 1876 zu begegnen. Andere Befürworter fochten darüber hinaus für die Ausdehnung des wirtschaftlichen Einflusses, der deutschen Kultur und des Deutschtums, wie z. B. der Hamburger Rechtsanwalt Wilhelm Hübbe-Schleiden. Er war überzeugt, dass die Welt in Zukunft nur von einigen Großmächten beherrscht werde und Deutschland darin seinen Einfluss frühzeitig sichern müsse: „Eine Ausdehnung unseres Wirtschaftsgebietes ist das Einzige, was unser Volk vor der Versumpfung retten kann.[7] Damit verbunden war die Sorge, in der europäischen Entwicklung zurückzufallen, da die Expansion der anderen Großmächte bereits weit fortgeschritten war. Schließlich war in der Öffentlichkeit die Auffassung weit verbreitet, Weltmacht zu sein bedeute per se, Kolonien zu besitzen. In der Gründung von Kolonialgesellschaften und -vereinen wurde diese Stimmung in der Bevölkerung besonders manifest. Die Ende 1888 aus der „Gesellschaft für deutsche Kolonisation" und dem „Deutschen Kolonialverein" hervorgegangene „Deutsche Kolonialgesellschaft" zählte (1914) 42.000 Mitglieder.[8]

Bismarck sprach sich hingegen bis in die frühen 1880er Jahre gegen eine Kolonialpolitik aus, da er davon ausging, dass koloniale Besitzungen für das Deutsche Reich zu kostspielig und militärisch nicht zu verteidigen seien[9]. Außerdem bewegte sich das Deutsche Kaiserreich in der europäischen Außenpolitik nach dem Sieg über Frankreich im Jahre 1871 noch auf unsicherem Terrain. Noch 1881 beteuerte Bismarck daher: „So lange ich Reichskanzler bin, treiben wir keine Kolonialpolitik. Wir haben eine Flotte, die nicht fahren kann … und wir dürfen keine verwundbaren Punkte in fernen Weltteilen haben, die den Franzosen als Beute zufallen, sobald es losgeht."[10] Auf Grund einer Vielzahl innen- und außenpolitischer Überlegungen und insbesondere im Hinblick auf die Reichstagswahlen änderte er seine Auffassung später.

Nach der Devise: „Die Flagge folgt dem Handel" übertrug Bismarck 1883 auf Handelshäuser, Industriekonzerne und Banken die Verantwortung, Kolonien zu gründen und zu unterhalten. Damit folgte Deutschland einem europaweiten Vorgehen, wonach zunächst von privaten Unternehmen und Gesellschaften die Küstenregionen als Handelspunkte erschlossen wurden, dann Gebietserwerbungen über zum Teil zweifelhafte Verträge folgten und diese endlich diplomatisch abgesichert wurden. Zum Schluss erfolgte dann Stück für Stück die Durchdringung des gesamten Binnenlandes und die militärische Unterwerfung der autochtonen Bevölkerung.[11]

In Südwestafrika erwarb der Bremer Kaufmann Adolf Lüderitz am 01.05.1883 vom Oberhaupt des Namavolkes von Bethanien, Joseph Fredericks, die Bucht von Angra Pequeña und später den gesamten Küstenstreifen südlich bis zum Oranje in einer Breite von 20 geographischen Meilen. Qualifizierte Hilfe beim Vertragsschluss erhielt Lüderitz durch den Rheinischen Missionar Bam[12]; denn die Missionare der Rheinischen Missionsgesellschaft waren die ersten Deutschen auf dem Gebiet gewesen, die bereits seit 1842 in allen wichtigen Zentren Stationen errichtet und damit der Kolonialisierung den Boden bereitet hatten.[13] Die Verträge und insbesondere die Umstände des Vertragsschlusses waren gelinde gesagt problematisch. Zum einen kannte die einheimische Bevölkerung weder das deutsche Rechtssystem noch ein Individualeigentumsrecht, sondern lediglich Nutzungsrechte am Land. Zum anderen wurde Fredericks über den Umfang des Vertragsgegenstands getäuscht, da er von englischen Meilen (1,5 km) ausging, während Lüderitz auf deutschen Meilen (7,4 km) beharrte und damit den Irrtum aufrechterhielt.[14] Trotz Kenntnis des Betruges und der Auffassung des Auswärtigen Amtes, Lüderitz habe keine Hoheitsrechte erwerben können[15], sondern rein zivilrechtliche Verträge geschlossen, unterstellte Bismarck am 24.04.1884 die „erworbenen Gebiete" in Südwestafrika[16] dem Reichsschutz.

Es folgten Protektoratserklärungen zu Togo und Kamerun und am 07.08.1884 in Südwestafrika die Annexion des gesamten Gebietes von Angola bis zur Kapkolonie. Ergebnis der auf Bismarcks Betreiben einberufenen so genannten Berliner Konferenz von November 1884 bis Februar 1885, an der Vertreter der zwölf europäischen Kolonialmächte, der Vereinigten Staaten von Amerika und der Türkei teilnahmen, war neben der Festsetzung von Normen für den Erwerb überseeischer Besitzungen auch die Anerkennung bisheriger „kolonialer Erwerbungen". 1885 erklärte Bismarck das so genannte „Deutsch-Ostafrika" zum deutschen Protektoratsgebiet. Geringe Zuwächse erfolgten 1911 in Französisch-Äquatorialafrika nach Beilegung der zweiten Marokkokrise.

Mit der Änderung der Bismarckschen Politik setzte auch die sog. Kolonialerziehung ein, die bald in eine Stimmung des „Kolonialenthusiasmus" umschlug und das Expansionsprogramm der Regierung abstützte.[17] Gewerbeausstellungen, Völkerschauen und Firmenreklamen verankerten ein positives Bild über den Nutzen der Kolonialisierung im Volk.[18] Der Staatssekretär des Reichskolonialamtes, Bernhard Dernburg[19], rief später sogar zu einem „Kreuzzug der Erziehung zum kolonialen Verständnis" auf, um für ein „Großdeutschland über See" zu werben.[20]

Zur Festigung der noch unsicheren Machtstellung entsandte Reichskanzler Caprivi am 05. April 1894 Major Theodor von Leutwein nach Deutsch-Südwestafrika. Leutwein betrieb dort eine als gemäßigt einzustufende divide-et-impera-Politik[21] und schlug mehrere kleinere Erhebungen Einheimischer bis 1904 nieder[22], die in Deutschland nicht weiter beachtet wurden.

Doch am 12.01.1904 erhoben sich die Hereros unter ihrem Anführer, Samuel Maharero, und brachten 123 Deutsche um. Damit erfolgte ein Kurswechsel der Politik in Berlin. Die oberste Befehlsgewalt wurde nun General Lothar von Trotha übertragen, der bereits durch seinen besonders grausamen Militäreinsatz beim Boxeraufstand und in Ostafrika von sich reden gemacht hatte. Er traf im Juni 1904 in Deutsch-Südwestafrika ein. Gouverneur Theodor Leutwein hatte unterdessen den größten Teil der Hereros am wasserreichen Massiv des Waterbergs festgesetzt und die Entscheidungsschlacht vorbereitet, die am 11.08.1904 als Kesselschlacht begann und mit dem militärischen Sieg der Deutschen endete.

Als Hauptursachen des Aufstandes können folgende Gründe genannt werden:

- Die Hereros ernährten sich ausschließlich von der Viehzucht und benötigten große Weideflächen. Durch die Expansion der weißen Siedler fürchteten sie zunehmend den Verlust ihres Landes und somit ihrer Existenzgrundlage.
- Bodenqualität und Größe der für sie als Ersatz vorgesehenen Reservate waren ihrer Auffassung nach völlig unzureichend.[23]
- Die Reservatspolitik wurde als Beginn gewaltsamer Enteignungen verstanden, die mit wachsender Rechtsunsicherheit verbunden war.[24]
- Hinzu kam der Erlass einer neuen Kreditverordnung, mit der der Verschuldung der Hereros bei deutschen Händlern entgegengewirkt werden sollte: Bestehende bzw. neu geschlossene Kreditverträge sollten danach innerhalb eines Jahres ihre Gültigkeit verlieren. Die Folge war, dass die

Händler umgehend durch Zwangspfändung des Viehs der Hereros rigoros ihre Schulden eintrieben.[25]

Über den Verlauf des Aufstands selbst werden in der Literatur scharfe Auseinandersetzungen geführt. Darstellungen, die von der Abriegelung des östlichen Zentralnamibias ausgehen und die Überlebenschancen für die Hereros als gering erachteten, wird von einigen Autoren mit der Begründung widersprochen, das dies angesichts der landschaftlichen Gegebenheiten in Namibia und der geringen Truppenstärke nicht möglich gewesen sei.[26] Weiterhin ist umstritten[27], ob es zu einer geordneten und kontrollierten Verfolgung der Hereros kam – so die offizielle Version im Generalstab[28] – oder ob die Schutztruppler tatsächlich hierzu gar nicht in der Lage waren.[29] Gesichert ist aber, dass von Trotha berittene Patrouillen in die Omaheke schickte, um in den folgenden zwei Monaten herumirrende Hereros zu töten bzw. gefangen zu nehmen. Lau geht davon aus, dass ca. 2500 der Überlebenden zur Zwangsarbeit am Eisenbahnbau abkommandiert wurden.[30]

Strittig wird auch die Frage behandelt, ob vor dem Aufstand tatsächlich 80 000–100 000 Hereros in Deutsch- Südwestafrika lebten.[31] Mit Blick auf die Bodenbeschaffenheit des Landes verweisen vor allem neuere Untersuchungen darauf, dass die ausschließlich Vieh züchtenden Hereros große Weideflächen benötigt hätten, so dass das Gebiet höchstens ca. 35 000–50 000 Hereros hätte ernähren können.[32] Gesicherte Angaben liegen nicht vor. Auch schwanken die Berechnungen der Zahl der Überlebenden zwischen 16 000 und 30 000.[33]

Um den militärischen Sieg bis zur letzten Konsequenz auszunutzen, erließ von Trotha schließlich am 02.10.1904 folgende Proklamation: „Das Volk der Hereros muss das Land verlassen ... Innerhalb der deutschen Grenzen wird jeder Herero mit oder ohne Gewehr, mit oder ohne Vieh erschossen. Ich nehme keine Weiber und Kinder mehr auf, treibe sie zurück oder lasse auf sie schießen. Das sind meine Worte an das Volk der Hereros ...“[34]

Jedoch regte sich gegen diese harte Linie selbst im eigenen Lager Widerstand, so durch Major Theodor Leutwein[35], der seine Haltung jedoch mit seiner Abberufung aus Deutsch-Südwestafrika bezahlte. Erst danach folgte erneut ein Richtungswechsel in der Berliner Politik. Reichskanzler Graf Bernhard von Bülow intervenierte beim Generalstab und schließlich bei Kaiser Wilhelm II. unter Verweis auf den Widerspruch dieser Politik zu den Grundlagen des Christentums und der Menschlichkeit und den Schaden für das Ansehen des Deutschen Kaiserreichs.[36] Er erreichte damit die Aufhebung der Proklamation im Dezember 1905.

Die Intention von Trothas, das gesamte Volk vernichten zu wollen, wird in der Literatur allerdings bis heute in Frage gestellt.[37] Poewe z. B. ist der Auffassung, der Begriff „Vernichtung" hätte zu jener Zeit das Zerschlagen der Fähigkeit des Feindes, Widerstand zu leisten, gemeint und nicht die Vernichtung Mann für Mann; diese Interpretation scheint aber mehr als zweifelhaft, denn von Trotha erklärt in einem erläuternden Bericht ausdrücklich: „... Deshalb halte ich es für richtig, dass die Nation in sich untergeht ..."[38]

In einen bewussten Gegensatz zur übrigen historischen Forschung stellt sich auch Lau, die den Genozid ebenso leugnet: „Der Vorsatz einiger angehender deutscher Faschisten oder nekrophiler Fanatiker – was von Trotha und einige seiner Mitangeklagten in Deutschland sicher waren – darf mit dem, was in Namibia tatsächlich passiert ist, nicht verwechselt werden ... Diesen unglückseligen Versuch, eine verwirrte, beziehungslose und teure militärische Situation zu rechtfertigen, als bare Münze zu nehmen ... ist geschichtlicher Unsinn, und einen ‚Genozid' daraus zu machen, ein umso größerer"[39].

Am 12.01.2004 werden 100 Jahre seit Beginn des Hereroaufstands vergangen sein. Ihre Klage vor dem internationalen Gerichtshof in Den Haag 1998 wurde nicht angenommen, da vor diesem Gremium in Austragung völkerrechtlicher Streitigkeiten nur Staaten, nicht aber Gruppen klagen können. Heute ist es fast aussichtslos, das gesamte Ausmaß des Krieges zu rekapitulieren. Zu viele Unterlagen sind verloren gegangen, die meisten Überlebenden in der Zwischenzeit verstorben. So ist auch nicht verwunderlich, dass sich die Klagebegründung in vielen Punkten auf die Verwertung von Sekundärliteratur stützt – keine Grundlage für ein juristisches Verfahren ohne Vorlage weiterer Beweise.

Einen Genozid juristisch einwandfrei zu beweisen, fällt in der Praxis oft schwer, wie aus der Rechtsprechung zu den Urteilen der Strafgerichtshöfe zu Ex-Jugoslawien und Ruanda ersichtlich wird. Der Fall der Hereros liegt jedoch anders, denn es existieren ein Vernichtungsbefehl General von Trothas und ein unmissverständlicher Begleitbrief, der die Absicht zur Vernichtung des gesamten Volkes belegt. Auch die Billigung durch das kaiserliche Deutschland lässt sich nachweisen. Wegen der geltenden Genoziddefinition ist die Diskussion um die Zahl der Opfer nicht entscheidend, da wegen Völkermordes zu verurteilen ist, wer die Absicht hat, eine bestimmte Gruppe ganz oder teilweise auszulöschen, auch wenn letztlich nicht die ganze Gruppe ermordet wurde. Diese Auslegung gründet sich auf die Völkermordkonvention der Vereinten Nationen, der auch der Bundesgerichtshof folgt.

Ob die Hereros jemals Schadensersatz erlangen werden, steht dennoch auf einem anderen Blatt. Es ist zweifelhaft, ob ein Urteilsspruch eines amerikanischen Gerichts in Deutschland anerkannt werden würde. Dies ist prinzipiell nicht der Fall, wenn das Gericht des anderen Staates nach deutschen Gesetzen nicht zuständig ist. Auch ist bei der Berufung auf die verschiedenen Anspruchsgrundlagen eines Schadensersatzanspruchs mit erheblichen Schwierigkeiten zu rechnen. Eine Entschädigungsverpflichtung über das Völkerstrafrecht zu konstruieren, scheint schwierig zu sein und gegen den anerkannten Grundsatz „Keine Strafe ohne Gesetz" (nulla poena sine lege) zu verstoßen. Danach müssen die Strafbarkeit der Handlung sowie die Verbrechensfolgen bereits vor dem Beginn der Tat in einem Gesetz verankert gewesen sein. Die Konvention über die Verhütung und Bestrafung des Völkermordes wurde aber durch die Generalversammlung der Vereinten Nationen erst am 09.12.1948 erlassen, also 44 Jahre nach dem Genozid. In der Völkerrechtsordnung findet sich vor dem Zweiten Weltkrieg kein Straftatbestand für Verbrechen gegen die Menschlichkeit. Reparationszahlungen z. B. gegenüber den ermordeten Juden wurden daher nach dem Zweiten Weltkrieg auf der Basis eines so genannten Schuldenabkommens mit Israel geleistet.

Auch ein Berufen auf die Regeln des humanitären Völkerrechts ist wenig aussichtsreich. Die Genfer Rot-Kreuz-Konvention von 1864 bzw. die Haager Abkommen von 1899 und 1907 scheiden schon deshalb aus, weil die Hereros nicht Vertragspartei der Abkommen waren. Im Übrigen lassen sich aus ihnen nicht ohne weiteres Schadensersatzansprüche herleiten. Auch ist zweifelhaft, ob nichtstaatliche Gruppen sie überhaupt geltend machen könnten.

Auch wird man nur schwerlich auf die allgemeinen Rechtsprinzipien als Völkerrechtsquelle zurückgreifen können, um die Strafbarkeit zu begründen. Voraussetzung dafür wäre, dass die Strafbarkeit von schweren Angriffen gegen Leben, Körper und Freiheit in den Strafrechtsordnungen fast aller Staaten zum Zeitpunkt des Genozids anerkannt war. Hierüber könnte man für das Jahr 1904 wohl nur spekulieren. Aber auch, wenn man dies annähme, wäre unsicher, ob daraus eine Wiedergutmachungspflicht erwachsen würde.

Soweit es sich nicht um den Vorwurf des Völkermords handelt, sind die Ansprüche im Übrigen verjährt. Späte Gerechtigkeit scheint somit ausschließlich im politischen Ermessen der deutschen Regierung zu liegen.

II. Kontinent ohne Geschichte?

1. Vergessene Glanzzeiten

Afrika geschichtsloser Kontinent?

Von Walter Sauer

„Afrika weint. Afrika stirbt. Die Elendsnachrichten schleifen jene Raster nach, die von Aristoteles bis Scholl-Latour in die Wahrnehmung des Abendlandes gestanzt wurden. Africa nigra, geschichtsloser, barbarischer, verfluchter Kontinent", so fasst der Afrikakorrespondent der *Zeit* seine kritische Auseinandersetzung mit den Vorstellungen zusammen, die der moderne Sensationsjournalismus von Afrika vermittelt.[1] Auch die Bilder, die etwa in Schulbüchern vermittelt werden, weichen kaum davon ab.[2]

Geht man freilich an die Anfänge europäisch-afrikanischer Kontaktnahme in der frühen Neuzeit zurück, sieht man, dass damals Tatsache und Bedeutung afrikanischer (vorkolonialer) Geschichte durchaus präsent waren. Einige Beispiele mögen dies erläutern. Spanisch-arabische Autoren berichteten schon ab dem 11. Jahrhundert etwa von der prunkvollen Hofhaltung der westafrikanischen Herrscher: „Der König [von Ghana] besitzt einen Palast und zahlreiche überkuppelte Räume, die von einer Art Stadtmauer umgeben sind ... Der König schmückt sich wie eine Frau an Hals und Unterarmen, auf dem Kopf trägt er eine hohe, mit Gold verzierte Mütze, die mit einem Turban aus feiner Baumwolle umwickelt ist. Bei Audienzen oder während der Anhörung von Beschwerden gegen Beamte sitzt er in einem Kuppelbau, einem Pavillon, um den zehn Pferde stehen, die mit goldbestickten Decken geschmückt sind. Hinter dem König stehen zehn Pagen mit goldbeschlagenen Schilden und Schwertern und zu seiner Rechten die Söhne der [Vasallen-] Könige seines Landes mit prächtigen Gewändern und golddurchwirktem Haar".[3] In späteren Zeiten wurden Nachrichten des aus Afrika stammenden Diplomaten und Historikers Leo Africanus verbreitet, der um 1510 Persien, Ägypten und mehr als ein Dutzend Königreiche im westlichen Sudan bereist hatte; insbesondere seine Kunde aus der unter der Songhay-Herrschaft prosperierenden Stadt Timbuktu nährte bis ins 18. Jahrhundert hinein europäische Vorstellungen von einem „afrikanischen El Dorado“[4]. Und in ähnliche Richtung gingen auch die Berichte der europäischen Seeleute und Händler, die sich ab dem 15. Jahrhundert per Schiff die afrikanischen Küsten entlang nach Süden tasteten und teils aus eigener Erfahrung, teils aufgrund von Erzählungen anderer von der Existenz gut organisierter und mächtiger Staaten im Landesinneren wussten.

Inwiefern solche Berichte auch breiteren Kreisen der Öffentlichkeit bekannt waren, muss zwar dahingestellt bleiben; mindestens den Experten aber und somit auch den politischen Entscheidungsträgern in den Staaten Süd- und Westeuropas der frühen und mittleren Neuzeit war Afrika wohl als ein Kontinent im Bewusstsein, der von mächtigen Königreichen dominiert wurde, deren Entstehung und Ausbreitung naturgemäß auf „historische“ Tatbestände zurückgehen musste. Sieht man vom osmanisch beherrschten Nordafrika ab, wäre hier etwa an Songhay und Benin in Westafrika, Kongo in Nordangola, Äthiopien oder das Munhumutapa-Reich im nordöstlichen Zimbabwe zu denken. Natürlich romantisierten diese Berichte (aus heutiger Sicht gesehen) die gesellschaftlichen Verhältnisse im vorkolonialen Afrika. Dessen ungeachtet stellt sich die Frage, warum die im 16. und frühen 17. Jahrhundert vorhandene Vorstellung eines im Prinzip gleichwertigen, von mächtigen Herrschern regierten Afrika das europäische Bild des Kontinents keineswegs nachhaltig prägte. Eher im Gegenteil: Im Verlauf der europäischen Neuzeit wurde Afrika (in europäischen Augen) „geschichtslos“.

Was die Ursachen dafür anbelangt, so sind an erster Stelle politische und wirtschaftliche Veränderungen vor Ort, das heißt in jenen Gebieten Afrikas zu nennen, in denen sich die europäisch-afrikanische „Kulturbegegnung“ (für die meisten Fälle zutreffender: „Auseinandersetzung") unmittelbar vollzog. Konkurrierende handelspolitische Interessen, Streitigkeiten um Vieh und Weideland oder Versuche, im Landesinneren vermutete Bodenschätze unter koloniale Kontrolle zu bringen, führten in den einzelnen Regionen Afrikas zwar in jeweils unterschiedlichen zeitlichen und faktischen Abläufen, aber doch relativ rasch zu Konflikten. Koloniale Eroberungen (und die Errichtung einer „formellen" europäischen Kolonialherrschaft) fanden zunächst nur vereinzelt statt: Portugiesische Truppen (und Siedler) drangen Ende des 16. Jahrhunderts von den Küsten sowohl Angolas als auch Mosambiks aus bis weit in die Hochlandgebiete des Kontinents vor, und hundert Jahre später brachten holländische, deutsche und französische Siedler weite Teile des (von nomadisierenden Viehzüchtern bewirtschafteten) Hinterlandes von Kapstadt unter ihre Kontrolle.

In anderen Regionen, vor allem Westafrikas, sollte sich die europäische Präsenz noch jahrhundertelang auf küstennah gelegene Stützpunkte beschränken; die katastrophalen Auswirkungen des von dort aus betriebenen Kolonial- (und vor allem Sklaven-) handels waren allerdings bis weit ins Landesinnere hinein spürbar. Die Historiker sprechen hier von einer Phase des *informellen* Imperialismus. Erst die Entdeckung großer Diamantenvorkommen bei Kimberley, auf dem Territorium der noch unabhängigen Griqua (welches ein Jahr darauf von der britischen Kolonialverwaltung Südafrikas annektiert wurde) gab im Jahr 1870 den Startschuss für den Wettkampf der europäischen Großmächte um die Rohstoffe Afrikas (den so genannten *scramble for Africa*)[5]. Durch die Berliner Kongokonferenz 1884/85 wurde die Aufteilung des größten Teils Afrikas unter europäische Staaten „völkerrechtlich" festgeschrieben – und diese Situation sollte im wesentlichen bis zur Dekolonisierung in den Jahrzehnten nach dem Zweiten Weltkrieg fortbestehen.

Schon dieser sehr kursorische Überblick über die Geschichte der kolonialen Eroberung Afrikas macht deutlich, welch großes Interesse auf Seiten Europas daran bestanden haben muss, das ursprünglich faszinierende Image der innerafrikanischen Königreiche abzuwerten bzw. das weithin positive Bild Afrikas ins Negative zu verkehren. Die Strategien dabei waren vielfältig und wurden jeweilig dem Kontext angepasst: Ob es die Portugiesen waren, die ihre Kriegszüge stromaufwärts des Sambesi mit der Hinrichtung des Jesuitenmissionars Gonçalo da Silveira durch den Munhumutapa 1561 rechtfertigten; die Briten, welche die Eroberung Nigerias mit den aus ihrer Sicht ungerechtfertigten Handelsmonopolen der einheimischen Herrscher begründeten; oder die „Menschenrechtslobby" des belgischen Königs Leopold, die in der Unterwerfung des Kongo einen Sieg der „Zivilisation" über den Sklavenhandel der arabischen Sultane Ostafrikas rühmte (um nur einige wenige Beispiele kolonialistischer Propaganda zu nennen): In jedem Fall kam es zur Abwertung indigener politischer Systeme als „despotisch", „willkürlich" oder „grausam".

Aber nicht nur afrikanische *Politik* (d. h. auch *Geschichte*) wurde abgewertet, sondern zunehmend auch der afrikanische *Mensch* und seine Fähigkeit, *Geschichte zu machen.* Koloniale Wissenschaftspolitik sorgte dafür, dass im Rahmen einer evolutionistischen „Kette des Seins" die Funktion des Bindeglieds zwischen dem Tier- und dem Menschenreich letztendlich für Afrika reserviert wurde. Ein neues, kolonialistisches Welt- und Menschenbild wurde geschaffen, dessen Relevanz für Afrika Georg Friedrich Wilhelm Hegel so formulierte: „Der Neger stellt den natürlichen Menschen in seiner ganzen Wildheit und Unbändigkeit dar: von aller Ehrfurcht und Sittlichkeit, von dem, was Gefühl heißt, muss man abstrahieren, wenn man ihn richtig auffassen will; es ist nichts an das Menschliche Anklingende in diesem Charakter zu finden"[6].

Dass es von dieser Warte aus nicht mehr möglich war, Afrikanern und Afrikanerinnen *Geschichte* oder gar *Geschichtsbewusstsein* zuzubilligen, ist offensichtlich. Mit der Durchsetzung eines biologisch determinierten Rassismus ging somit die Konstruktion eines eurozentrischen Geschichtsbildes Hand in Hand, welches einen (einzigen) „Gang des Fortschritts" mit der angeblich vorhandenen Kontinuität zwischen den Stadtkulturen der griechischen Antike und der europäischen bürgerlichen Öffentlichkeit des 19. Jahrhunderts identifizierte und auf diese Weise alternative europäische, vor allem aber außereuropäische Entwicklungen an den Rand des Bewusstseins drängte. Eine liberale Interpretation der Entstehungsgeschichte eines „europäischen Gesellschaftsmodells" wurde als *Weltgeschichte* kanonisiert: Ur- und Frühgeschichte – Altägypten (die einzige als relevant anerkannte außereuropäische Geschichtsepoche) – Griechenland – Rom – europäisches Mittelalter – europäische Neuzeit. Konzeptionell wird *Geschichte* dabei mit der Existenz von *Hochkulturen* gleichgesetzt, d. h. von differenzierten Klassengesellschaften mit überregionalen staatlich-institutionellen Strukturen und verschriftlichter Kommunikation innerhalb ihrer sozialen Oberschicht. In einem solchen Geschichtsbild können somit weder die vorkoloniale Geschichte Afrikas – mit Ausnahme eben der altägyptischen „Hochkultur" – noch die Kolonialepoche einen Niederschlag finden. Neben der anthropologischen Abwertung des afrikanischen Menschen als „primitiv" waren es somit auch Entwicklungen innerhalb der Geschichtswissenschaft, die zur Ausblendung afrikanischer Geschichtlichkeit führten.

Einer empirischen Überprüfung freilich hielt die weitgehend an den grünen Tischen der philosophierenden Naturforscher erfolgte Konstruktion einer geistig und charakterlich „primitiven" Menschenrasse, welcher man im Anschluss an Linné die Hautfarbe „schwarz" zuordnete[7], nicht stand. Kenner der Situation in Afrika konnten über den Umstand nicht hinwegsehen, dass es dort auch funktionierende staatliche Strukturen gab, denen ein gewisses Ausmaß an „Zivilisation" nicht abgesprochen werden konnte; gerade in der kreativen historischen Entwicklung des 18. und 19. Jahrhunderts hatten sich neue Staaten gebildet, die wirtschaftlich auf feudaler Grundlage funktionierten, politisch über zentrale Verwaltungs- und Regierungsinstitutionen verfügten und sich in manchen Fällen auch der Schrift bedienten (und somit dem europäisch definierten Begriff der „Hochkultur" sehr nahe kamen). Das Kalifat von Sokoto, dessen Einfluss vom Norden Nigerias bis ins östliche Kamerun reichte, wäre hier beispielhaft ebenso zu erwähnen wie der Aufstieg des Sultanats Sansibar, das die Handelsstädte der südostafrikanischen Swahili-Küste kontrollierte, oder die militärisch straff organisierten Nguni-Königtümer im südlichen Afrika (darunter, als bekanntestes derselben, das von Shaka um 1820 geschaffene Zulu-Reich). Wie sehr auch immer man diese Systeme (und ihre Repräsentanten) für „barbarisch" oder „grausam" halten mochte, für Forscher, Händler und Missionare – also die Träger des informellen europäischen Imperialismus – stellten sie Machtfaktoren von großer Bedeutung dar, deren Existenz realpolitisch in Erwägung gezogen werden musste.

Einen Ausweg aus diesem „Dilemma" suchten europäische Afrikawissenschafter in Form einer weiteren, vor allem die deutschsprachige Forschung bis weit ins 20. Jahrhundert hinein dominierenden These. Diese erkannte zwar kulturelle Leistungen (also eine „Geschichtlichkeit") einzelner Regionen Afrikas an, schrieb diese aber in rassistischer Weise dem Einfluss von Migrant/inn/en aus anderen Kontinenten zu. „Die afrikanischen Großstaaten gehen in ihren Ursprüngen durchwegs auf ein Einströmen fremder, den Negern politisch überlegener Menschen zurück", schrieb Diedrich Westermann noch 1952.[8]

Kolonialpolitisch lag die Funktionalität dieser Theorie auf der Hand – war durch sie doch „wissenschaftlich" nachgewiesen, dass das zivilisatorische Niveau des „schwarzen Kontinents" eben nur durch den Einfluss einer anderen (z. B. der europäischen) „Rasse" gehoben werden konnte. Fachwissenschaftliche Kontroversen in diesem Kontext waren somit häufig auch von politischer Relevanz, zuletzt noch in den 1970er Jahren im Fall der Ruinen von Great Zimbabwe. Ein kurzer Exkurs führt uns daher in die Entdeckungs- und Interpretationsgeschichte der vorkolonialen Geschichte des Südlichen Afrika.

1871 hatte der deutsche Forschungsreisende Carl Mauch die Ruinen von *Great Zimbabwe* in der Nähe der heutigen Stadt Masvingo in Zimbabwe „entdeckt". Großteils von Savannenvegetation überwuchert, enthüllten sich ihm eine so genannte Akropolis, hinter deren Mauern sich auf unterschiedlich hohen Plattformen mehrere Vogelstatuetten vermutlich kultischer Bestimmung fanden; weitere zahlreiche so genannte Talruinen, wohl zum Schutz nicht mehr bestehender Holz- oder Lehmhäuser errichtet; und vor allem die *Great Enclosure*, ein mit kolossalen, ohne Mörtel errichteten Granitmauern und mehreren Eingangstoren versehener Komplex, innerhalb dessen sich kleinere, ebenfalls steinummauerte Grundflächen für Häuser sowie ein konisch zulaufender Turm ohne Hohlraum befanden. Ausgrabungen in seiner Umgebung förderten eine „Schatzkammer" mit zahlreichen Eisen- und Kupfergegenständen, rituellen Figuren sowie importierten Textilien, Keramiken und Münzen aus Indien und sogar China zutage.

Dass es eine funktionierende gesellschaftliche Organisation (also einen „Staat") gegeben haben musste, um diese gewaltigen Bauwerke zu errichten und zu erhalten, war und ist unbestreitbar. Wir interpretieren *Great Zimbabwe*, den nach den ägyptischen und meroitischen Pyramiden wohl bedeutendsten Ruinenkomplex Afrikas, heute als das politische Zentrum eines das Granitplateau umfassenden Herrschaftsbereichs, entstanden im 10. Jh. aus einer religiösen Kultstätte von lokaler Bedeutung. Der „König" von *Great Zimbabwe* stand an der Spitze einer plateauweit organisierten Feudalhierarchie: Aus allen Richtungen wurden Lebensmittel, Baumwollstoffe, Rinder, Bergbauprodukte (Kupfer, Eisen, Gold) sowie Elfenbein als Abgaben an seinen Hof gebracht, und von der Küste her kamen die Abgesandten afroarabischer (Swahili-) Handelshäuser, die Gold und Elfenbein gegen kostbare Seidenstoffe, Keramik und andere Luxusgegenstände tauschten.[9]

Mauchs Aufsehen erregende Entdeckung warf Grundsatzfragen für das europäische Afrikaverständnis des späten 19.

Jahrhunderts auf. Dass indigene Menschen Träger dieser „Hochkultur“ von *Great Zimbabwe* und Erbauer der gewaltigen Maueranlagen gewesen sein konnten, kam ideologisch nicht in Frage. Immerhin stand man gerade im Begriff, eine einigermaßen dauerhafte europäische Herrschaft über Afrika zu etablieren, und das Argument, dass damit endlich Zivilisation und Frieden auf dem „dunklen Kontinent“ Platz greifen würden, war für die Motivierung von Wählern und Steuerzahlern (später auch von Wählerinnen und Steuerzahlerinnen) in der Heimat nicht ohne Bedeutung. So beeilte man sich denn zu betonen, eine so massive Anlage *wie Great Zimbabwe* hätte nur von eingewanderten „Kulturvölkern“ errichtet werden können. Als einer der ersten im deutschen Sprachraum fasste der in Deutschland geborene, später in Österreich-Ungarn tätige Kolonialgeograph Oskar Lenz die Ergebnisse der frühen britisch-südafrikanischen Ausgrabungen in Great Zimbabwe (und seine eigenen Ansichten) in der These zusammen, „dass die von Mauch neu entdeckten Gebäude des Maschonalandes vor dem Beginn der christlichen Zeitrechnung von den Sabäern des südwestlichen Arabiens errichtet worden sind“[10]. Ein archäologischer Befund, den Lenz von rassen-ethnologischen „Erkenntnissen“ zeitgenössischer Forscher bestätigt sah: „Schon lange glaubt man unter der vorherrschend aus Bantu-Negern (Kafirn) bestehenden Bevölkerung dieses Theiles von Afrika fremde anthropologische Elemente gefunden zu haben. Im Mittelalter spielte das Monomotapareich und dessen Herrscher eine gewisse Rolle, und Reste dieses später versprengten und angeblich nicht der afrikanischen Negerrasse angehörigen Volkes sollen sich zu Mauchs Zeit noch gefunden haben und es wird auf deren Verwandtschaft mit den Barutse im Zambesithal hingewiesen, die gleichfalls keine reinen Neger sind, sondern stark mit semitischem Blut gemischt sein sollen.“

Auch wenn sich die von Lenz vertretene Ansicht, *Great Zimbabwe* sei mit dem biblisch genannten „Goldland“ Ophir zu identifizieren, nicht durchsetzen konnte – seine grundlegende Annahme, die Ruinen müssten von einer eingewanderten, den Einheimischen kulturell und technisch überlegenen Oberschicht errichtet worden sein, blieb auch die folgenden Jahrzehnte hindurch aktuell; von wenigen Ausnahmen abgesehen, wurden je nach wissenschaftlichem Background antike (altägyptische, phönizische) oder frühneuzeitliche (portugiesische) Einflüsse dafür namhaft gemacht. Erst der Fortschritt der archäologischen Techniken veränderte das Bild. Ende der 1960er Jahre gelang es einem Wissenschafterteam um Peter Garlake, verschiedene Bauphasen der Anlage in Great Zimbabwe durch die Untersuchung organischer Müll- und Holzreste mittels der C 14-Methode erstmals verlässlich zu datieren: Für die ältesten Teile (die Hochruine) kommt demnach als Entstehungszeitraum frühestens das 10. Jahrhundert in Frage, für die später errichtete *Great Enclosure* und die Talruinen die Periode 13. bis Mitte des 15. Jahrhunderts. Alle Hypothesen antiker oder europäischer „Bauherren", ebenso aber auch von Einwanderern aus anderen Regionen Afrikas fielen damit rein chronologisch in sich zusammen. Ein wissenschaftlicher Befund, der vor Ort und in Europa zu einer erbitterten politischen Auseinandersetzung führte: Während Garlake von seinem Posten als Leiter des Archäologischen Dienstes von Süd-Rhodesien abgesetzt und des Landes verwiesen wurde, wählten die aufständischen Befreiungsbewegungen die Turmruine von *Great Zimbabwe* zum Symbol des von ihnen angestrebten, 1980 letztendlich verwirklichten unabhängigen Staates.

Anhand der Erforschungsgeschichte von Great Zimbabwe ist geradezu modellhaft die enge Verflechtung kolonialpolitischer Interessen und pseudowissenschaftlicher Ideologien mit der propagandistisch weit verbreiteten Vorstellung eines „geschichtslosen" Afrika ablesbar. Einer Verflechtung, die auch heute, zu Beginn des 21. Jahrhunderts, nicht viel von ihrer Aktualität verloren hat: Nicht nur ist die Vorstellung eines „geschichtslosen", „primitiven" Afrika in den Köpfen vieler präsent, auch Europas politisch-ökonomische Interessen in Afrika und die ihnen entsprechenden abwertenden Ideologien gehören nicht der Vergangenheit an.

Die Überlegungen zum Thema „Geschichtsloses Afrika?" müssen somit im Kontext einer umfassenderen ideologiekritischen Auseinandersetzung mit der Vorstellung vom „Krisenkontinent" Afrika gesehen werden. Dass in Afrika heute eine fundamentale Krise der Entwicklung real vorhanden ist, ist nicht zu leugnen. Die behauptete „Geschichtslosigkeit" des Kontinents freilich kann nur imaginäre Erklärungen für mangelnde ökonomische Entwicklung oder teilweise fehlende politische Stabilität liefern. In gewissem Sinn muss sie sogar eher als *Ablenkung* von den tatsächlichen Ursachen der kritischen Situation – weitgehende Abkoppelung vom Welthandel bei kaum veränderter Rohstoffabhängigkeit, Überschuldung, durch rigide so genannte Strukturanpassungsprogramme ausgelöster politischer Stabilitätsverlust etc. – gesehen werden. Wenn der „Krisenkontinent" angeblich keine Geschichte hat, können auch historische Ursachen für seine Krise nicht namhaft gemacht werden. Umso mehr scheint eine Wiederentdeckung der verdrängten Geschichtlichkeit Afrikas erforderlich. Nur so gelangt man zu einer realistischen Betrachtung von oder zu einer Begegnung mit Afrika, die nicht durch einen kolonialistischen oder rassistischen Blick getrübt ist.

2. Wir sind alle Afrikaner

Afrika – Ursprung der Menschheit

Von Friedemann Schrenk und Stephanie Müller

„Lucy In The Sky With Diamonds" heißt der berühmte Beatles-Song, der namensgebend war für ein fossilisiertes Skelett aus Äthiopien, das die Paläoanthropologie im zwanzigsten Jahrhundert auf den Kopf stellte: Doch auch ohne die Überreste der drei Millionen Jahre alten „Lucy" gehört das vergangene Jahrhundert zu den glanzvollsten in der Geschichte der Paläoanthropologie. Die Suche nach dem Ursprung des Menschen wurde in ihren altbekannten Dimensionen überschritten, und eine Häufung von Abenteurern, Anthropologen und Funden auf dem afrikanischen Kontinent halfen bei der Rekonstruktion unserer Vergangenheit und der Feststellung: Die Wiege der Menschheit stand in Afrika.

Charles Darwin schien sich getäuscht zu haben, als er 1871 die Wiege der Menschheit in Afrika vermutete, denn zuerst kamen die entscheidenden Funde aus Europa und Asien. Dann wurde jedoch 1924 an einem völlig unerwarteten Ort eine Entdeckung gemacht, die für Aufregung sorgte: Steinbrucharbeiter bargen im südafrikanischen Taung einen fossilen Kinderschädel, der vom Johannesburger Anatomieprofessor Raymond Dart unter der Bezeichnung Australopithecus africanus (südlicher Affe aus Afrika) der skeptischen Fachwelt vorgestellt wurde. Das rund zwei Millionen Jahre alte Lebewesen besaß anatomische Merkmale, die zeigten, dass es dauernd aufrecht ging – aber ein Gehirn besaß, das nicht größer war als bei Schimpansen. Dies stand damals in direktem Widerspruch zur herrschenden Lehrmeinung. Daher wurde das „Taung Baby" lange Zeit – von einflussreichen Anthropologen als Schimpansen-Kind angesehen. Kaum ein Wissenschaftler wollte damals die Vorfahren des Menschen in Afrika vermuten.

Unaufhörlich häuften sich aber seit 1925 die fossilen Belege für Vor-, Ur- und Frühmenschen aus Afrika. Kein einziges der tausenden Fragmente, die zwischenzeitlich gefunden wurden, widerspricht der 1925 aufgestellten Hypothese: Am Anfang der Menschwerdung stand nicht das große Gehirn, sondern der aufrechte Gang. Und: Es gibt kein einziges Fossil auf der Welt, das älter ist als zwei Millionen Jahre und NICHT aus Afrika stammt.

Trotz aller zeitlichen und geographischen Lücken in der Überlieferung – immerhin fehlen 99,99 Prozent und vom Rest liegen nur unvollkommene Zahn- und Knochenfragmente vor – haben wir heute ein detailliertes Bild der Frühphase der Menschheit. Die heute lebenden Menschenaffen und der Mensch hatten gemeinsame Vorfahren. Diese Vorfahren von Menschenaffen und Menschen trennten sich vor etwa sieben bis acht Millionen Jahren voneinander – zwei eigenständige Linien entstanden, die in zwei recht unterschiedlichen Habitaten lebten. Warum das so war, lässt sich durch weitreichende Klimaveränderungen erklären. Der tropische Regenwald ging stark zurück und es entstanden Baumsavannen und damit eine größere Vielfalt an Lebensräumen. Einige Menschenaffen-Populationen lebten so auf einmal am Rande des tropischen Regenwaldes. Die baumbestandene Savanne dagegen bot attraktive neue Lebensräume für Menschenaffen. Das Hangeln wie im dichten Urwald war zwar hier nicht mehr möglich, aber die Bäume boten immerhin sichere Schlafplätze. Einziger Nachteil an dem Baumhabitat war, dass die geschlossenen Bereiche durch weite baumlose Gebiete voneinander getrennt waren. Die hier lebenden Menschenaffen müssen diesen Nachteil jedoch als Vorteil genutzt haben. Eine der Strategien, die weit voneinander liegenden Gebiete zu überbrücken, muss die Entwicklung des aufrechten Gangs gewesen sein. Was Schimpansen nur ab und zu tun, wurde für unsere ältesten Vorfahren zum normalen Verhalten: das zweibeinige „Gehen".

Als vor fünf bis sechs Millionen Jahren die saisonalen Trockenzeiten länger und ausgeprägter wurden, mussten die Lebewesen wohl oder übel auf Bodenfrüchte wie Knollen und Speicherwurzeln zurückgreifen, während in den Regenzeiten weiterhin Früchte, Kerne und Hülsen der Waldgebiete zur Verfügung standen. Dass diese Vorfahren am Rande des tropischen Regenwaldes gelebt haben müssen, kann aus den in ihrem Umfeld gefundenen Tierfossilien geschlossen werden.

Unsere Hypothese zur Entstehung und Verbreitung früher Hominiden in Afrika geht davon aus, dass alle frühen Hominiden im tropischen ostafrikanischen Bereich entstanden sind. Wie bereits bei der Entstehung der Hominiden-Vorfahren, zwei Millionen Jahre vorher, existierten verschiedene Vormenschentypen gleichzeitig nebeneinander in geographisch getrennten Lebensräumen. *Australopithecus* und *Kenyanthropus* gehörten – nach dem Zahnschmelz zu urteilen – zu den Allesfressern. Auf ihrem Speiseplan standen Früchte, Beeren, Nüsse, Samen, Sprösslinge, Knospen und Pilze – Futter, das regelmäßig in ihrem Lebensraum zur Verfügung stand. Kleine Reptilien, Jungvögel, Eier, Weichtiere, Insekten und kleine Säugetiere wurden von ihnen, soweit sie deren habhaft werden konnten, wohl ebenfalls verzehrt. Die Vormenschen entwickelten Strategien, mit denen sie das vielfältige Nahrungsangebot bestmöglich nutzen konnten. Neben reichlich Pflanzennahrung gehörte also auch Fleisch zum Speiseplan. Da es keine Anzeichen für Jagdverhalten wie etwa Schnittspuren auf den Knochenresten gibt, wurden wohl nur kleinere Tiere gejagt, wenn dies ohne Bedrohung möglich war. Viel häufiger als die Jagd war bei *Australopithecus* das Fleddern schon gerissenen Wildes, ein auch für Schimpansen nicht unübliches Verhalten. Gerade in den Trockenzeiten war frisch-totes Fleisch, zum Beispiel von verhungerten Tieren, reichlich zu finden. Als Aasfresser war *Australopithecus* mehr Gejagter als Jäger. Die Vormenschen lebten in kleinen Gruppen mit vielleicht 20 bis 25 Individuen in den Randbereichen des sich ausdünnenden tropischen Regenwaldes am Rande zur sich ausbreitenden Grassavanne. Es gibt keine Hinweise zu Nahrungsteilung. Daher ist anzunehmen, dass auch die Nahrungssuche individuell bestimmt war. Das Gehirnvolumen der Vormenschen war nur wenig größer als bei ihren Vorfahren – kurz gesagt, sie waren also nichts anderes als aufrecht gehende Menschenaffen.

Das Verhalten dieser Stammgruppe der Vormenschen (Gattung Australopithecus) im tropischen Bereich war zunächst darauf ausgerichtet, eine enge Verbindung zu den breiten Uferzonen der Flüsse und Seen beizubehalten. Über einen längeren geologischen Zeitraum kam es jedoch zur Ausbreitung einiger Populationen entlang von Uferzonen-„Korridoren" in das westliche, das nördliche und das südliche Afrika, und zwar in Zeiten relativ feucht-warmen Klimas vor ca. 3,5 Millionen Jahren. Die Hominiden blieben auch weiterhin ihren bewaldeten Habitaten treu, und das besonders in gemäßigteren Klimaten und in geographischer Isolation am äußersten Rand ihres Verbreitungsgebietes. Vor 3,5 Millionen Jahren entstanden also die ersten geographischen Varianten der Vormenschen. Im westlichen Afrika war dies *Australopithecus bahrelgazali* und im nordöstlichen Afrika *Australopithecus garhi.* Als vor etwa 3,5 Millionen Jahren eine Verlagerung der bisherigen Lebensräume begann, führte dies auch zur Entstehung von *Australopithecus africanus* als Teil der Faunen des südlichen Afrika. Die Ausbreitung in das südliche Afrika hinein wurde durch die Entstehung des Paläo-Lake Malawi – also des Ur-Malawi-Sees – und durch das Vordringen des Malawi-Rifts in die gemäßigten Bereiche Afrikas ermöglicht. In den vergangenen Jahren ist also offenkundig geworden, dass die Menschwerdung ein pan-afrikanisches Phänomen war.

Vor ungefähr 2,8 Mio. Jahren setzte eine allgemeine Phase der Abkühlung und zunehmenden Trockenheit ein, die vor ca. 2,5 Mio. Jahren ihren Höhepunkt erreichte. Während dieser Zeit waren die Vormenschen des östlichen und des südlichen Afrikas jeweils unterschiedlichen Folgen dieser kontinentweiten zunehmenden Trockenheit ausgesetzt. Für *Australopithecus afarensis* aus dem östlichen Afrika bedeutete dieser Umschwung die Verlagerung seines Lebensraums. Er breitete sich in die weiter entfernt liegenden Lebensräume der Fluss- und Seeufer aus. Die Veränderungen der Umwelt hatten zur Folge, dass sich Savannen, mit einem höheren Anteil an gegenüber Trockenheit resistenten, hartfaserigen und hartschaligen Pflanzen ausdehnten. Die verbleibenden üppigen Flussauewälder wurden schmaler. Der Selektionsdruck dieser Umweltveränderungen erhöhte die Chancen für Tiere und Hominiden mit größeren Zähnen, die sich das Angebot an härterer Nahrung in den Savannen erschlossen hatten. Vor ungefähr 2,5 Millionen Jahren spaltete sich der Homindenstamm in zwei Linien auf. Die eine Linie begann mit den ersten Urmenschen *(Homo rudolfensis)* und führte zum *Homo sapiens*, die andere – die der robusten Australopithecinen („Nussknacker-Menschen") *(Paranthropus)* starb vor etwa einer Million Jahren aus.

Während *Paranthropus* durch einen robusten Kauapparat grundsätzlich auf zähe Nahrung spezialisiert war, zeigte sich *Homo rudolfensis* von einer flexibleren Seite: Seine Fähigkeit zur Anpassung an die klimatischen Veränderungen ging einher mit der Entwicklung eines größeren und leistungsfähigeren Gehirns. Hierbei vollzog sich ein Wechsel zur Aufnahme einer weniger abrasiven, d. h. die Zähne wegen ihrer Härte stark abnutzenden Nahrung mit zunehmender Tendenz zu einer omnivoren Ernährungsweise – also der bis heute entwickelten Tendenz zum Allesfressertum. Offensichtlich gab es also neben dem kraftvollen Kauapparat der robusten Australopithecinen eine andere Möglichkeit, die bei steigender Trockenheit zunehmend härtere Nahrung zu bewältigen: Die ersten Werkzeugkulturen entstanden zeitgleich mit der Entstehung der Gattung *Homo*.

Unter dem Druck der Umweltveränderungen war es also vor allem die Fähigkeit der Hominiden zu kulturellem Verhalten, die die Gattung Mensch entstehen ließ. Die beginnende Werkzeugkultur kompensierte die Auswirkungen des Klimawechsels solange, bis *Homo rudolfensis* andere Nahrungsquellen besser als jede andere Hominidenart jemals zuvor nutzen konnte. Mit Hilfe der Werkzeuge wurde ein Teil der Nahrungsverarbeitung nach außerhalb des Körpers verlegt.

Der Einsatz der ersten Hammerwerkzeuge zum Aufbrechen harter Nahrung brachte Vorteile in unvorstellbarem Ausmaß. Zufällig entstehende scharfkantige Abschläge wurden als Schneidewerkzeuge eingesetzt – und das war eine technische Revolution für die Hominiden. Kadaver konnten so leichter zerlegt und Fleisch einfacher gegessen werden. Durch die Benutzung von Werkzeugen war der Mensch erstmals unabhängig von direkten Umwelteinflüssen. Allerdings führte die damit wachsende Unabhängigkeit vom Lebensraum zur Abhängigkeit von Werkzeugen – ein bis heute charakteristisches Merkmal des Menschseins. Wer überall zurechtkommen will, braucht Hilfsmittel, mit denen er den Anforderungen der jeweiligen Region und Situation gewachsen ist.

Eine wichtige Voraussetzung für die weitere kulturelle Evolution lag in der Verfeinerung der Kommunikationsmöglichkeiten. Die differenzierten Nuancen kultureller Erscheinungen setzen ein ebenso differenziertes Kommunikationsmedium voraus: die Sprache. Mit ihrer Hilfe ist es möglich, kulturelle Erfahrungen zu tradieren und weiterzugeben. Auch wenn Sprache nicht fossilisiert, sind doch zunehmend verfeinerte Werkzeuge ein Hinweis auf eine möglicherweise komplexer werdende Sprache. Mit der Gattung Mensch begann vor weit über 2,5 Millionen Jahren – neben der Sprache – auch die Entwicklung des Gehirns mit Veränderungen in Größe und Struktur. Die mit Hilfe von scharfen Steinsplittern mögliche Zerlegung und bessere Ausnutzung von Kadavern führt zu einer Zunahme fleischlicher Nahrungsbestandteile. Erst die dadurch verfügbare bessere, fetthaltigere und gleichmäßigere Nährstoffzufuhr ermöglichte den Hominiden die Versorgung eines größeren Gehirns.

Vor ca. zwei Millionen Jahren begann in Afrika auch die Entwicklung zu Hominidentypen mit kräftigerem und größerem Skelett und massivem Knochenbau im Schädel, den typischen Merkmalen von *Homo erectus*. Diese Frühmenschen breiteten sich von Afrika bis nach Asien und Europa aus. Der Ursprung von *Homo erectus* war wahrscheinlich *Homo rudolfensis*, ein relativ robuster Typus, der – wie bereits erwähnt – eine halbe Million Jahre zuvor im östlichen Afrika entstanden war. Gegenüber *Homo rudolfensis* zeigen sich bei *Homo erectus* Körpermerkmale, die eine progressive Entwicklung andeuten. Hierzu gehört vor allem die Vergrößerung des Hirnschädelvolumens, die Veränderung der Proportionen des Hirn- und Gesichtsschädels, die Verstärkung der Schädelbasisknickung, die tiefere Lage der Öffnung der Schädelunterseite, wo das Rückgrat ansetzt und das Rückenmark austritt, und der rundlicheren Zahnbogenform. Kennzeichnend ist ebenso eine recht niedrige Stirn und die Ausbildung von kräftigen Augenüberwülsten, über deren Funktion man bis heute rätselt. Klar dagegen ist die Interpretation seines recht massiven Knochenbaus: Er lässt darauf schließen, dass *Homo erectus* hohe Kraft und Ausdauer beim Tragen von Material und Nahrung zu den Wohnorten aufbrachte. Bei *Homo erectus* ist eine Zunahme des Gehirnvolumens feststellbar. Es beträgt bei den ältesten Schädeln (knapp zwei Millionen Jahre alt) ca. 800–900 ccm. Vor einer Million Jahren werden Werte von ca. 900–1000 ccm erreicht und vor einer halben Million Jahren Werte von über 1100 –1200 ccm.

Spätestens vor zwei Millionen Jahren verließ der frühe *Homo erectus* (der so genannte Werkzeugmacher *Homo ergaster*) oder ein später *Homo rudolfensis* zum ersten Mal den afrikanischen Kontinent. Sowohl die Fähigkeit, das Feuer zu nutzen, ein technisches und soziales Problem, das sicher vor mehr als 1,5 Mio. Jahren und wahrscheinlich schon vor zwei Millionen Jahren gelöst war, als auch entwickelte Jagdtechniken waren wichtige Voraussetzungen, Afrika zu verlassen. Möglicherweise war die Jagd eine wichtige Triebkraft, um in entfernteren Gebieten nach Beute zu suchen und den Lebensbereich langsam auszudehnen. Zwar verhinderten die klimatischen Bedingungen der Eiszeiten in Europa eine frühe Besiedlung des gesamten Kontinents, jedoch wurde Südeuropa schon von den ersten Auswanderungen aus Afrika erreicht. Sicher nachgewiesen ist bislang nur die Ausbreitungsroute über den Nahen Osten. Jedoch liegt die Vermutung nahe, dass auch eine Verbreitung über Gibraltar schon zu einem sehr frühen Zeitpunkt stattfand. Da von Nordafrika aus das gegenüberliegende Ufer sichtbar ist, dürfte die Passage wohl auch für *Homo erectus* relativ leicht zu bewerkstelligen gewesen zu sein. Eine solche Nordwestafrika-Westeuropa-Route ist jedoch bislang nur eine Hypothese, die noch durch zukünftige Geländearbeit untermauert werden muss. Möglicherweise ließen sich dann auch in Nordwest-Afrika die Wurzeln der europäischen Variante des *Homo erectus* finden, der vor fast 700 000 Jahren als *Homo heidelbergensis* in Mitteleuropa auftrat. Vor spätestens ca. 500 000 Jahren war *Homo erectus* außer in Afrika auch in Ostasien, Südostasien sowie in Mittel- und Südeuropa weit verbreitet.

Vor einer halben Million Jahren begann im eiszeitlichen Europa die Entstehung kräftiger Menschen, die mit den Lebensbedingungen der Eiszeit gut zurechtkamen: die Neandertaler. Sie organisierten ihre Gesellschaft, jagten Mammute und Wollnashörner, verteidigten sich gegen Höhlenbären und Höhlenhyänen, beherrschten das Feuer meisterhaft und hatten eine gut entwickelte Sprache. Sie waren fähig, Erfahrungen weiterzugeben, sie sorgten für Alte und Gebrechliche. Neandertaler bestatteten ihre Toten mit Grabbeigaben. Zum ersten Mal in der langen Geschichte der Menschheitsentwicklung nahm man sich der Verstorbenen an. Durch molekulargenetische Studien an den ca. 60 000 Jahre alten Originalknochen des ersten Neandertaler-Fundes konnte ein kleiner, aber klarer genetischer Unterschied zwischen Neandertalern *(Homo neandertalensis)* und modernen Menschen *(Homo sapiens)* belegt und das geologische Alter ihres letzten gemeinsamen Vorfahren auf ca. 800 000 Jahre bestimmt werden.

Zeitlich parallel zu den Neandertalern, also seit ca. 500 000 Jahren, entwickeln sich in Afrika bereits die archaischen modernen Menschen. Dieser afrikanische Ursprung des heute weltweit verbreiteten *Homo sapiens* wurde in den letzten Jahren durch genetische und linguistische Vergleichsforschungen an heutigen Menschengruppen sehr wahrscheinlich gemacht. Spätestens vor 200 000 Jahren war der biologisch moderne Mensch in Afrika entstanden. Eine erste Auswanderung erfolgte über die Arabische Halbinsel nach Indien vor ca. 120 000 Jahren, danach in den Bereich des Nahen Ostens. In dem bereits von modernen Menschen „besetzten" Lebensraum Levante wanderten vor knapp 80 000 Jahren die Neandertaler vom Norden kommend ein. Beide Gruppen existieren dort dann fast 50 000 Jahre lang neben- und miteinander. Die aus Afrika stammenden modernen Menschen waren den Neandertalern aber nicht nur in der Werkzeugtechnik überlegen. Sie konnten vor allem die Ressourcen der Umwelt besser nutzen. Ihre Form der sozialen Organisation war höher und sie entwickelten tradierte Sitten und Gebräuche. Insgesamt lebten sie weniger gefahrvoll, erreichten ein höheres Alter und waren fruchtbarer. Kein Wunder also, dass sich die modernen Menschen viel stärker vermehrten als die Neandertaler, die in ungünstigere Lebensräume abgedrängt wurden oder sich dorthin zurückzogen. Diesem zunehmenden Druck waren die Neandertaler auf Dauer nicht gewachsen, sie starben schließlich langsam aus. Während sich der moderne Mensch weltweit durchsetzte, ist der europäische Neandertaler seit ca. 30 000 Jahren nicht mehr anatomisch nachweisbar.

So war also Afrika nicht nur einmal, sondern mehrmals die Wiege der Menschheit. Hier entstanden die aufrecht gehenden Vormenschen vor spätestens 6 Milllionen Jahren, hier begann die kulturelle Evolution vor 2,5 Millionen Jahren. Von Afrika breiteten sich die Frühmenschen vor zwei Millionen Jahren erstmals über die alte Welt aus. In Afrika entstanden vor ca. 200 000 Jahren auch die modernen Menschen, zu denen wir alle gehören. Wir sind alle Afrikaner.

3. Die Jahrhunderte des Sklavenhandels

Über die Schwierigkeit, über afrikanische Geschichte zu schreiben

Von Andreas Eckert

Im November 1963 sendete das britische Fernsehen einen Vortrag zum Thema „Der Aufstieg des christlichen Europa". Der Autor, der unlängst verstorbene Sir Hugh Trevor-Roper, damals Königlicher Professor für Neuere Geschichte der Universität Oxford und als streitlustig bekannt, leitete seine Darlegungen mit folgenden denkwürdigen Sätzen ein: „Studenten, wie immer von rasch wechselnden Moden verführt, verlangen, dass afrikanische Geschichte in der Lehre stärker berücksichtigt werden solle. In Zukunft wird dies vielleicht möglich sein. Zur Zeit gibt es jedoch keine afrikanische Geschichte, die gelehrt werden könnte; es gibt lediglich die Geschichte der Europäer in Afrika. Der Rest ist Dunkelheit, wie die Geschichte des voreuropäischen, vorkolumbianischen Amerika. Und Dunkelheit ist kein Thema der Geschichte." In der afrikanischen Geschichte könne er, legte der Oxford-Don nach, nicht mehr als das „Kreisen barbarischer Stämme in pittoresken, aber irrelevanten Weltgegenden" erkennen.

Es mag auch heute noch Historiker geben, die zumindest stillschweigend Trevor-Ropers damalige Ansichten teilen. Und in Teilen der Öffentlichkeit mag das Bild vom „geschichtslosen Kontinent" weiterhin Bestand haben. Würde man nach verbreitetem eurozentrischem Verständnis nur das als Geschichte anerkennen, was in schriftlichen Quellen überliefert ist und alle Kenntnisse, die sich aus archäologischen Funden ergeben, der Vor- und Frühgeschichte zuordnen, hätten große Teile Afrikas in der Tat eine lange Vorgeschichte und lediglich eine kurze Geschichte, die oft nur bis ins 19. Jahrhundert zurückreichte.

Die Gesellschaften des alten Afrika bestanden keineswegs

aus verstreuten Menschengruppen, die in kleinen, aus Lehm- oder Grashütten bestehenden Dörfern lebten. Für eine Reihe von Regionen – Nubien (im heutigen Ägypten und Sudan), Äthiopien, die westafrikanische Savanne, die Waldzone Westafrikas, die ostafrikanischen Küstenregionen und Inseln, das Simbabwe-Plateau sowie Teile Zentralafrikas – lässt sich hohe soziale und kulturelle Komplexität und die Entstehung und Entwicklung von Staaten und Städten demonstrieren. Diese Regionen besaßen trotz beträchtlicher Unterschiede in ihren jeweiligen Umweltbedingungen eine Reihe von Gemeinsamkeiten. Dazu gehören eine verhältnismäßig große Bevölkerungsdichte, effiziente Strategien in Ackerbau und Viehzucht sowie die Produktion von Eisengeräten, welche die Nutzung vorhandener Ressourcen erheblich erleichterten. In Ost- und Zentralafrika ist das Schmelzen von Eisen für das 7. vorchristliche Jahrhundert, in Westafrika für das 4. Jahrhundert vor Christus nachgewiesen. Dabei ist eine vom Mittelmeerraum unabhängige Entdeckung des Schmelzprozesses wahrscheinlich. Die auf das 4. Jahrhundert nach Christus datierten berühmten Stelen aus Granit im äthiopischen Aksum lassen auf eine besonders weit fortgeschrittene Ingenieurtechnik schließen. Selbst wenn diese anspruchsvolle Form der Architektur eine Ausnahme darstellte, gibt es vielerorts Hinweise auf technisch versierte und vielseitige Bautätigkeiten, mochten sie auch schwer mit zeitgenössischen europäischen Bauten vergleichbar sein. Des Weiteren findet sich bereits ein vielfältiges Bild urbaner Traditionen. Städte wie Gao, Koumbi Saleh oder Kilwa etwa dienten als Drehpunkte von Wirtschaft und Handel, als Zentren politischer und ritueller Macht oder als militärische Stützpunkte.

Die Sahel-Sudan-Zone stand seit undenklichen Zeiten im kulturellen und wirtschaftlichen Austausch mit dem nördlichen Afrika. Die Sahara war nie eine Schranke für Wandel, Handel oder Krieg; die auch heute noch verbreitete, scheinbar rein geografische Unterscheidung zwischen Nord- und subsaharischem „Schwarz"-Afrika basiert nicht zuletzt auf rassistischen Kriterien. Denn dahinter steckt die Vorstellung, man könne Menschen mit etwas hellerer Hautfarbe als scheinbar „höherstehend" von denen mit dunklerer Hautfarbe absondern. Die politische Geschichte der Region am Südrand der Sahara ist durch den Aufstieg und Niedergang einer ganzen Reihe von Großreichen charakterisiert. Am Anfang war Tekrur, die wohl älteste Staatsgründung im Senegalgebiet, die auf das 1. Jahrhundert nach Christus datiert wird. Wesentlich bedeutender ist das vierhundert Jahre später begründete, zwischen Senegal und Niger gelegene Soninke-Reich von Ghana, welches im 9. und 10. Jahrhundert seine Blütezeit erlebte. Weiter östlich entwickelte sich im 13. Jahrhundert das Mali-Reich zur neuen Regionalmacht und erstreckte sich bald vom Atlantik bis zum Niger und von der Zentralsahara bis zum tropischen Regenwald im Süden. Im 15. Jahrhundert schließlich gelangte mit dem Songhai-Reich ein weiterer Staat zur Vorherrschaft im westlichen Sudan, bevor er 1691 durch den Einfall marokkanischer Truppen zerstört wurde. In der Blütezeit Songhais entwickelte sich die Stadt Timbuktu zu einem kulturellen Zentrum mit internationaler Ausstrahlungskraft, geprägt durch die theologische Hochschule, an der neben theologischen Disziplinen damals auch Literatur, Geschichte, Geographie und Astronomie gelehrt wurde. Erwähnt werden muss zudem das im 9. Jahrhundert begründete, im Tschadbecken gelegene Kanem-Borno, welches erst im Gefolge der kolonialen Durchdringung in den 1890er Jahren seine Eigenständigkeit verlieren sollte.

Die großen westafrikanischen Reiche unterschieden sich in ihrem Aufbau erheblich, doch wurden sie alle von Militäraristokratien beherrscht. Zudem spielten offenbar überall Sklavenfang und Sklavenhandel eine zentrale Rolle für die Begründung und Aufrechterhaltung ihrer Herrschaft, wenngleich die begrenzte Quellenlage zu diesen Reichen keine eindeutigen Aussagen zulässt. Auffällig ist jedoch, dass zeitgenössische Autoren unter keinerlei Rechtfertigungszwang standen und die Sklaverei ohne ausführliche Begründung als eine Tatsache hinnahmen, was auf eine tiefe Verwurzelung der Institution in der Region hindeutet. Dies führt zu der bis heute umstrittenen Frage, ob es überhaupt einheimische Formen der Sklaverei in Afrika gegeben hat oder ob Sklaverei nicht erst im Gefolge äußeren Einwirkens entstanden ist.

Besonders kontrovers diskutiert wird diese Frage im Rahmen der Debatte um die Folgen des transatlantischen Sklavenhandels. In der Periode vom 15. bis zum 19. Jahrhundert sind mehr als zwölf Millionen Afrikaner, Männer und Frauen, als Sklaven in die Karibik, nach Nord- und Südamerika verschleppt worden. Dabei sind die Opfer auf dem Weg in die Sklaverei in dieser Zahl noch nicht einmal inbegriffen. Diese größte Zwangsmigration in der Geschichte haben Europäer zu verantworten. Gleichwohl wurde der Sklavenhandel in Teilen Afrikas – insbesondere in den Waldlandregionen längs der westafrikanischen Küste bis zu den Savannen Angolas – selbst zu einer wichtigen Stütze politischer Herrschaft, zur Grundlage weitverzweigter Handelssysteme, zur Quelle von Reichtum, Einfluss und Macht. Die wirtschaftliche Basis großer Reiche in Westafrika wie Dahomey (im heutigen Benin) und Asante (heute Ghana) bestand zu einem Gutteil aus Fremdleistungen: Das Königreich Dahomey etwa entwickelte sich zu einer regelrechten Sklavenproduktionsmaschinerie, zu einem Staat, dessen jährlich wiederkehrende, in der Trockenzeit unternommene Kriegszüge zuvorderst der Gewinnung neuer Sklaven dienten, die dann im königlichen Haushalt und auf den Feldern schuften mussten. Ein Teil der Versklavten wurde an europäische Sklavenhändler verkauft.

Sklaverei in Afrika als Folge äußerer Nachfrage und äußeren Eingreifens – so zugespitzt formulierte es Walter Rodney in seiner Anfang der 1970er Jahre publizierten Schrift „Afrika – Die Geschichte einer Unterentwicklung“, einer der wenigen Verkaufsschlager der an Bestsellern armen Afrika-Literatur. Mit dieser These schoss er jedoch weit über das Ziel hinaus. Es besteht inzwischen weitgehend Einigkeit darüber, dass Sklaverei in Afrika in verschiedenen Ausformungen bereits vor der Ankunft der Europäer im 15. Jahrhundert existierte, der atlantische Sklavenhandel gleichwohl die Verbreitung und Verhärtung von Sklavereisystemen südlich der Sahara förderte. Die Intensivierung von Sklaverei blieb beileibe nicht der einzige Effekt des Sklavenhandels. Die Interpretationen der Historiker über seine Folgen gehen jedoch weit auseinander. Zwei zentrale methodologische Probleme machen die Frage so schwierig, ja unmöglich zu beantworten. Zum einen variierte der Einfluss des Sklavenhandels nach Zeit und Ort beträchtlich, so dass Gesamtaussagen für den Kontinent nicht getroffen werden können. Zum anderen verfügen wir schlichtweg nicht über ausreichende Daten und Fakten zum vorkolonialen Afrika. Diese Krux manifestiert sich besonders deutlich bei der Erforschung der demographischen Folgen des Sklavenhandels für den Kontinent. Potentiell war der Einfluss auf die Bevölkerungsentwicklung enorm wichtig, nur ist er leider mit den vorhandenen Quellen kaum nachzuvollziehen.

Woran hapert es? Erstens sind die Bevölkerungszahlen für die Zeit vor dem Transatlantischen Sklavenhandel nicht einmal in Ansätzen bekannt. Zweitens ist kaum abzuschätzen, welche Wirkungen die von Europäern eingeschleppten Krankheitserreger entfalteten, etwa Tuberkulose und durch Bazillen verursachte Lungenentzündung, gegen die Westafrikaner so gut wie nicht resistent waren. Drittens schließlich muss die Verbreitung neuer, aus Amerika stammender kalorienreicher und gegen Dürre resistenter Kulturpflanzen wie Mais und Maniok in Rechnung gestellt werden. Aber auch hier ist die – in diesem Fall potentiell positive – Wirkung kaum abzuschätzen.

Im Verlauf des 19. Jahrhunderts verboten die europäischen Mächte sukzessive Sklavenhandel und Sklaverei. Die Folgen der Abolition für Afrika waren höchst widersprüchlich. Äußerst langsam löste der Handel mit landwirtschaftlichen Produkten den Handel mit Menschen ab. Aber selbst in den küstennahen westafrikanischen Hauptproduktionsgebieten, wo Erdnüsse angebaut und Palmöl gewonnen wurden, ging die Abolition vielerorts mit einer Ausweitung und Intensivierung der Sklaverei einher. Ein nur scheinbares Paradox, denn Sklaverei war eine wichtige Form der Mobilisierung von Arbeitskraft geworden; zudem hatten die Jahrhunderte des Sklavenhandels die Sklaverei zu einer akzeptierten Institution gemacht und nicht zuletzt bestimmten Gruppen zu jener Macht geholfen, die notwendig ist, um andere zu versklaven. Doch verbreitete sich in Europa im Verlauf des 19. Jahrhunderts eine Sicht über die Afrikaner, derzufolge sie nicht mehr wie in der Abolitionsdebatte als versklavte Opfer, sondern als versklavende Tyrannen erschienen. Die auf koloniale Expansion drängenden Kräfte etwa in England, Frankreich und Deutschland verfügten nun über ein Argument, das es ihnen ermöglichte, die koloniale Aufteilung Afrikas als humanitären Kreuzzug gegen Sklaverei und Sklavenhandel auszugeben. Die starke Hand des Kolonialstaates schien vonnöten, gar als einzige Chance, um die Afrikaner gleichsam vor ihrer eigenen Gewalttätigkeit und Tyrannei zu schützen und nebenbei den Kontinent auch wirtschaftlich zu „öffnen".

Die Europäer erhoben den Anspruch, ihre Kolonisierung Afrikas sei eine disziplinierte, begrenzte und zugleich zukunftsorientierte Unternehmung. Dieses Projekt des reformierten Imperialismus erwies sich rasch als Fehlschlag. Die Kolonialherren erkannten bald, dass sie ihre Herrschaft nur dann sichern konnten, wenn sie Allianzen mit den afrikanischen Eliten eingingen, deren Herrschaft sie wiederum sogleich zu begrenzen oder zu zerstören suchten. Als außerordentlich groß erwiesen sich die Schwierigkeiten, Afrikaner zu verlässlichen Produzenten für Europa und den Weltmarkt zu machen. Zudem blieb der eigentliche Verwaltungsapparat aus finanziellen Gründen in allen Kolonien viel zu klein, um jeweils im gesamten Territorium präsent sein zu können. Die Schwäche kolonialer Herrschaft minderte indes nicht deren Gewalttätigkeit, sondern stärkte sie. Dies erhöhte allerdings auch bei den Betroffenen die Wut über die Wirkungen dieser Gewalt.

Die Staatsmodelle in den Köpfen der Kolonialadministratoren beeinflussten indes die Realität Afrikas in einer folgenreichen Weise. Die vielfältigen gesellschaftlichen Organisationsformen des vorkolonialen Afrika wurden allesamt umgedeutet in „tribale“ Einheiten, „Stämme“, die man ihrerseits nach dem heimischen Muster des Nationalstaates als Sprach-, Kultur-, Abstammungs- und politische Gemeinschaften mit abgegrenzten Territorien interpretierte. Das konnte vor allem jenen Afrikanern recht sein, die im Amt bestätigt oder in eines berufen wurden, denn sie verfügten fortan trotz Verlust ihrer Souveränität häufig über mehr Macht als je zuvor. Ethnizität ist jedoch keine rein koloniale Erfindung. Der Unterschied der kolonialen Stammes-Ideologien zu vorkolonialen Identitätsmustern bestand primär in der Ausschließlichkeit, mit der nun ein Idiom der Gruppenzugehörigkeit – das der Ethnizität und Abstammung – gegenüber allen anderen privilegiert wurde. Die uns heute bekannten Ethnien sind also nicht zuletzt Produkte der Kolonialzeit.

Verstärkte Demokratisierung und der Aufbau parlamentarischer Institutionen erschienen unabdingbar für jene neuen kolonialen Utopien und Projekte, die im Kontext des Zweiten Weltkriegs an Bedeutung gewannen. Infolge des zügigen Zerfalls der Kolonialreiche in Asien erlangten die afrikanischen Besitzungen erstmals eine volkswirtschaftlich wichtige Stellung für die europäischen Kolonialmächte. Die vermehrte Ressourcenabschöpfung konnte jedoch, so die Überzeugung der Kolonialpolitiker, nur im Zuge einer grundlegenden Modernisierung der afrikanischen Gesellschaften gelingen. Der koloniale Verwaltungsstaat bekam einen demokratischen Mantel übergestülpt. Das autoritäre Gerüst blieb. Die neue Generation afrikanischer Politiker lernte schnell. Sie spielten das Spiel der parlamentarischen Demokratie perfekt. Und sie verstanden es, die neuen Strukturen zu einer schrittweisen Ausdehnung der eigenen Machtbasis zu nutzen.

Die koloniale Entwicklungsinitiative verlor rasch ihren Reformeifer. In den Verwaltungs- und Wirtschaftkreisen in Paris und London setzte sich Mitte der 1950er Jahre die Erkenntnis durch, dass Afrika zukünftig für die Ökonomie in

Europa und der Welt nur eine marginale Rolle spielen würde. Am Ende übernahmen die Afrikaner das Projekt „Entwicklung“ zusammen mit dem von den Kolonialregimen aufgebauten Staatsapparat, und die sich zurückziehenden bzw. herausstolpernden Kolonialherren konnten sich einreden, dass ihre Nachfolger zwangsläufig den von den Europäern angelegten Pfaden folgen würden. Es ist jedoch fruchtlos darüber zu debattieren, ob nun das „koloniale Erbe“ oder die Inkompetenz afrikanischer Regierungen die Hauptschuld an der Krise des unabhängigen Afrika trifft. Der Zustand zu Beginn des 21. Jahrhunderts ist nicht zuletzt das Ergebnis eines spezifischen Dekolonisationsprozesses. Dabei sind fragile Staaten entstanden, in denen eine europäisch geprägte „Modernität“ mit lokalen Formen sozialer Organisation verbunden wird.

III. Soziales Leben in Afrika

1. Frauen, Männer, Kinder

Familienalltag im ländlichen und städtischen Afrika

Von Rita Schäfer

Wenn wir an afrikanische Familien denken, haben wir oft Bilder von Großfamilien unter der Leitung männlicher Patriarchen vor Augen. Die Lebensrealität der Menschen ist allerdings oft weit davon entfernt. Familien in Afrika zeichnen sich durch eine enorme Flexibilität und Dynamik aus. Ähnlich wie in Europa steigt die Zahl der allein erziehenden Mütter und auch die Mehrgenerationenfamilie verliert an Bedeutung. Polygame Ehen, d. h. die Ehe eines Mannes mit einer oder mehreren Frauen, werden immer mehr zur Männerphantasie und entsprechen immer seltener der Realität.

Eine große Variationsbreite charakterisiert das Zusammenleben von Frauen, Männern und Kindern. Vielfältige Organisationsmuster prägen das Wohnen und die alltägliche Versorgung. Die konkrete Gestaltung des Familienlebens ist vom Alter des Vaters und der Mutter, ihrem sozialen Status und Einkommen sowie der Kinderzahl abhängig; auch das Alter der Kinder spielt eine Rolle. Aufgrund der flexiblen Anpassung an Krisen im Jahreszeitensystem oder im Lebenszyklus sprechen viele Wissenschaftler in Afrika heute immer weniger von Familien, sondern von Haushalten und Haushaltsdynamiken. Hiermit wollen sie den wirtschaftlichen Leistungen und Innovationsfähigkeiten der Menschen besser gerecht werden. Auf diese Weise sollen Frauen und Männer als Akteure ihres Alltags und Gestalter ihrer spezifischen Lebenssituationen anerkannt werden. Gleichzeitig will man die Vorstellung starrer überkommener Verwandtschaftsstrukturen revidieren.[1]

Demnach sind Einteilungen in monogame versus polygame Ehen eher als Hilfskonstruktionen zu verstehen. Denn die sozialen Realitäten waren schon in vorkolonialer Zeit viel komplexer als gemeinhin angenommen. Außerdem wurden Rechte, Pflichten und Rollenzuweisen im Geschlechter- und Generationenverhältnis keineswegs nur durch die Verwandtschaft geprägt, sondern auch durch übergreifende Organisationen: Dazu zählten einflussreiche Frauen- und Männerbünde in Kamerun oder Sierra Leone sowie Altersklassen z. B. in Kenia, die den Status des Einzelnen bestimmten und politische Allianzen ermöglichten.

Die Gründe für die weitere Ausdifferenzierung der Familienformen sind keineswegs nur im sozialen Wandel oder in der Verstädterung zu suchen. Vielmehr sind die Entwicklungen in Afrika vorrangig durch kolonialpolitische Eingriffe bedingt. Vor allem in den Siedlerkolonien Süd- und Ostafrikas, also in Südafrika, Simbabwe, Namibia und Kenia, führten Landenteignungen, Zwangsumsiedlungen und die Rekrutierung der Männer als Wanderarbeiter zu gravierenden sozialen Umbrüchen, deren Folgen bis heute fortwirken. Die massiven Beschränkungen der lokalen Ökonomie hatten zur Folge, dass die Männer nicht länger als Viehzüchter tätig sein konnten und die Kapazitäten von Frauen in der Landwirtschaft stark beeinträchtigt wurden. Geschlechter- und Generationenkonflikte eskalierten, zumal Steuerforderungen der Kolonialverwaltungen den wirtschaftlichen Druck auf die Familien erhöhten.

Diese Strukturprobleme setzten sich nach der politischen Unabhängigkeit der Länder unter neuen Vorzeichen fort. Dennoch dürfen Afrikanerinnen und Afrikaner keineswegs als passive Opfer kolonialer Expansion betrachtet werden, zumal sie trotz der rigiden Rahmenbedingungen mit innovativen Strategien versuchten, ihre Existenz zu sichern und neue Handlungsspielräume zu erschließen. Hier ist vor allem die Kombination ganz unterschiedlicher Einkommensmöglichkeiten zu nennen, wobei Frauen und Männer an ihre traditionellen Aufgabenbereiche anknüpften, diese aber in neue Wirtschaftssphären erweiterten.

Bereits ab den 1920er Jahren wanderten in Simbabwe und Kenia Witwen, geschiedene und junge Frauen, die sich der Ehe mit einem von ihren Eltern ausgewählten Partner verweigerten, in die Städte ab. Dort verdienten sie ihren Lebensunterhalt durch das Bierbrauen. Dies war in vorkolonialer Zeit ein Privileg alter Frauen gewesen und der Bierkonsum war alten Männern vorbehalten. Nun zählten aber vornehmlich die jungen Wanderarbeiter zu den Kunden. Auf diese Weise verschafften sich Frauen in den Städten erstmals wirtschaftliche Eigenständigkeit. Zwar gehörten Polizeirazzien zu ihrem Alltag – sie sollten dem illegalen Bierbrauen ein Ende bereiten und die unabhängigen Frauen aus den Städten vertreiben. Dennoch blieb dieses Vorgehen letztlich erfolglos, da die Migrantinnen neue Netzwerke zum Selbstschutz aufbauten und neben dem Bierbrauen als Kleinhändlerinnen, Wäscherinnen, Fabrikarbeiterinnen oder Pflegerinnen in den Krankenhäusern tätig waren. Lebenserinnerungen von Frauen dokumentieren die Aufbruchstimmung der 1930er bis 1950er Jahre. So berichtet Sophie Mazoe, die 1929 geboren wurde und in der simbabwischen Hauptstadt Harare lebt: „Ja, wir Frauen kamen in die Stadt, weil wir auf der Suche nach einem besseren Leben waren. Bierbrauerinnen verdienten viel Geld und investierten es in andere Geschäftsbereiche. Manche öffneten einen Marktstand mit Gemüse, andere sogar einen Laden. Weil Frauen offiziell keine Verträge abschließen durften, schoben viele einen Mann als Ladenbesitzer vor."[2] Auch die 1925 geborene Elsie Magwenzi spricht noch heute voller Stolz über ihre Arbeit als Geschäftsfrau: „Ich war die erste Frau, die in einem Geschäft im afrikanischen Viertel der Stadt arbeitete. Ich war für den Einkauf und den Verkauf verantwortlich! Ich musste selbstständig werden, weil mein Mann mich kaum unterstützte."

Für die Männer war die gemeinsame Freizeitgestaltung mit anderen jungen Männern zum Zeichen der neuen Freiheit und eines in der neuen städtischen Umwelt transformierten Männlichkeitsbildes geworden, weil sie sich mit dem gemeinsamen Bierkonsum von den gefährlichen Arbeitsbedingungen in den Minen und den entwürdigenden Wohnverhältnissen ablenken konnten. Die Orientierung an Gleichgesinnten führte aber zu Konflikten, weil die städtischen Frauen von ihren Partnern Versorgungsleistungen für die gemeinsamen Kinder erwarteten, denen die Männer wegen ihres geringen Einkommens kaum nachkamen.

Obwohl sich die jungen Stadtbewohnerinnen der Kontrolle ihrer auf dem Land lebenden Verwandten entzogen und selbstbestimmt neue Partnerschaften eingingen, boten diese noch lange keine Absicherung in Krisenzeiten. Die familiäre Verantwortung lastete in den meisten Fällen weiterhin auf den Frauen, wie auch Ruby Mwayera und Sophie Mazoe betonten. Sie investierten ihren Gewinn in die Ausbildung ihrer Kinder und gründeten Spar- und Kreditgruppen, da Frauen bis 1982, also kurz nach der Unabhängigkeit Simbabwes, kein eigenes Bankkonto eröffnen durften.

Von den erwachsenen Kindern wurde nicht nur in Simbabwe, sondern auch in anderen Ländern des Kontinents erwartet, dass sie die Mütter im Alter unterstützten – als Gegenleistung für die genossene Ausbildung. Dies trifft auch auf Marktfrauen in Ghana und Nigeria zu, die schon in vorkolonialer Zeit für die städtische Versorgung zuständig waren und eigenständig wirtschafteten. Ihre Haushaltskassen waren von denen ihrer Ehemänner getrennt, wobei Frauen und Männer klar geregelte Unterhaltspflichten hatten. Infolge gravierender wirtschaftlicher Krisen und wegen der Destabilisierung der familiären und verwandtschaftlichen Netzwerke ist dieses System jedoch aufgebrochen und die Versorgungsleistungen der Männer sind zum Verhandlungsgegenstand geworden. Konkret heißt dies: Wenn Schulgeldzahlungen für die Kinder oder medizinische Gebühren im Krankheitsfall fällig werden, müssen die Frauen stets aufs Neue die Beiträge ihrer Männer einfordern.[3]

In matrilinearen Gesellschaften im Süden Ghanas bauen Frauen bei Ehekonflikten auf die Unterstützung durch ihre Herkunftsfamilien, dies betrifft insbesondere die Brüder der Mutter, die traditionell für Verwandtschaftsfragen zuständig waren. Im Rahmen der so genannten Kindpflegschaft obliegt ihnen auch heute noch die Versorgung von Nichten und Neffen. Davon machen vor allem junge, unverheiratete Frauen Gebrauch, wenn sie ungewollt schwanger werden und ihre Ausbildung abschließen wollen. Allerdings versuchen immer mehr Männer, dieses System als unzeitgemäße Tradition abzutun und die Forderungen ihrer weiblichen Verwandten abzuwehren.

Die traditionellen Rechtsregeln schreiben in matrilinearen Gesellschaften vor, dass Männer ihren Besitz an Nichten und Neffen vererben sollen. Inwieweit dies tatsächlich geschieht, hängt vom jeweiligen Einzelfall ab. Reiche Markthändlerinnen vererben ihren Besitz an ihre eigenen Töchter, die sie von Kindheit an in den ortsüblichen Handelskenntnissen unterweisen. Damit wächst aber der Druck auf die Mädchen, gleichzeitig im Haushalt zu helfen, den Handel zu erlernen und die schulische Ausbildung erfolgreich zu absolvieren. Außerdem verlangt das soziale Umfeld von ihnen, dass sie ihre Mütter im Alter unterstützen. Während die geringen Versorgungsleistungen der Söhne häufig damit entschuldigt werden, dass sie ihre eigenen Familien unterhalten müssten, wird den jungen Frauen mit großer Selbstverständlichkeit die alleinige Verantwortung für ihre Kinder und ihre Mütter aufgebürdet. Diese Probleme thematisiert Ama Ata Aidoo, die als Schriftstellerin und als Bildungsministerin Ghanas gezielt die Mädchenbildung förderte. „Gut ausgebildete junge Frauen können eher den Herausforderungen und Anfeindungen standhalten, mit denen sie konfrontiert werden, weil es heute nahezu unmöglich ist, traditionellen Rollenbildern zu entsprechen. Auch führen widersprüchliche Vorstellungen von Weiblichkeit und Männlichkeit, von Familie und Verwandtschaft immer wieder zu Konflikten", so Ama Ata Aidoo während einer internationalen Konferenz zur Frauenbildung und Literatur 1999 in Harare.[4]

Die Gleichzeitigkeit unterschiedlicher, ja gegensätzlicher Normen und Werte sowie das Spannungsverhältnis zwischen familiären Idealen und sozialen Realitäten zeigen sich besonders deutlich in der Problematik, dass jungen Frauen umfassende Unterhaltspflichten zugewiesen werden, obwohl sie heute besonders hart mit den wirtschaftlichen Problemen ihrer Länder konfrontiert sind. Männer werden im Berufsleben bevorzugt, da staatliche Betriebe und private Unternehmer davon ausgehen, Männer seien die Ernährer ihrer Familien, ganz unabhängig davon, in welchem Umfang sie dieser Aufgabe wirklich nachkommen. Darüber hinaus gelten Männer beruflich als zuverlässiger, weil sie nicht direkt für die Kinderversorgung und die Krankenpflege zuständig sind – also nicht wegen unvorhergesehener familiärer Probleme ausfallen. Um so mehr sind berufstätige Frauen mit Kritik und Ablehnung konfrontiert. Darum ist für die Karrieren junger Frauen in Ghana oder Nigeria, im Senegal oder in Kenia ein Höchstmaß an Flexibilität kennzeichnend. Während sie einige Jahre als Händlerinnen tätig sind und dabei auch ihr Warenangebot flexibel an die Käuferinteressen anpassen, wechseln viele anschließend in andere Wirtschaftszweige, z. B. indem sie als Sekretärin tätig werden oder einen Frisörsalon eröffnen. Auch wenn die Gewinne im so genannten informellen Sektor, d. h. im breit gefächerten urbanen Dienstleistungsgewerbe mit seiner Vielzahl kleiner selbstständiger Familienbetriebe, meist gering sind, schaffen sich Frauen damit einen Rahmen, familiäre und berufliche Interessen zu vereinbaren.

Junge Männer sind in den urbanen Metropolen West- und Ostafrikas vor allem daran interessiert, Geld zu verdienen, um Konsumgüter zu erwerben, die als Statussymbole fungieren. Schließlich hängt hier ähnlich wie im südlichen Afrika ihr Selbstverständnis und Selbstbewusstsein in starkem Maß von der Anerkennung durch andere junge Männer ab. In diesem Verhalten kommt die grundsätzliche Verunsicherung vieler Männer zum Ausdruck, denn traditionelle Männlichkeitsvorstellungen lassen sich heute wegen der wirtschaftlichen Probleme kaum noch verwirklichen, so dass sie mit widersprüchlichen Erwartungen von Seiten ihrer Familien, anderer Männer und der Gesellschaft konfrontiert sind.

Die vielfältigen Veränderungen der Geschlechter- und Generationenbeziehungen spiegeln sich besonders deutlich in den Kontroversen über Brautpreiszahlungen. Während in vorkolonialer Zeit in vielen Gesellschaften Afrikas eine Eheschließung durch die Gabe symbolischer Güter, z. B. Hacken, Stoffe oder Vieh, besiegelt wurde, hat die Einführung der Geldwirtschaft in der Kolonialzeit dazu geführt, dass die vertragliche Bindung zwischen unterschiedlichen Familien nunmehr monetarisiert ist. Das hat dem Brautpreis eine ganz neue Bedeutung gegeben, denn heute werden teure Konsumgüter wie Kühlschränke oder Fahrräder und hohe Geldsummen verlangt. „Dafür verschulden sich viele junge Männer über Jahre, was zu Ehekonflikten führt, da die meisten Männer nicht viel verdienen und das Geld kaum für die alltägliche Existenzsicherung reicht", führt Sydney Molepo aus, der jahrelang als Hausmeister in Johannesburg gearbeitet hat und in seinen Heimatort im Nordosten Südafrikas zurückkehrte, weil er arbeitslos wurde.[5] Weiterhin gibt er zu bedenken: „Die rasant steigenden Brautpreisforderungen erschweren, ja verhindern Eheschließungen, so dass viele Paare heute unverheiratet zusammenleben."

Während in vorkolonialer Zeit die Familienväter für die Brautpreisleistungen zuständig waren, haben die Söhne in der Kolonialzeit diese Aufgabe selbst übernommen, weil sie über eigene Einkommen als Wanderarbeiter verfügten. Von nun an wählten sie allein ihre Partnerinnen und ließen sich nicht mehr von ihren Vätern bevormunden. Vielerorts führte ihr Pochen auf Eigenständigkeit zu dramatischen Generationenkonflikten. Der soziale Druck, Brautpreiszahlungen aufzubringen, ist dennoch gestiegen. Schließlich gelten sie heute nicht nur in Südafrika als Männlichkeitsbeweis und – in paradoxer Gegenläufigkeit zur steigenden Arbeitslosigkeit sowie den eskalierenden ökonomischen Problemen – als Zeichen des wirtschaftlichen Erfolgs.

Früher wurden mit Brautpreiszahlungen verwandtschaftliche Allianzen gefestigt und es gab genaue Vorschriften über die Güterverteilung. So erinnert sich Johanna Molepo,

Sydneys Ehefrau: „Unsere Großmütter erhielten auf diese Weise eigene Ziegen und wenn eine Frau viele Töchter hatte, konnte sie eine kleine Ziegenherde aufbauen. Diese Tiere galten als Anerkennung für die mütterlichen Erziehungsleistungen. Rinder wanderten aber allesamt in die Herden der Väter. All das zerstörte das Apartheid-Regime durch die Zwangsumsiedlungen und die weitreichenden wirtschaftlichen Beschränkungen."

Mit den Brautgaben wurden in vorkolonialer Zeit die Rechtsansprüche auf die junge Ehefrau geregelt. So gehörten in den patrilinear organisierten Gesellschaften des südlichen Afrika die Kinder automatisch zur Familie des Mannes, wenn ein Brautpreis gezahlt worden war. Außerdem legten Brautpreiszahlungen die Kontrolle über die Arbeitskraft der jungen Frauen fest, denn sie gingen in die Verfügung des Ehemannes und der Schwiegermutter über.

„Jungverheiratete Frauen hatten ein schweres Los. Sie mussten alle Hausarbeiten erledigen und konnten es ihren Schwiegermüttern meist nicht recht machen. Von einem Mann wurde erwartet, dass er sich bei Streitigkeiten immer auf die Seite seiner Mutter stellte. Die Stellung einer jungen Frau änderte sich erst allmählich, wenn sie einige Kinder geboren hatte, vor allem Söhne, die für die Ahnenverehrung wichtig waren", so Celiwe Cewu, die bei einer südafrikanischen Frauen-Rechtsorganisation arbeitet.[6] „Diese Strukturen haben sich bis heute erhalten, denn viele Männer meinen nun, sie hätten die absolute Verfügungsgewalt über ihre Frauen", führt sie weiter aus. Aus ihrer tagtäglichen Arbeit weiß Celiwe Cewu, dass Frauen den Brautpreis sehr unterschiedlich einschätzen: Während viele ältere sich dadurch einen relativen Schutz vor willkürlichen Scheidungen erhoffen, sehen jüngere Frauen vor allem die Nachteile, insbesondere die umfassenden Kontrollansprüche der Männer, zumal diese kaum ihre Versorgungspflichten erfüllen.

Von ihren Herkunftsfamilien haben die Frauen keine Hilfe zu erwarten, da Frauen in patrilinearen Gesellschaften nach ihrer Hochzeit in den Hof des Ehemannes oder Schwiegervaters ziehen und verwandtschaftliche Kontakte eingeschränkt werden. Für die Familie ihres Ehemannes bleiben die jungen Frauen im sozialen Sinn „Fremde". Umso wichtiger sind haushaltsübergreifende informelle Netzwerke mit Nachbarinnen und Freundinnen. Diese Zusammenschlüsse gelten nun als wichtige Instanzen, um die neuen Frauenrechte und Familiengesetze in Südafrika zu verwirklichen. Erstmals in der Geschichte des Landes am Kap gelten Afrikanerinnen als eigenständige Rechtspersonen und Witwen haben einen Erbanspruch. An der Umsetzung dieser Innovationen in der Rechtsrealität wirken also nicht nur staatliche Institutionen, sondern auch Nicht-Regierungsorganisationen und informelle Gruppierungen mit.

Wie wichtig ihre Arbeit ist, zeigt die Problemsituation junger Witwen, deren Ehepartner an AIDS gestorben sind. Frauen-Rechtsorganisationen helfen ihnen, ihre Erbrechte einzufordern und das Wohnrecht zu behalten, was für ihre Existenzsicherung die Grundvoraussetzung ist. Häufig werden gerade junge Witwen mit massiven Anfeindungen durch die Familie ihrer Ehemänner konfrontiert. Ihnen wird unterstellt, den Tod des Mannes verschuldet zu haben. Faktisch sind jedoch Frauen in viel größerer Gefahr, sich mit HIV zu infizieren. Ihre geringe Verhandlungsmacht bei ehelichen Entscheidungen insbesondere in sexuellen Fragen führt dazu, dass sie die außerehelichen Beziehungen ihrer Männer dulden müssen. Kritik wird als Angriff auf die Autorität des Mannes verstanden, was viele Frauen davon abhält, ihre Partner zur Benutzung von Kondomen aufzufordern. Für viele Männer gelten außereheliche sexuelle Kontakte als Zeichen ihrer Potenz und Männlichkeit. Dies betrifft vor allem – aber keineswegs ausschließlich – Männer in Südafrika und in anderen Siedlerkolonien, zumal sie nahezu alle anderen Grundlagen traditioneller Maskulinitätsbeweise verloren haben und mit vielfältigen Demütigungen konfrontiert wurden.[7]

Für Frauen in den meisten Gesellschaften ist die Mutterschaft noch immer identitätsbestimmend und viele haben die damit verbundenen Normen als Selbstbilder verinnerlicht. Auch wenn junge Frauen heute die Möglichkeit zur eigenen Partnerwahl haben, lastet die familiäre Existenzsicherung vorrangig auf ihnen. Außerdem sind die Beziehungen oft sehr instabil.[8] Dennoch ist die HIV-Infektion für sie eine große Gefahr, zumal Männer auch in außerehelichen Liebesbeziehungen das Sagen haben. Es mangelt an Leitbildern für gleichberechtigte Partnerschaften.

Diese wären jedoch notwendig, um den Zusammenhalt in den Beziehungen zu verbessern und Teenager-Schwangerschaften zu vermeiden. Viele Schülerinnen werden heute schwanger, weil traditionelle Reglementierungen für voreheliche sexuelle Kontakte unwirksam geworden sind, sie aber noch immer keine Entscheidungsmacht über ihre eigene Sexualität und Familienplanung haben. In vielen Ländern erhalten unverheiratete Frauen keine Verhütungsmittel, dennoch dürfen sie sich nicht den sexuellen Forderungen ihrer Partner widersetzen, da dies als Missachtung der männlichen Dominanz gilt. Auch viele Lehrer und andere Vorgesetze nutzen ihre Machtstellung aus und verlangen sexuelle Kontakte mit jungen Frauen, weil sie davon ausgehen, dass diese noch nicht HIV-positiv sind. Sie sind nicht bereit, Kondome zu benutzen und stecken die Schülerinnen an. Insgesamt tragen sexistische Rollenmuster zur Verbreitung von HIV-Infektionen bei Jugendlichen bei.

Wenn Mitglieder eines Haushalts an AIDS sterben, bedeutet das auch, dass sich die Einkommenssituation des jeweiligen Haushalts verschlechtert und die Versorgungsleistungen auf die überlebenden Familienmitglieder umverteilt werden. Insbesondere Frauen mittleren Alters und älteren Frauen wird immer stärker die Versorgung von Waisen und Halbwaisen übertragen, obwohl nur wenige eine Rente erhalten und sie eigentlich auf die Altersversorgung durch ihre Kinder angewiesen sind.[9] Diese Entwicklung ist besonders problematisch für die Ausbildung der Kinder, da die meisten Frauen nicht über das notwendige Geld verfügen, um den Waisen in ihrer Obhut das Schulgeld zu zahlen.

Wie sehr verwandtschaftliche Solidaritätsnetze aufgebrochen sind, zeigt sich daran, dass immer mehr ältere Mütter die kostspieligen Beerdigungen ihrer an AIDS verstorbenen Ehemänner, Söhne und Töchter finanzieren müssen, ohne dass sie dabei von den Verwandten des Mannes unterstützt werden. Lokale Beerdigungsgesellschaften, deren Mitglieder über Jahre regelmäßig kleine Spareinlagen aufbringen, bieten ansatzweise Hilfe, zumal in den meisten Ländern das staatliche Wohlfahrtssystem mit der steigenden Zahl der Verarmten total überlastet ist. Die umfangreichen Pflegeerfordernisse und die Erkrankungen der Frauen selbst beeinträchtigen ihre wirtschaftlichen Kapazitäten, obwohl die Ernährung mit frischem Gemüse gerade für HIV-Infizierte überlebenswichtig ist.[10]

Umso beachtlicher ist der Pragmatismus, mit dem pflegende Frauen der Situation begegnen. Sie gründen informelle Selbsthilfegruppen, die emotionalen Rückhalt und Austausch bieten. Mancherorts werden sie von internationalen Entwicklungsorganisationen gefördert. Sie erhalten Hilfestellungen für die Pflege oder eine finanzielle Förderung, um gemeinsam Gemüsegärten anzulegen. Das setzt allerdings Kontakte zu diesen Organisationen sowie grundlegende Lese- und Schreibkenntnisse voraus, z. B. um einen Projektantrag zu stellen.

Bei der Gründung derartiger Gruppen beweisen die Frauen ein großes Maß an Flexibilität und Innovationsgeist, denn sie passen entweder traditionelle Kooperationsformen an die heutigen Herausforderungen an oder sie gründen neue Gruppen. Da Frauen unterschiedlichen Alters und sozialen Status hier kooperieren, müssen sie die daraus resultierenden Interessenkonflikte konstruktiv aufarbeiten. Schließlich erfüllen diese Gruppen heute Aufgaben, die Familien wegen der aufbrechenden sozialen Sicherungssysteme nicht mehr bewältigen.[11]

2. Bildungschancen und Eliten

Wo sind die grünen Weiden?

Von Stefan Ehlert

Nuri hält seine sechs Monate alte Tochter hoch. Die kleine Eysa trägt keine Windel, und was Nuri uns zeigen will, ist schockierend. Nur eine Narbe befindet sich an der Stelle, wo Eysas Geschlechtsteil zu sehen sein müsste. Das Baby wurde im Alter von zwei Wochen beschnitten. Äußere und innere Schamlippen fehlen ebenso wie die Klitoris. Die Öffnung ist dem Augenschein nach auf ihrer ganzen Länge vernäht worden, so dass nicht klar ist, wo der Urin abfließen soll. Das Kind macht einen sehr verstörten Eindruck, und bald bringt Nuri es zurück zur Mutter. Nuri ist der Vorratsverwalter des Malteser Auslandsdienstes in Chifra und ein angesehener Mann unter den Afar.
Diese traditionsverhafteten Nomaden des Tieflands im Nordosten Äthiopiens praktizieren die radikalste Form der Beschneidung, die in Afrika zu finden ist. Den Babys, die die Tortur der Verstümmelung überleben, stehen noch viele Schmerzen bevor. Eine Afar-Frau bringt bis zu 18 Kinder zur Welt. Bei jeder Geburt wird ihre vernähte Geschlechtsöffnung aufgeschnitten. Und anschließend wieder zugenäht. Neben Krankheiten und dem endemischen Hunger ist es diese Tradition, die die Mütter- und Kindersterblichkeit unter den Afar auf weltweit einmalige Spitzenwerte treibt. Von 1000 Kindern sterben 145 vor dem fünften Lebensjahr.

Im kenianischen Narok liefen rund 100 halbwüchsige Massai-Mädchen vor ihren Eltern davon. Sie suchten Unterschlupf in Kirchen und Schulen, um der anstehenden Beschneidung zu entgehen. Die Kinder wissen: Die Verstümmelung setzt sie auf Grund infizierter Klingen einem erhöhten AIDS-Risiko aus. Sie gelten zudem nach diesem blutigen Initiationsritus als heiratsfähig, und das bedeutet zumeist das Ende ihrer Ausbildung. Doch die Mädchen haben – und das unterscheidet sie von den Afar – Schulbildung genossen und eine eigene Vorstellung von ihrer Zukunft entwickelt. Ihr Protest findet in Kenia die Unterstützung der Öffentlichkeit. Ackerbau und

Viehzucht allein geben dem mit 30 Millionen Menschen überbevölkerten Land keine Perspektive. In Handel, Industrie und Tourismus braucht Kenia ausgebildete Fachleute, von dem öffentlichen Sektor ganz zu schweigen. „Unser einziges Kapital sind die Menschen", sagte der neue Präsident Mwai Kibaki kurz nach seinem überwältigenden Wahlsieg im Dezember 2002.

„Was die Afar brauchen, das ist Bildung und ein Stück Seife", sagt der Malteser-Chef in Äthiopien, Thomas Reuter. Viele Entwicklungshelfer begreifen den Zugang zu Bildung als einen Schlüssel zur Verbesserung der Lebenssituation der Not leidenden Menschen in Afrika. Ohne Kenntnisse über die Risiken der Beschneidung und mangelnder Hygiene zu verbreiten, wird das mit steter Regelmäßigkeit einsetzende Massensterben unter den hungergeschwächten äthiopischen Kindern nicht zu beenden sein. Mais-Spenden aus den USA ersetzen keine Entwicklungsstrategie. Nur die Schulen sind – wie sonst allenfalls Kirchen – Orte, wo etwa neue Anbaumethoden beworben und das Wissen über AIDS publik gemacht werden. Uganda hat nicht zuletzt Dank seines verbesserten Schulwesens die AIDS-Quote von 30 Prozent im Jahr 1992 auf unter sieben Prozent im Jahr 2003 drücken können. Die staatliche Kampagne für „Keuschheit, Treue, Kondome" hat vor den Schultoren nicht Halt gemacht. Doch bei den Afar beträgt die Einschulungsquote an manchen Orten nur drei Prozent, das heißt: Nur drei von 100 Kindern lernen lesen und schreiben. Es fehlt an Schulen, die Wege zu den existierenden Schulen sind zu weit, und vielfach müssen die Kinder im Haushalt und beim Hüten des Viehs mithelfen.

Das Bildungswesen südlich der Sahara ist auch 40 Jahre nach der Unabhängigkeit unterentwickelt. 40 Millionen Kinder im subsaharischen Afrika haben überhaupt keinen Zugang zu Schulbildung, sagte George W. Bush in einer Rede zur Zukunft Afrikas. Warum interessiert sich der Texaner plötzlich für afrikanische Schulkinder? Bush weiß, dass im mehrheitlich von Muslimen bevölkerten Afrika islamistische Koranschulen an die Stelle staatlicher Institutionen treten könnten. Im bürgerkriegszerstörten Somalia sollen zeitweilig al-Itihad-Gruppen an vielen Orten die Volksschulen übernommen haben. Al-Itihad gilt als Terrorgruppe, die zu Osama bin Ladens al-Qaida-Netz zählt.

Bush weiß auch, dass die AIDS-Pandemie mit mehr als zwei Millionen Todesopfern und 30 Millionen Infizierten im Afrika südlich der Sahara ganze Regionen zu destabilisieren droht. Wenn die arbeitsfähige Bevölkerung wegstirbt, dann gibt es keine Aussicht auf wirtschaftliches Wachstum. Armut aber ist ein Nährboden für fundamentalistische Ideologien. Zerrüttete Staatswesen wie Somalia, Demokratische Republik Kongo oder Sudan können Anlaufpunkte für Terrorgruppen sein, die sich dort mit Waffen- oder Diamantenschmuggel eine ökonomische Basis schaffen. Verbissen kämpfen UN- und Nichtregierungsorganisationen um die Verbesserung des Schulwesens in Afrika. UNICEF hat sogar UN-Soldaten um Unterstützung gebeten. Sie sollten in dem von ethnischen Konflikten geplagten Krisenherd Bunia in Ostkongo eine Schule schützen, damit die Kinder dort ihr Abschlussexamen ablegen konnten. Krieg, Korruption und Missmanagement verhindern vielerorts den geregelten Schulablauf. Manche Lehrer hungern, sie bekommen, wie aus Togo oder Kamerun berichtet wird, monatelang kein Gehalt und beschäftigen die Kinder lieber im Schulgarten als sie zu unterrichten, damit wenigstens etwas Essen verfügbar ist.

Doch es gibt auch Anlass zur Hoffnung. Kenias neue Regierung hat keine Woche nach Amtsantritt im Januar 2003 eine schulpolitische Offensive gestartet, die auf dem ganzen Kontinent Widerhall findet. Die Regierung unter Präsident Mwai Kibaki hat das von den Eltern zu entrichtende Schulgeld, mehr als 100 Euro pro Kind und Jahr, für alle staatlichen Volksschulen gestrichen und damit theoretisch auch den Ärmsten Zugang zum Bildungswesen eröffnet. Statt 5,9 Millionen Grundschüler kamen nach den Weihnachtsferien 7,2 Millionen zum Unterricht, das ist fast ein Viertel der Bevölkerung. Die Antikorruptionskampagne der Regierung führte zudem dazu, dass sich Eltern nicht mehr mit zusätzlichen Handgeldern bei Direktoren und Lehrern die Zulassung ihrer Sprösslinge zum Unterricht erkaufen müssen. Schulgebühren verschlingen einen Großteil der Einkommen und bewirken in der Regel die Benachteiligung der Mädchen im Erziehungswesen. Denn wenn eine Familie in Afrika zu entscheiden hat, ob sie den Jungen oder das Mädchen zur Schule schickt, „dann werden immer die Jungen bevorzugt", sagt Eddah Gachukia, eine Schuldirektorin aus Kenia. In Westafrika, schätzt sie, gingen allenfalls 40 Prozent der Mädchen zur Schule. Kenias „free education" müsse auf alle Länder Afrikas übertragen werden, fordert die promovierte Bildungsexpertin.

Das Beispiel Kenia zeigt jedoch auch, wie schwer eine simple Idee wie Abschaffung des Schulgeldes in die Praxis umzusetzen ist. Wie nicht anders zu erwarten hat die kenianische Regierung nicht binnen einer Woche neue Klassenräume, Lehrer oder Bücher aus dem Hut zaubern können. Die Überfüllungskrise an vielen Schulen hält an. In Mutondoni, dem Dorf der Bootsbauer und Muschelsammler auf der Insel Lamu, führten die Lehrer der einzigen Primarschule zeitweilig den Dreischichtbetrieb ein, weil sie des Ansturms nicht Herr wurden. In der Kihumbuni-Grundschule im Slum von Kangemi in Nairobi zählt die stellvertretende Schulleiterin Alice Mogeni 86 Kinder in der einen Anfängerklasse, 80 in der anderen. Zuvor waren es je 50 Kinder. Das 19-köpfige Kollegium muss jetzt 1100 Kinder unterrichten statt der 700, die bis Ende 2002 kamen. Matten ersetzen die Bänke, damit alle Platz finden in den Klassenräumen. Manche Kinder kommen aus so armen Verhältnissen, dass sie vor lauter Hunger an Kopf- und Bauchschmerzen leiden. Alice Mogeni mahnt deshalb die Einführung der Schulspeisung an, damit „free education" zu effektiv mehr Bildung in Kenia führen könne. Positiv überrascht zeigt sie sich darüber, dass die Mittel ihre Schule erreichen, die die Regierung zugesagt hat. Im ersten Jahr der Reform sind es pro Kind 1020 Keniashilling, rund 12,75 Euro. Der Bildungsredakteur der Tageszeitung

„Daily Nation", David Aduda, rechnet der Regierung vor, sie müsste zusätzlich 30 000 Lehrer einstellen, um landesweit je Schulklasse einen Schnitt von 50 Schülern zu erreichen. Doch woher sollen die Lehrer kommen? Die Regierung ist kaum in der Lage, die an AIDS verstorbenen und aidskranken Pädagogen zu ersetzen. Der stellvertretende Bildungsminister Kilemi Mwiria ist trotzdem zuversichtlich, mit Hilfe internationaler Unterstützung ausreichende Volksschulbildung anbieten zu können. Das Programm „free education" sei inzwischen sogar von den Gebern überzeichnet worden, sagt der Assistant Minister.

Kilemi Mwiria wünscht sich mehr Unterstützung für die Oberschulen. „Wir brauchen mindestens 100 Millionen Dollar, allein um eine vernünftige Sekundarausbildung anbieten zu können", sagt er. Denn für die 7,2 Millionen Grundschüler gibt es nur rund 640 000 Plätze an Oberschulen. Deren Absolventen finden nur rund 70 000 Studienplätze an den überfüllten 6 staatlichen und 14 privaten Universitäten des Landes vor. Hochgerechnet kann nur einer von 500 Kenianern eine Hochschule besuchen. Studenten sind eine winzig kleine Elite, doch Kilemi Mwiria weigert sich, sie als Elite zu bezeichnen. „Oft bekommen sie keine Jobs und stammen obendrein aus armen Verhältnissen", sagt er. Außerdem gehe es ihm bei seiner Politik nicht um die Bildung einer Elite, sondern um qualifizierte Fachkräfte für den Wiederaufbau des Landes.

Die Elite Kenias, wie in vielen Ländern Afrikas, wird ohnedies nicht allein nach dem Kriterium der Bildung und Qualifizierung ausgewählt. Selbst die Leiter der staatlichen Unternehmen und der Hochschulen wurden lange Zeit eher nach Gesichtspunkten politischer Opportunität ausgesucht als nach fachlichen Kriterien. Das hatte verheerende Folgen, weil Dilettanten Chefposten bekleideten, Verluste einfuhren und die Plünderung der Unternehmen und Institutionen zuließen. Präsident Kibaki sagte, künftig werde nur noch die Leistung der Amtsträger zählen, doch kann auch Kibaki sich nicht allen Zwängen entziehen. Mohammed Ahmed Khalifs kam wegen der angestrebten ethnischen und regionalen Ausgewogenheit als Vertreter der Nordost-Provinz ins Kabinett Kibaki und ersetzt dort seinen tödlich verunglückten Vater. Der 23-Jährige ist stellvertretender Minister für Viehzucht. Unter Kenias 48 Bürgermeistern sollen sich bis vor einem Jahr nur zwei mit akademischen Weihen befunden haben. Mombasas Stadtoberhaupt versuchte, während seiner Amtszeit sein Abitur nachzumachen und fiel beim Examen beinahe durch. Der Ansturm auf die Hochschulen hält an, obwohl die Verhältnisse dort nicht erbaulich sind. Vor der University of Nairobi liefert sich der akademische Nachwuchs regelmäßig Straßenschlachten mit der Polizei. Mal ist eine Razzia im Wohnheim der Anlass, mal reichen ein Stromausfall oder eine Wassersperre, um die Studenten auf die Barrikaden zu bringen. Dann demolieren sie Fensterscheiben und zerlegen Autos. Unter den Kenianern finden sie keinen Rückhalt, weil kaum jemand versteht, warum eine so privilegierte Gruppe sich so aufführen kann. Doch die Unzufriedenheit hat ihren Grund: Die Studenten besuchen eine heruntergekommene Institution, die ihnen die versprochene Bildung nicht liefert und obendrein nach dem Abschluss keine Perspektive eröffnet. Nur rund die Hälfte der Hochschulabsolventen bekommt einen angemessenen Arbeitsplatz. Mancher studierte Ökonom findet sich als Kassierer hinter einem Bankschalter wieder statt auf der Managementebene.

Neben dem Mangel an Arbeitsplätzen stellt die Qualität ihrer Ausbildung die Akademiker vor Probleme. In den Chemielabors der Nairobi University gibt es keine Abzugshauben. Nicht mal Handschuhe und Masken sind vorhanden, um die simpelsten Versuche durchführen zu können, berichtet die 22-jährige Faith Mungo. Sie hofft, ihr erster Arbeitgeber werde Verständnis für ihre mangelnde Praxiserfahrung haben. Ihre Universität sieht auf den ersten Blick so aus, als hätte Kenia einen Bürgerkrieg erlitten. Fleckige Mauern, kaum funktionierende Sanitäranlagen, eine Bibliothek, die veraltete Literatur bereit hält. „Die Ausstattung ist so alt wie die Uni", sagt Faith Mungo, also älter als 30 Jahre. Faith

Mungo zahlt rund 1000 Euro im Jahr für ihre Ausbildung. „Wir fühlen uns verraten", sagt sie frustriert, „denn die einzigen Leute in Kenia, die soviel lernen können wie sie möchten, das sind die Reichen. Nicht der Mittelstand oder die armen Leute." Der zuständige stellvertretende Minister Kilemi Mwiria macht Korruption und Überfüllung für die Misere an den Universitäten verantwortlich. Aus Gründen politischer Zweckmäßigkeit wurden die Hochschulen unter dem Langzeitherrscher Daniel arap Moi, der zugleich Kanzler aller Hochschulen war, angewiesen, weit mehr Studenten aufzunehmen als angemessen. So wurden Studienplätze geschaffen, was immer populär ist, ohne dass es den Staat Geld gekostet hätte. „Küchen, die 1000 Studenten versorgen sollten, müssen nun 4000 Studenten versorgen", nennt Mwiria ein Beispiel, das auf alle Bereiche der Universitäten übertragbar sei. Wenn überhaupt Geld für die Hochschulen angewiesen wurde, dann versickerte es zu oft in den Taschen der Bürokraten. Kenia zählte jahrelang zu den fünf korruptesten Ländern der Welt, gemäß einer Statistik der nichtstaatlichen Überwachungsorganisation „Transparency International".

Das Beispiel Kenia steht für viele Länder Subsahara-Afrikas. Südlich der Sahara gebe es allenfalls 20 000 qualifizierte Wissenschaftler, schrieb der langjährige Afrikakorrespondent Christoph Plate über das Ausbluten des akademischen Lebens in Afrika. Das entspreche einem Anteil von 0,36 Prozent der Wissenschaftler auf der Welt. Die drei ostafrikanischen Länder Kenia, Tansania und Uganda hätten lediglich je 0,3 Prozent ihrer Staatshaushalte für Forschung und Lehre ausgegeben, konstatierte Plate. Große Teile der Forschungsetats werden von ausländischen Gebern getragen, sonst stünde es noch schlechter um die Wissenschaft in Afrika. Die 15 000 Studierenden an der Universität von Kinshasa finden in ihrer naturwissenschaftlichen Bibliothek keine 300 Bände vor. Davon ist die Hälfte veraltet, der Rest in Sprachen, die keiner versteht in der Demokratischen Republik Kongo.

„Wir stehen im Vergleich zu Kongo sehr gut da", sagt der Bildungsexperte, Paul Achola. Er schätzt, dass es in Kenia

3000 Akademiker gibt. Aber wenn man den Soziologie-Professor aus Nairobi fragt, welche afrikanische Hochschule er empfehlen würde, dann nennt Achola keine kenianische Uni. Kairo in Ägypten ja, Ibadan in Nigeria ja, Makerere in Uganda habe sich von Idi Amins Exzessen und der Flucht der Intelligenz langsam erholt, sagt Achola, bevor er beginnt, von den Universitäten Südafrikas zu schwärmen, die westliches Niveau böten.

Bei den Reichen in Kenia stehen amerikanische und britische Universitäten hoch im Kurs, gefolgt von australischen Einrichtungen. Nicht ganz so reiche Kenianer schicken ihre Kinder nach Indien zum Studium. Immer wieder gibt es in Nairobi Harambee-Partys, private Wohltätigkeitsfeste, mit denen ganze Familienverbände versuchen, zumindest für ein Kind die Studiengebühren oder das Geld für die Flugtickets in die USA aufzubringen, indem sie an die Spendenbereitschaft ihrer Freunde appellieren. Der Erfolgsdruck, der auf den Auslandsstudenten lastet, ist sehr groß. Und viele kehren nie zurück, sondern sie suchen sich besser dotierte Posten im Ausland. Auch von den in Kenia ausgebildeten Fachkräften versuchen viele ihr Glück im Ausland. Brain drain, Abfluss der Intelligenz, heißt dieser Trend. „Von 6000 in Kenia ausgebildeten Ärzten finden sich nur 1200 in unseren öffentlichen Kliniken wieder“, schlug Gesundheitsministerin Charity Ngilu Alarm. Doch verlassen keineswegs nur Akademiker ihre Heimat, um andernorts mehr zu verdienen. Ein Kinderarzt des Aga Khan Hospitals in Nairobi klagte, neun erfahrene Kinderschwestern und Hebammen hätten auf einen Schlag gekündigt und Jobangebote in Großbritannien angenommen. Der Verlust sei nicht wett zu machen, sagte der Arzt. In den achtziger und neunziger Jahren waren es vielfach politische Beweggründe, die den brain drain auslösten. Forschung und Lehre in Kenia wurden überwacht und gegängelt. Auf Liberalisierung des Einparteiensystems drängende Studenten und Hochschullehrer fanden sich in den Folterzellen des Nyayo-Hauses in der City von Nairobi wieder. Sie verloren die Lehrbefugnis, den Studienplatz, und nicht wenige landeten im Gefängnis, weil sie unter der Folter die absurdesten Straftaten zugaben, zum Beispiel Agenten Libyens zu sein oder Ku-Klux-Klan-Angehörige.

Die Regierung will den brain drain stoppen, aber es gibt dafür kein Rezept. „Die geistige Freiheit haben wir jetzt, freie Meinungsäußerung, Versammlungsfreiheit", lobt der Soziologe Paul Achola das Klima an den Universitäten. Es habe sich nach dem Regierungswechsel gewandelt und böte Akademikern ein angenehmes Umfeld. Achola appelliert an seine Kollegen, am Wiederaufbau seines Landes mitzuwirken: „Einige Leute müssen sich opfern und hier bleiben", sagt der Professor. Der für Hochschulen zuständige stellvertretende Minister Kilemi Mwiria hofft auf den ökonomischen Aufschwung Kenias, damit das Land seiner Intelligenz mehr bieten könne, sprich: höhere Gehälter und mehr Fördergeld für die Wissenschaft. Für den Journalisten David Aduda ist dagegen Aufklärung über die Zustände im goldenen Westen erforderlich. „Die Frage ‚Wo sind die grüneren Weidegründe' wird es immer geben", sagt er. Aber die Auswanderer müssten wissen, dass sie im vermeintlichen Paradies in der Hierarchie oft ganz unten stünden. „Sie bekommen die schlechtesten Jobs, und die Gehälter sind angesichts der Lebenshaltungskosten in Europa längst nicht so üppig, wie viele sich das vorstellen", sagt Aduda. Faith Mungo kann er damit nicht überzeugen. Wenn irgend möglich, sagt sie, will sie nach ihrer Ausbildung ins Ausland gehen. Dort müsse sie, so hofft die junge Frau, keine sexuellen Gefälligkeiten leisten, um einen Job zu bekommen und sie werde besser bezahlt. Ihr Ziel: „Europa oder die Staaten."

3. Zwischen Nobelvororten und Slums

Afrikas Städte – am Beispiel Lagos

Von Ludger Schadomsky

Lorry dey for your front
Tipper dey for your back
Motorcycle dey for your right
Helicopter dey fly fly for your top o
You sef don dey for cell

Vor dir ein LKW
Hinter dir ein Truck
Rechts neben dir ein Motorrad
Über dir ein Hubschrauber
Du bist eingesperrt in deiner Zelle
(Fela Anikulapo Kuti, *Go-Slow*)

Nichts geht mehr. In der Nacht hat es wieder stundenlang geregnet. Die Regenzeit ist ungewöhnlich früh nach Lagos gekommen. Jetzt steht in den Straßen die Brühe kniehoch, weil die Kanäle, verstopft mit Motorblöcken und Altreifen, die Wassermengen nicht fassen. Jetzt benötigt man mit dem Auto für eine Strecke von fünf Kilometern drei Stunden. Oder man steigt auf ein *okada* um, jene frisierten Moped-Taxis, denen die Besitzer die Lenkstangen kürzen, damit sie besser an den verkeilten Autos vorbeikurven können. Jetzt herrscht jener Zustand, den die *Lagocians* nonchalant *Go-Slow* nennen. Go-Slow impliziert ein Mindestmaß an Bewegung, stockender Verkehr – gewissermaßen. Doch er stockt nicht, er steht. Auf Kilometern. Es heißt, nur im Go-Slow und bei Spielen der Fußballnationalmannschaft, *Super Eagles*, seien alle gleich in Lagos. (Das stimmt nur eingeschränkt, denn hochrangige Politiker und Militärs lassen sich von Peitschen schwingenden *Piloten* eine Gasse durch die Blechlawine bahnen.) Wenn selbst auf den fünfspurigen Stadtautobahnen nichts mehr geht, dann schlägt die Stunde der fliegenden Händler: Kuckucksuhren, Fußmatten, Kleiderbügel, Duftbäumchen, Softdrinks, Butterkekse, Feuerlöscher, Nagelfeilen, Boxershorts, Teddybären ... nichts, was es nicht gibt im Stau von Lagos. Am Abend, auf dem Rückweg, wenn die kaputten Straßenlaternen die 15-Millionen-Stadt in tiefe Dunkelheit tauchen, dann lauern auf der Hochbrücke über der Lagune, dort, wo es kein Entkommen gibt, die gefürchteten Straßenräuber und wehe, du rückst nicht schnell die Uhr und die Barschaft raus. (Das haben sie den Mördern von Murtala Mohammed abgeschaut. Die lauerten Mitte der Siebziger dem Militärdiktator in einem Go-Slow auf und durchsiebten seinen Mercedes mit einer Gewehrsalve.)

Afrikas Städte stehen vor dem Kollaps. Platzen aus allen Nähten. Nirgendwo ist das besser zu besichtigen als in der dampfenden, chaotischen Wirtschaftsmetropole Nigerias. Schon heute die größte Stadt südlich der Sahara, werden sich hier nach UN-Berechnungen im Jahr 2015 bis zu 25 Millionen Menschen drängen. Niemand mag die Frage beantworten, ob diese Megapolis dann noch regierbar ist.

Bevölkerungsexplosion, Zerfall der Infrastruktur, Rückzug des Staates, Zusammenbruch traditioneller Strukturen und sozialer Netze, steigende Kriminalität, Massenarbeitslosigkeit, Wohnungsnot und Verslumung: *rien ne va plus* zwischen Kairo und Kinshasa. Schon heute leben 40 Prozent der afrikanischen Bevölkerung in Städten, Tendenz steigend. Im gleichen Maße, wie der souveräne Nationalstaat in Afrika in der Krise steckt – schwache Institutionen, interne Konflikte, Abhängigkeit von externer Hilfe –, verliert das Konzept des *citizen*, des Staats- und *Stadt*bürgers, seine Wertigkeit. An seine Stelle treten Mobilität und informelle Strukturen. *Hilf dir selbst, sonst hilft dir niemand.*

Wo Stadt und Staat überfordert sind, ersetzen Parallelstrukturen, informelle Märkte und ausgeklügelte Überlebensmechanismen formale Strukturen. Die Stadt in Afrika wird zum Experimentierfeld, neue Formen von Autorität – und Solidarität – werden eingeübt. Beerdigungskassen treten an die Stelle von Banken, Markthändler, Taxi- und Busfahrer sammeln sich in „Associations“, um ihre Interessen gegenüber einem desinteressierten Staat zu vertreten. Wo sich Gruppen um die gemeinsame Abstammung herum sammeln, entsteht ein erhebliches Konfliktpotential für die Zukunft. Die gewaltbereiten Bruderschaften an Nigerias Universitäten sind nur ein Beispiel für das Wiedererstarken der ethnischen Identität im städtischen Raum. Gleichzeitig wächst in Afrikas Metropolen, angetrieben von einer sehr jungen Bevölkerung, eine neue „urban culture". Die Video-Produzenten von Lagos sind ein Beispiel.

Trotz aller Nöte oder gerade deshalb: Afrikas Megastädte sind *en vogue*: Architekten und Städteplaner, Fotografen und Künstler zwischen London und Berlin haben Lagos, Johannesburg und Kinshasa *entdeckt*. In einer ständig wachsenden Zahl von Ausstellungen preisen sie „informelle Netzwerke" und den Durchhaltewillen der Bewohner. Da wandert der niederländische Stararchitekt Rem Koolhaas wochenlang durch Lagos, vermisst die Stadt vom Hubschrauber aus, um im Chaos Ordnungsprinzipien zu entdecken. Bei einem späteren Besuch verkündet er entnervt, Lagos sei zu zahm geworden. So kann nur einer reden, der das Rückflugticket nach Europa in der Tasche hat. „Wenn ihr es hier so sexy findet, warum zieht ihr dann nicht dauerhaft her. Im Gegensatz zu euch müssen wir mit dem Elend hier leben." So konfrontiert der in Lagos ansässige Städteplaner Koku Konu eine europäische Avantgarde, die im Elend der Slumviertel ihren letzten Kick findet. Denn was sich in Ausstellungskatalogen nach selbstgewählten, basisdemokratisch gestalteten Lebensentwürfen anhört, sind in der Realität nackte Überlebensstrategien angesichts der Abwesenheit eines sorgenden Wohlfahrtsstaates.

Vor einer Romantisierung von Afrikas Städten sei schon deshalb nachdrücklich gewarnt, weil es den Verantwortlichen suggerieren könnte, es sei alles nicht so schlimm. Wie jener hohe Beamte im Bauamt von Lagos, der ernsthaft behauptet, in 15 Jahren sehe es „hier so aus wie in Stuttgart oder Berlin". Das in einer Stadt, in der das *Leben* längst zum *Über*-Leben mutiert ist. Wo 80 Prozent der Bewohner mit weniger als einem Dollar am Tag auskommen müssen.

Das Leben sei „arm, ekelhaft, pervertiert und kurz", hat jemand einmal über Lagos geschrieben. Die nigerianische Tageszeitung *The Guardian* buchstabiert Lagos so: ***L**awlessness, **A**rmed robbery, **G**ridlock, **O**verpopulation, **S**tench* – Anarchie, bewaffnete Überfälle, Verkehrsinfarkt, Überbevölkerung, Gestank. Und liefert die Fotos gleich mit: bis zum Dach im Wasser versunkene Autos im alten Stadtzentrum, Müllberge in Apapa, der Slum von Mushin, Straßenräuber im Gefängnis von Ikeja.

Ist so etwas noch Stadt? Nicht vielmehr Anti-Stadt, Alptraum, Vorhölle? Wo die Polizisten am Abend ihre Waffen den Gaunern vermieten, um das lächerliche Gehalt aufzubessern? Wo die Jugendbanden der Yorubas, Ibos und Haussa den Schmelztiegel Nigeria in wilden Straßenschlachten immer wieder aufrühren? Wo Leichen tagelang in der Hitze herumliegen, bevor sie jemand aufsammelt? *No easy*, sagen die Lagocians schulterzuckend. Wer wollte auch erklären, warum von drei millionenschweren Müllverbrennungsanlagen nicht eine einzige in Betrieb genommen worden ist. Oder warum im sechstgrößten Ölförderland der Welt die Menschen tagelang für Benzin anstehen? Da hilft nur noch Sarkasmus, Ironie und Wortwitz. Längst ist die notorisch unzuverlässige Elektrizitätsgesellschaft NEPA Plc. in „Never Expect Power Always, Please light candle" umgetauft. Und Lagos ist nicht mehr „Centre of Excellence", wie die Nummernschilder der klapprigen Minibusse verkünden, sondern „Centre of Excrements": eine Kloakenstadt. In der Tat ist das Venedig Afrikas eine der dreckigsten Städte der Welt. Kurzfristig hatte es so ausgesehen, als könnte man dem Problem durch die Privatisierung der Müllabfuhr beikommen. Doch das Experiment scheiterte, und so türmt sich der Abfall inzwischen wieder meterhoch.

Um all dies muss sich nicht scheren, wer in den Nobelvororten Ikoyi und Victoria Island wohnt. Dort ist Lagos grün und gefegt, buhlen Dutzende Galerien um Kunden, wird in Clubs wie dem *Y Not* oder *The Venue* Makossa, Afrobeat und House aufgelegt. Hier betört Lagos und streitet mit

Johannesburg und Dakar um den Titel der Kulturhauptstadt Afrikas. Doch immer lauter klopfen die an, die nichts haben: Wer bitte schön, fragen sie, kann für ein Vier-Zimmer-Appartement 3 Millionen Naira auf den Tisch legen – bei einem Jahreseinkommen von 30 000 Naira und fehlendem Hypothekensystem?

Lagos hat schon früh seine magnetische Wirkung entfaltet. Die ersten Siedler vom Volk der Awori bauten auf der sumpfigen, Moskito-verseuchten Insel Eko Gemüse an. Aus jener Zeit stammt der Name des Königspalastes, in dem noch heute der Oba oder traditionelle Herrscher von Lagos residiert: „Iga Idunganran" oder „Pfefferpalast". 1730 tauften portugiesische Händler Lagos nach der Lagune um, die sie umschließt. Die Schiffe aus Lissabon brachten Eisen und Messing, Spirituosen und Waffen und luden Elfenbein, Palmöl und eine ständig wachsende Zahl von Sklaven. 1851 dann landeten die Briten vor Lagos, erklärten die Stadt zur Kolonie und 1914 zur Hauptstadt der Kolonie Nigeria. Schnell steigt Lagos zum wichtigsten Hafen Westafrikas auf, Straßen und Eisenbahnen werden gebaut. In der Folgezeit drängen befreite Sklaven aus Sierra Leone und Brasilien, Arbeitsmigranten und Bürgerkriegsflüchtlinge in die Stadt. Der Ölboom der Siebziger führt zu einer rasanten Expansion der Stadt durch Inbesitznahme benachbarter Städte und ländlicher Gebiete. Petrodollar finanzieren gigantische Infrastrukturprojekte, die die Metropolisierung weiter vorantreiben. Aufgrund guter Kontakte sichert sich die Baufirma Julius Berger Nigeria, eine Tochter der deutschen Bilfinger & Berger, Aufträge in Milliardenhöhe. Die Stadt wird mit Beton überzogen.

Der Abstieg beginnt mit dem Structural Adjustment Programme (SAP) Mitte der 80er Jahre (das Lagos aufmüpfiger Barde Fela Kuti schnell in „Suck African People" umtauft). Nicht nur die Stadtplanung fällt massiven Sparmaßnahmen zum Opfer. Privatisierung staatlicher Dienstleistungen und Reduzierung des Beamtenapparats führen zu Massenarbeitslosigkeit. Die Lebenshaltungskosten explodieren. In kurzer Zeit verdreifacht sich die Zahl der Einwohner unterhalb der

Armutsgrenze. In diese schwierige Zeit fällt der Beschluss, mit Abuja eine neue Hauptstadt aus dem Boden zu stampfen, die ethnisch gemischter und damit repräsentativer sein würde. Lagos stirbt einen politischen Tod. Heute erwirtschaftet die Stadt zwar einen Großteil des nationalen Bruttoinlandproduktes und schleust jährlich 12 Millionen Tonnen Fracht durch seinen Hafen. Doch auf den Kosten – Umweltbelastung, zerstörte Straßen etc. – bleibe man sitzen, schimpfen die Lagocians. Das hat auch damit zu tun, dass Lagos der Ruf einer Oppositionshochburg, eines *trouble makers*, vorauseilt.

Heute haben sich in den Kleeblättern der gigantischen Stadtautobahnen Gebrauchtwagenhändler und Rinderhirten eingerichtet. Das Niemandsland unter den *fly overs* teilen sich Garküchen, Freikirchen und die notorischen Area Boys. Ausgerechnet die in Beton gegossenen Fortschrittsvisionen von einst sind heute die am schlimmsten verstopften Nadelöhre. Wer will, kann darin die Bankrotterklärung einer westlichen „Entwicklungs"-Paradigmen gehorchenden Städteplanung lesen. Zwar hat das postkoloniale Lagos die Paradigmen von einst – städtisch versus ländlich, modern versus traditionell, formal versus informell – über Bord geworfen. Auch ist die bei der Unabhängigkeit vehement eingeforderte Modernität heute eine afrikanische Modernität. Doch es wäre blauäugig, die neuen Verhältnisse zu feiern. Heute gibt man sich nicht einmal mehr die Mühe, einen Masterplan zu erstellen.

„Schlupflöcher für die Reichen. Wie kann ich noch mehr verdienen und dabei Steuern sparen?" Der Titel des Buches, das die Sitznachbarin auf dem Flug von Abuja nach Lagos studiert, spricht Bände über die Energie, die Lagos anfeuert. Erfolg, Weiterkommen, Prosperität – das sind die Vokabeln auf jedermanns Lippen. In Lagos löscht Becks auf den Werbetafeln nicht den Kennerdurst, sondern ist ein „Schlüssel zum Erfolg". Wer es sich leisten kann, jongliert vier Mobiltelefone am Ohr, Status ist alles. Der Doyen der afrikanischen Literatur, der Nigerianer Chinua Achebe, hat einmal gesagt, das Leben in Lagos sei getränkt von „anxiety" – von Sorge.

Da hat der einfache Mann Sorge, keinen Arbeitsplatz zu bekommen, und der Arbeitsplatzbesitzer hat Sorge, er könne eben jenen an den Nebenbuhler verlieren.

Auf eben diese in der Lagos-Seele verwurzelte Sorge zielen die Heilskirchen, die in den vergangenen Jahren in und um Lagos aus dem Boden geschossen sind. Das Geschäft mit dem Glauben ist heute Nigerias größte Wachstumsindustrie.

Sonntagmorgen, 8.00 Uhr. Tausende Autos stauen sich auf der Schlagloch übersäten Piste. Auf den Heckscheiben rote Sticker: „I am a Winner." Wer wollte nicht ein Sieger sein in Lagos, wo das Leben oft genug die Hölle ist. Also pilgern jeden Sonntag 50 000 Gläubige nach „Canaanland", eine Autostunde östlich von Lagos im Bundesstaat Ogun. Hier steht die Winner's Chapel, Afrikas größte Kirche. Eine Siegerkirche eben. Denn alles, was groß ist in Nigeria, ist gut. Gleich neben der Kirche (die Schlaglöcher bleiben draußen, hier ist alles frisch asphaltiert): Universität, Schulen, Banken, Tankstelle, Restaurant und ein Andenkenladen. Ein religiöses Disneyland, wo jeden Monat Gebäude im Wert von einer Million Dollar aus dem Boden gestampft werden. 500 000 Dollar kostet allein der Unterhalt für die 1000 Angestellten – vom Tankwart bis zum Pressesprecher. Der entschuldigt sich, er müsse den Gottesdienst live ins Internet einspeisen, denn dort warte eine globale Fangemeinde auf die Worte von „Bishop" David Oyedepo. Oyedepo ist der Hausherr von Canaanland. Und weil das so ist, hat er Anrecht auf einen Trupp Leibwächter und eine verspiegelte Limousine. Wozu braucht ein Mann Gottes Leibwächter? In dem dreistündigen Gottesdienst legen Zeugen Zeugnis ab – meistens geht es um Geschäftserfolge –, verbreitet der klein gewachsene Bischof allerhand Unfug und sammelt schließlich in Wäschekörben die Almosen einer in Ekstase „Hallelujah" rufenden Menge. „Jeder kann ein Sieger sein", lautet die zentrale Botschaft, und „durchkommen zu Gottes Telefon". Eine schöne Metapher in Lagos, wo ein heftiger Regenschauer genügt, um das Telefonnetz der staatlichen NITEL lahm zu legen. Wirklich ärgerlich ist nur, dass der Mann im

Interview behauptet, AIDS heilen zu können. Das ausgerechnet in Afrikas bevölkerungsreichstem und jüngstem Land. Man habe medizinische Beweise, sagt der Pressesprecher. Derweil liefern sich vor der Siegerkirche Autoschmuggler Feuerwechsel mit der Polizei. Vielleicht sind sie nicht durchgekommen zu Gottes Telefon, nun versuchen sie auf anderen Wegen, Sieger zu werden. Das versuchen auch die gewieften Produktpiraten auf dem Alaba Markt, Afrikas größtem Umschlagplatz für Elektronikgüter aller Art. Würde sich ein SONY-Vertreter herwagen – ihm müssten die Haare zu Berge stehen. Wirtschaftskriminalität mit Deckung höchster Stellen – im Volksmund nach dem entsprechenden Paragraphen im Strafgesetzbuch *419* genannt –, Benzinschmuggel und eine weit verbreitete *dash*-Kultur: Jahr für Jahr belegt Nigeria in den Studien von *Transparency International* einen der vordersten Plätze.

Wenn mehr und mehr Jungendliche in die Kleinkriminalität abgleiten, dann hat das auch etwas mit dem Video-Kult zu tun, der seit Anfang der 90er Jahre förmlich explodiert ist. Die ersten *Home Videos* tauchten auf, als sich unter dem brutalen Abacha-Regime das öffentliche Leben hinter die eigene Wohnungstür verlegte. Seitdem überschwemmen Fließband-Produktionen zweifelhafter Qualität den Markt. Sie glorifizieren das *fast life,* das kompromisslose Stadtleben mit seinen Prostituierten, schnellen Autos und Gaunern. Wenn sich die in der Lobbygruppe CORA zusammengeschlossene Künstlergemeinde von Lagos einmal im Monat im heruntergekommen Nationaltheater zum Gedankenaustausch trifft, dann geht es immer wieder auch darum, wie die Qualität der Video-Industrie verbessert werden kann. Denn ernsthafte Filmemacher wie Tunde Kelani haben es inzwischen schwer, sich Gehör zu verschaffen.

Dieses Schicksal teilen Lagos Künstler mit Städteplanern wie Koku Konu. Konu setzt auf den Schockeffekt, um die klinisch tote Städteplanung wiederzubeleben. Seine *Creative Intelligence Agency* (CIA) stellte unlängst das lokalen Uriniergewohnheiten angepasste öffentliche Pissoir sowie eine von der negativen Energie Lagos angetriebene Plattform zur Verkehrsentlastung vor. Bei der Stadtverwaltung stieß man auf taube Ohren. Jetzt will sich eine Nichtregierungsorganisation der Toilettenhäuschen annehmen. Es gebe keine Ideenkultur in Lagos, fasst der in England ausgebildete Architekt den Stillstand zusammen.

Die Probleme von Lagos sind die der großen afrikanischen Städte. Solange die Landflucht ungebremst anhält, werden die Städte weiter wachsen und damit die Zahl derer, die in der so genannten Schattenwirtschaft – die in Afrika längst die offizielle Wirtschaft abgelöst hat – (über)leben. In der 15-Millionen-Stadt Lagos sind heute bereits 80 Prozent der Menschen im informellen Sektor beschäftigt – im Kleinsthandel und Handwerk, im Recycling und Transportwesen, im Sicherheitsdienst und in der Telekommunikation (was häufig wenig mehr als den Verkauf von Telefonkarten an Verkehrskreuzungen bedeutet). Die Informellen schließen sich zu Kooperativen zusammen, die zunehmend auf den Dienstleistungssektor drängen. Doch statt die Händler bei Regularisierung, Marktzugang und Kleinkrediten zu unterstützen, schickt die Stadtverwaltung nach wie vor die Polizei. Durch innovative Modelle ließe sich nicht nur die Existenz eines Großteils der Stadtbevölkerung dauerhaft sichern, sondern auch die Steuerbasis der bankrotten Städte erheblich verbreitern. Müllentsorgung wird solange nicht funktionieren, wie Müllverbrennungsanlagen stillstehen oder, wie in Lagos geschehen, an Grundstücksspekulanten verkauft werden. Private Sicherheitsdienste werden solange das Gewaltmonopol des Staates untergraben, wie Polizisten kaum ihre Familien ernähren können.

Und Städteplanung? Darf man angesichts der vielfachen Probleme etwas so Esoterisches wie eine Städteplanung einfordern? Man muss! Er sei es leid, ständig Vorschläge zu unterbreiten, die doch kein Gehör fänden, sagt der große alte Mann der nigerianischen Architektur, David Aradeon, resigniert. Aradeon fordert „afrikanische Lösungen für afrikanische Probleme“: eine Rückgewinnung öffentlicher Plätze beispielsweise, die traditionell nicht verbaut werden dürfen. Ein *mass transport system*, ein öffentliches Nahverkehrssystem also, das die notorisch gefährlichen, privat organisierten Minibusse durch Pendelbusse ersetzt. Wie kann es kommen, dass eine Lagunenstadt wie Lagos gerade zwei Fährboote besitzt, fragt der ehemalige Professor an der Universität Lagos kopfschüttelnd. Warum nicht ein Fährensystem wie in Hongkong? Fragt man einen ausländischen Investor, ob er eine Stadtfähre in Lagos betreiben würde, dann winkt der vehement ab. Sie müssen verstehen, sagt er, dass der Investor, zumal wenn er von außen kommt, als Kuh verstanden wird, die es ordentlich zu melken gilt. Wenn alle Taschen gefüllt sind, dann müsste ein so hoher Fahrpreis angesetzt werden, dass sich kein Mensch die Fähre leisten könnte.

Gefragt sind jetzt die Regierenden. Es sollte ihnen zu denken geben, dass ein hochrangiger nigerianischer Manager unlängst sagte: „Wir brauchen die Kolonialherren zurück!"

4. Am Schnittpunkt großer Handelsstraßen

Leben in der Wüste – am Beispiel Timbuktu

Von Regula Renschler

Timbuktu, eine Stadt umgeben vom Sand der Wüste, Sand füllt die Straßen, Sand fegt über unseren Tisch im Hotel Colombe, Sand in unseren Haaren. Die Sonne geht in einem rotgoldenen Rausch am Horizont unter, die bleierne Hitze kühlt kaum ab, die trockene Zunge klebt am Gaumen.
Timbuktu, die „Stadt der 333 Heiligen", deren Name noch immer Mysteriöses verspricht und Sehnsüchte nach einem goldenen Zeitalter, nach der Fremde und dem Ausbruch aus allem Gewohnten weckt, Timbuktu erwacht langsam aus der Betäubung des Nachmittags, der Duft frisch gebackenen Brotes weht zu uns herüber, Musik klingt auf, Kinder rufen.

Früher, meint Monsieur Abbas Kader, der Besitzer des Hotels und ehemaliger Bürgermeister von Timbuktu, lag die Stadt am Wasser, und zum Beweis zeigt er uns Bilder, auf denen die Segel von Schiffen und Pirogen durch die Stadt ziehen und Arbeiter Güter an Kais abladen. Es sieht aus wie eine Fata Morgana. Eine Photomontage? Keineswegs. Früher gab es einen dreizehn Kilometer langen Kanal, einen künstlichen kleinen Nebenarm des Niger, der den Bewohnern der Wüstenmetropole während der Flutzeiten des Niger einen direkten Zugang zum Fluss, dieser Lebensader am Südrand der Wüste, garantierte. Jetzt ist der Kanal versandet, nur als Graben noch deutlich sichtbar. Übrigens sei das Wasser in der Regel kein Problem für Timbuktu, meint Monsieur Kader, es gebe unter der Stadt einen großen unterirdischen See und wenn während der Regenzeit genug Regen falle, sei die Versorgung der Stadt gewährleistet. Das Problem Timbuktus sei der Sand, die Wüste rücke immer mehr vor, wir sähen ja selbst.

Timbuktu, das zum westafrikanischen Staat Mali gehört, liegt am Südrand der Sahara, da wo der Fluss Niger sich in einem großen Bogen auf den Weg zur fernen Küste macht. Es gibt drei Möglichkeiten, die Stadt zu erreichen: die heutige, moderne, per Flugzeug via Bamako, der Hauptstadt Malis, und zwei herkömmliche: von Bamako her auf dem Wasserweg mit dem Kursschiff oder einer Pinasse, oder auf dem Landweg: von Norden her quer durch die Wüste, von Süden her durch die Savanne. Sie haben alle ihre Tücken: Das Flugzeug fällt oft aus, die Schifffahrt ist nur möglich, wenn es der Wasserstand des Niger erlaubt, der Landweg von Süden, wenn die Straßen nicht völlig versandet sind; derjenige von Norden ist den modernen Abenteurern und den selten werdenden Salzkarawanen der Tuareg vorbehalten. Mit ihnen kehrt ein Hauch der großen Vergangenheit Timbuktus zurück.

Timbuktu verdankt seine historische Bedeutung seiner Lage am Schnittpunkt grosser Handelsstraßen zwischen Nord und Süd, an der Schnittstelle zwischen dem islamischen Norden und dem Afrika südlich der Sahara, am Rand der Wüste und unweit eines großen Flusses. Ihren Ursprung hat die Stadt wohl in einem Camp der Tuareg, des Nomadenvolkes der Sahara. Die Geschichte nennt das 11. Jahrhundert als wahrscheinliche Gründungszeit. Ihren Namen soll die Stadt von einer Frau namens Bouctou haben, der die Tuareg die Bewachung des dortigen Brunnens anvertrauten.

Im 14. Jahrhundert wurde sie zum Zentrum des Salz-Goldhandels. Während ihrer Glanzzeit, im 15. und 16. Jahrhundert, war Timbuktu die größte und wichtigste Handelsstadt der Region. 100 000 Menschen sollen damals in der Stadt am Südrand der Sahara gewohnt haben, viele waren reich. Der Reichtum eines Mannes wurde nach der Zahl seiner Bücher und Pferde in seinem Stall eingeschätzt. Neben Salz, das damals an Wert Gold gleichkam, gelangten aus dem Norden Metalle, Pferde, Feuerwaffen, Seidenstoffe, Glasperlen, Handschriften und Datteln nach Timbuktu, die dort gegen das begehrte Gold, gegen Sklaven, Elfenbein, Moschus, Kolanüsse, Pfeffer, Gummi, Lederwaren und Hirse aus dem Süden getauscht wurden. Mit dem Handel blühte die Gelehrsamkeit. 180 Koranschulen gab es in Timbuktu und eine Universität, wo die arabische Sprache, Rhetorik,

Astrologie und die Exegese des Koran gelehrt, die Gesetzesquellen studiert und die Rechtssprechung geübt wurden. Der Ruhm der Universität von Timbuktu drang bis ins andalusische Granada; sie beherbergte bis zu 25 000 Studenten in ihren Mauern.

In Europa war die Stadt bereits Ende des Mittelalters bekannt, sie figuriert auf europäischen Weltkarten des 14. Jahrhunderts als „Ciutat de Melli" und Residenz des „Rex Melli", des Königs der Goldminen. Mit dem König von Melli war Mansa Mussa gemeint, der „schwarze Sultan von Mali", ein gelehrter Mann und ein bedeutender Politiker. Der afrikanische Historiker Joseph Ki-Zerbo beschreibt eine Begebenheit aus Mussas Leben mit folgenden Worten: „Im Jahr 1324 unternahm er die Wallfahrt nach Mekka in der eindeutigen Absicht, den arabischen Herrschern zu imponieren. Von Tausenden von Bedienten (60 000 sagt der Tarik es Sudan) begleitet, durchquerte er die Wüste über Walata und erschien in Kairo vor den Augen der geblendeten Welt wie ein Herrscher aus Eldorado."[1] Zwei Tonnen Gold soll er mitgebracht und so großzügig verteilt haben, dass der Kurs des Goldes sank und Mussa für die Rückreise Geld von einem alexandrinischen Kaufmann leihen musste.

Nach seiner Rückkehr ließ Mussa in Timbuktu die Djinger-ber-Moschee und eine Residenz erbauen. Der Architekt war ein Moslem aus Andalusien, den Mussa aus Mekka mitgebracht hatte. Die Moschee verfügt über drei Innenhöfe, zwei Minarette und fünfundzwanzig Säulen. Im Inneren herrscht dumpfes Dämmerlicht. Das Reich Mansa Mussas, auch Kankan Mussa genannt, dehnte sich damals über ein Jahr Fußmarsch aus, der Sultan gehörte zu den Mächtigsten der Welt. Nach seinem Tod verlor es an Stärke. Um die Herrschaft über Timbuktu kämpften im Lauf der Jahrhunderte verschiedene Herrscher der großen Reiche Westafrikas. Auf das Malireich folgte das Reich der Songhai, unter denen Timbuktu seine Glanzzeit erlebte. Hauptstadt eines der Königreiche war Timbuktu allerdings nie. Mit der Verlegung des Handels an die atlantische Westküste und der Eroberung

Timbuktus durch Marokko 1591 verlor die Stadt an Geltung; die kleinen marokkanischen Garnisonen konnten sie nicht gegen die Attacken der Tuareg und der Völker aus dem Süden schützen, unter ihnen die Bambaras, die keine Muslime waren. 1893, als die Franzosen Timbuktu einnahmen, war die Stadt eine zur Bedeutungslosigkeit herabgesunkene Siedlung am Rand der Sahara.

Die Europäer erfuhren von dem Eldorado südlich der Sahara zuerst durch die Händler und Karawanenführer Nordafrikas. Timbuktu erweckte Goldgier, Interesse, Abenteuerlust, blieb lange ein unerreichbarer Ort, an dem sich die Phantasie entzündete. Schriftliche Beschreibungen Timbuktus lieferten zwei Reisende, Ibn Battuta aus Marokko (1304–1309 oder 1377), der im 14. Jahrhundert ausgedehnte Reisen durch die Länder des Islam unternahm, und zwei Jahrhunderte später Leo Africanus (1485–1554), ein Moslem aus Granada, der im Auftrag von Papst Leo X. eine Beschreibung Afrikas verfertigte.[2] Während Ibn Battuta zwar vom Wohlstand und der Sicherheit des Malireiches und vom Luxus am Hof der Könige beindruckt war, hatte er für Timbuktu nicht viel übrig. Umso ausführlicher und in höchsten Tönen lobend beschrieb Leo Africanus das reiche, wohlgeordnete Leben in der Stadt der Kaufleute, Gelehrten und Heiligen. Einzige Mangelware war das Salz.

Als die ersten Europäer im 19. Jahrhundert Timbuktu endlich erreichten, war von der früheren Bedeutung und dem ehemaligen Wohlstand dieses wirtschaftlichen und intellektuellen Zentrums nicht mehr viel übrig geblieben. Der erste war der Schotte Gordon Alexander Laing, der 1826 in Timbuktu eintraf und später beim Verlassen der Stadt ermordet wurde; als zweiter ereichte der Franzose René Caillié, als Araber verkleidet, zwei Jahre später die Wüstenstadt als Forscher und Entdecker, aber gleichzeitig im Bestreben, Kolonialansprüche für Frankreich zu sichern. In britischem Auftrag kam fünfundzwanzig Jahre später der deutsche Afrikaforscher Heinrich Barth nach Timbuktu. Ihm verdanken wir präzise und angenehm zu lesende Berichte über Land und Leute.[3]

Wie man sich aus Geschichte und Geographie leicht vorstellen kann, leben in Timbuktu Angehörige verschiedener Völker. In seinen Straßen trifft man Berber und Mauren, Songhais, Malinkés und Bambaras, die alle in eigenen Vierteln der Stadt wohnen; um die Stadt herum begegnet man den schlanken, hoch gewachsenen Peuls mit ihren Tierherden, klein gewachsenen Bozos, den Fischern von den Gestaden des Niger, und natürlich den Tuareg, den Bewohnern der Wüste, mit Kamelen und ohne.

Um die Tuareg, die „blauen Männer" oder „die letzten Ritter", ranken sich viele Legenden, sie sind – wie Timbuktu – zur Projektionsfläche europäischer Phantasien und Träume geworden. Nicht von ungefähr, ist doch ihr Leben, da wo es in seiner traditionellen Form noch existiert, von unserem westlichen diametral verschieden. Die Schönheit und Freiheit der Frauen, die in Tücher gehüllten Gestalten der Männer mit dem um Kopf und Gesicht geschlungenen „tagelmust", der nur die Augenpartie freilässt, hoch auf den über alles hinwegblickenden Kamelen, tragen zu ihrer Mystifizierung bei. Kaum jemand, der ihnen gegenüber gleichgültig bliebe.

Die Tuareg stammen ursprünglich von den Berbern Nordlibyens ab. Unter dem Druck der arabischen Invasion wichen sie nach Süden aus, vermischten sich mit Arabern und Schwarzen. Im 20. Jahrhundert trieben die Dürreperioden der siebziger und achtziger Jahre und später die algerische Politik, die die Nomaden sesshaft machen wollte und ihnen das Wandern über die Grenzen verbot, manche in die großen Städte. Dort konnte man sie auf den Straßen beobachten, wie sie Silberschmuck verkauften. Viele verarmten, andere passten sich den neuen Lebensumständen an und wurden zu Städtern. Wieder andere ließen sich in Oasen und Dörfern nieder oder suchten im Tourismus ein Auskommen. So auch in Timbuktu, wo sie den Touristen Schmuck und Alltagsgegenstände verkaufen und Kamelritte in die Wüste anbieten.

Die Tuareg sind Nomaden. Sie züchten Kamele, halten Ziegen- und Schafsherden und sind am Karawanenhandel beteiligt. Mit den sesshaften Bauern unterhalten sie enge Beziehungen. Sie sprechen eine gemeinsame Sprache, Tamashek, und verfügen über eine Schrift, das Tifinagh.

Die Frauen gebieten über eigenen Besitz, ihre eigenen Zelte, gehen unverschleiert und erziehen und unterrichten die Kinder. Das faktische Matriarchat der Tuareg hängt damit zusammen, dass die Männer ein halbes bis dreiviertel Jahr unterwegs und abwesend sind, wenn sie Karawanen begleiten und ihren Herden nachgehen.

Heute gibt es noch rund ein bis zwei Millionen Tuareg, verteilt auf die Staaten Algerien, Libyen, Niger, Mauretanien, Marokko, Mali und Burkina Faso. Wie viele noch in ihrer angestammten Kultur leben und wie lange dies überhaupt noch möglich sein wird, ist höchst ungewiss.

Timbuktu hat nicht nur von seiner Lage am Schnittpunkt der Wüstenstraßen profitiert, sondern auch von seiner Nähe zu ertragreichen Anbauflächen in der Umgebung des Niger. Der Fluss – mit seinem merkwürdigen Verlauf von der Küste in Guinea weg und in einem großen Bogen durch die südliche Sahara zurück zur Küste in Nigeria – verzweigt sich nördlich der malischen Stadt Ségou zu einem riesigen Binnendelta von der Größe der Schweiz, einem Eldorado für Vögel, Sumpf- und Wassertiere, wie wir auf der Flussfahrt von Mopti nach Timbuktu beobachten konnten. Wenn das Hochwasser des Niger nach der Regenzeit im Sommer zurückgeht, hinterlässt es von fruchtbarem Schlamm überflutete Felder, ideal für den Anbau von Hirse und Reis. Darüber hinaus ist der Fluss natürlich ein steter Lieferant von frischen Fischen.

Die Sahara ist die größte und extremste Wüste der Welt, eine „klimatisch-passatische Wendekreiswüste", über deren Kern stets ein Hochdruckgebiet steht und stets ein trockenheißer Wind weht, der Harmattan. Bei klarem Wetter kann man aus dem Flugzeug heraus ihre verschiedenartige Beschaffenheit deutlich erkennen. Eigentlich ist die Sahara ein Ensemble von Wüste, Halbwüsten, Wüstensteppen und, an den Rändern, von Savannen. An den Rändern wachsen zwischen Sanddünen krüppelige Bäume und Dornbüsche, Tamarisken,

Akazien und Ginster. In den Sahelzonen dann die riesigen Baobabs, Palmen und eine ganze Reihe von Nutzbäumen.

Immer wieder taucht die Frage auf, ob die Wüste angesichts der zunehmenden Desertifikation – sie soll sich in den letzten 20 Jahren um rund 100 km Richtung Süden ausgedehnt haben – bei genügender Bewässerung in Agrarland umgewandelt werden könnte. Fachleute verneinen es und zwar nicht wegen allfälliger Schwierigkeiten beim Beschaffen des Wassers, sondern wegen der schlechten Bodenqualität der Wüste, die – so heißt es – zu steinig und zu sandig und nicht in der Lage sei, Humus zu produzieren.

Trotz ihrer Unwirtlichkeit ist die Sahara nie eine unüberwindliche Barriere gewesen für die Menschen; den Tuareg ist sie sogar Lebensraum geworden. Dass aus der Stadt Timbuktu ein geistiges Zentrum wurde, das mehrere Jahrhunderte lang vom Rand der Wüste aus in den ganzen islamischen Raum ausstrahlte, ist dem Karawanenhandel zu verdanken, der nicht nur Güter transportierte, sondern auch Bücher und Kunstgegenstände, der Begegnungen zwischen Menschen verschiedener Kulturen ermöglichte und Wissen vermittelte. Diese vergangene Zeit findet man in Timbuktu noch immer. Auf dem Markt der Stadt zum Beispiel, wo Salz in pyramidenförmigen Stöcken oder in Brocken in kleinen Säcklein verkauft werden. Oder wenn man auf dem Spaziergang durch die Stadt unversehens vor einer der schönen, eisenbeschlagenen Haustüren innehält und erkennt, dass hier René Caillié oder Heinrich Barth gewohnt haben. Oder wenn der Schriftgelehrte Chirfi Alpha Sane im Ahmed Baba Centre, wo rund 20 000 alte arabische Manuskripte aufbewahrt werden, den Besuchern ein einzigartiges Exemplar des Koran zeigt, das der Bibliothek vom libyschen Führer Khaddafhi geschenkt wurde!

Timbuktu wurde als UNESCO-Weltkulturerbe registriert. Die drei Moscheen, die Djinger-ber-Moschee, die Sankoré-Moschee und die Sidi Yahia-Moschee, die alle im 14. Jahrhundert als architektonische Meisterwerke aus Lehm erbaut und mehrmals renoviert wurden, sind 1996 in die Liste der gefährdeten Denkmäler eingetragen worden. Dies setzte neue Mittel frei für deren dringend notwendige Restaurierung, die nur von Fachleuten geleistet werden kann. Doch nicht nur die Moscheen bräuchten Geld und Aufmerksamkeit.

Es ist unübersehbar: Timbuktu, die weltberühmte Handelsmetropole, die Stadt der 333 Heiligen, der Ort, wo Gelehrsamkeit herrschte und Toleranz gelebt wurde, Timbuktu ist heute eine arg vernachlässigte Stadt; die Häuser der historischen Innenstadt sind von wenigen Ausnahmen abgesehen in schlechtem Zustand, auf den Straßen wirbelt der Wind mit dem Sand Dreck vor sich her, die Menschen sind arm, viele arbeitslos. Die Armut der Menschen in Timbuktu offenbart sich deutlicher noch in den neuen Vierteln rund um den alten Stadtkern. Sie bieten zwar mit ihren breiten Sandstraßen, wo nur wenige Autos verkehren, wo in den kühleren Stunden Kinder spielen und Frauen Gemüse rüsten, Wäsche waschen oder miteinander schwatzen, ein friedliches Bild; doch ein näherer Blick zeigt, dass hier der Alltag noch karger ist als in den Städten des Sahel.

Eine Möglichkeit bietet der Tourismus. Der Nimbus Timbuktus ist umgebrochen, vor allem unter amerikanischen Touristen. „Wir verkaufen einen Namen, einen Mythos, wir verkaufen Träume", meinte Malis ehemalige Tourismus-Ministerin Aminata Touré. Doch das reicht nicht mehr, viele Touristen sind von ihrem Besuch enttäuscht, die meisten kommen eh nur für einen Tag und eine Nacht nach Timbuktu. Dazu kommt, dass die Saison kurz ist, drei Monate im besten Fall, von November bis Januar. Kein Wunder, dass Touristen von Händlern, Kindern und lokalen Guides förmlich überfallen und gnadenlos auf ihren Wegen verfolgt werden.

Einer, der an eine neue Zukunft Timbuktus glaubt, der nicht will, dass die Stadt zu einem Museum verkommt, ist der junge Mann, der das Internetcafé führt, Birama Diallo. Das „Télécentre Communautaire Polyvalent" TCP ist *der* Anziehungspunkt vor allem für junge Leute. Es arbeitet in den drei Sprachen Songhai, Bambara und Französisch und bietet neben Telefon, Fax, E-Mail und Internet auch Ausbildungskurse in den neuen elektronischen Medien an. Doch die wenigsten Einheimischen können sich die Tarife leisten, die Nutzung des Internetcafés bleibt vorläufig den wenigen sehr gut Verdienenden und den Ausländern vorbehalten. Das tut der guten Laune von Birama Diallo keinen Abbruch. Für ihn und für viele Bewohner der Stadt ist das TCP zum Fenster in die ferne Außenwelt und zu einer neuen Hoffnung geworden.

IV. Kultur in Afrika

1. Mehr als der Zauber der Trommeln

Vom Reichtum afrikanischer Musikkulturen

Von Wolfgang Hamm

Wer viel in afrikanischen Ländern reist, macht immer wieder eine erstaunliche Beobachtung: Die Menschen lachen! Fröhlichkeit und ansteckende Lebensfreude bilden oft einen auffälligen Kontrast zur Misere des Alltags. Auch der musikalische Reichtum afrikanischer Musikkulturen steht in auffälligem Gegensatz zur materiellen „Armut" in manchen Gebieten. Eine technologische Entwicklung wie in der europäischen Musik – vom Monochord zum Konzertflügel, von kleinen mittelalterlichen Musikensembles zu hundertköpfigen Sinfonieorchestern – hat es in Afrika nicht gegeben. Von der Erfindung elektroakustischer Klangerzeuger und Musikformen ganz zu schweigen. Stattdessen dominieren Naturmaterialien: Holzstäbe und Holzstöcke, ausgehöhlte Baumstämme, Bambus- und Schilfrohre, Fruchtkapseln, gedrehte Sisalfasern, Palmblätter und Palmblattstängel, ausgeschabte Kürbiskalebassen, Tierhäute und Tiersehnen – dieselben Materialien, aus denen die meisten Alltagsgegenstände gefertigt sind. Die scheinbar „armen" Instrumente offenbaren jedoch einen ungeahnten musikalischen Reichtum, der von der musikalischen Kreativität und der Erfindungskraft afrikanischer Völker zeugt. Manche Instrumente gibt es so nur in Afrika.

Entgegen der Klischeevorstellung, dass Afrikaner vor allem trommeln, fallen die subsaharischen Musikkulturen Afrikas durch ihr reiches Spektrum von Saiteninstrumenten auf: Bogen- und Stegharfen, Lauten und Leiern, Musikbögen und Musikstäbe, Brett-, Floß-, Schalen- und Rahmenzittern usw.

Nirgendwo auf der Welt existiert eine solche Mannigfaltigkeit an Musikbögen wie bei den Völkern im südlichen

Afrika. Bereits seit Jahrtausenden kannten die *San,* abwertend oft „Buschmänner" genannt, den Musikbogen, der im Prinzip nicht anders aussieht als ein Jagdbogen. Über einer gebogenen Stange aus Holz ist eine einzige Saite gespannt, mit der sich ein Pfeil abschießen, aber genauso gut auch ein Ton zupfen lässt. Ethnologische Untersuchungen belegen, dass Jagd- und Musikbogen strukturell-funktional zusammenhängen. Bei der *Khoisan* sprechenden Urbevölkerung in Namibia, Botswana und Südangola ist die Nutzung eines Bogens als Jagd- oder Musikinstrument grundsätzlich offen. Andere Völker in Westzaire und in Tansania verwenden ausgediente Jagdbögen als Musikbögen weiter. Und die „Mbuti-Pygmäen" im Osten des Kongo benutzen sogar Pfeile zum Anschlagen der Saite.

Die Konstruktion eines Musikbogens erscheint simpel, doch dieses archaische Instrument bietet eine Fülle an Spieltechniken und Klangmöglichkeiten: Man kann die Saite mit den Fingern zupfen oder mit einem Holzstäbchen anschlagen. Man kann sie mit einem Bogen streichen oder reiben. Die *„Kung"* in Angola bringen sie zum Schwingen, indem sie über Einkerbungen der Bogenstange schrapen – *kawaya-waya* nennen sie onomatopoetisch ihren Schrapbogen. Aus Lesotho stammt eine geradezu abenteuerliche Musikbogen-Konstruktion. Dort bläst der *lesiba*-Spieler gegen die Schneide eines mit der Saite verbundenen Federkielblättchens, das die Saite zum Vibrieren bringt. Durch starkes Ein- und Ausatmen hält er den Federkiel und damit die Bogensaite in Schwingung. Mit seiner Mundhöhle als Resonanzraum filtert er aus dem Grundton die Obertöne heraus. Das Spiel der *lesiba* ist derart erschöpfend, dass selbst erfahrene Spieler selten länger als eine halbe Minute ohne Unterbrechung durchhalten. Der eher leise und dünne Saitenklang eines Musikbogens lässt sich auch mit einer Kalebasse als externem Resonator verstärken wie beim Kalebassenbogen *uhadi* der *Xhosa* in Südafrika, aber auch beim brasilianischen Kalebassenbogen *berimbao,* den afrikanische Sklaven nach Brasilien mitgebracht hatten – heute geradezu ein Markenzeichen der *musica brasileira.* Eine weitere Möglichichkeit, den Klang der Saite zu verstärken, besteht darin, die Saite oder die Bogenstange in den Mund zu nehmen oder an den Lippen anzulegen. Der Musikbogen wird so zum Mundbogen. Wie vorher die Kalebasse fungieren jetzt Mund- und Rachenraum als flexibler Resonator, mit dem der Spieler oder die Spielerin Obertöne aus dem Grundton der Saite herausfiltert. Ähnlich wie beim Maultrommelspiel lassen sich ganze Melodien aus Obertönen produzieren. Der relativ leise Mundbogen ist traditionellerweise oft ein Instrument der Frauen und Mädchen, da er sich eher für verhaltenere, intimere Musikformen eignet. Xhosa-Frauen begleiten ihren Chorgesang mit dem Mundbogen *umrubhe,* und ihre Art der Mehrstimmigkeit nimmt genau die Obertöne des Mundbogens auf.

Gleicht die faszinierende Welt afrikanischer Musikbögen einer Reise in die musikalische Urgeschichte der Menschheit, so lässt sich das Entstehen von aufwendigeren Instrumenten wie der Stegharfe *cora* auf die Epoche afrikanischer Feudalreiche zurückführen. Als der legendäre Herrscher *Soundjata Keita* im 13. Jh. die Stämme der Mandinka einte, schuf er ein Reich, dessen Grenzen vom Atlantischen Ozean im Westen bis zum mittleren Niger im Osten, vom tropischen Regenwald im Süden bis zur Sahara im Norden reichten. Das war das Großreich *Mali.* Über seinen sagenhaften Reichtum an Gold sprach man in Nordafrika und Europa.

Aus jener glanzvollen Epoche leiten die *Griots oder Jali* (wie sie in Westafrika heißen) bis heute ihre gesellschaftliche Stellung und Legitimation als Musikerkaste ab. Sie waren die Chronisten und Preissänger der Könige und Adligen, die Bewahrer und Überlieferer von Tradition und Moral in einer Gesellschaft, welche die Schrift nicht kannte. Ihr Wissen und ihre instrumentalen wie vokalen Künste gaben sie von Generation zu Generation weiter. Das geschieht bis heute innerhalb der Griotfamilien, die man schon an ihren Namen wie *Kante, Keita, Kouyate, Djabate* oder *Sissoko* erkennt. Ihr „königliches Instrument" ist die *kora,* die im Zuge der „Weltmusik"-Bewegung durch populäre afrikanische Sänger wie

Mory Kante oder Salif Keita (beide stammen aus Griot-Familien) weit über die Grenzen Afrikas hinaus bekannt wurde.

Auch die Kora stellt eine höchst originelle afrikanische Instrumentenerfindung dar. Die 21-saitige Stegharfe besteht aus einem halbkugeligen Kalebassenresonator, einem Stück gegerbter Kuh- oder Antilopenhaut als Resonanzdecke, abgestützt von drei kleinen Holzstäben, und einem langen Stock aus Hartholz, der die Saiten trägt. Früher drehte man sie aus Antilopenhaut, heute werden sie durch Angelschnüre aus Nylon ersetzt. Die Kora gilt in der Kultur der Mande-Völker als spirituelles Instrument, verkörpert sie doch das *nyama,* die Lebenskraft, die sich in allen Lebewesen, Menschen, Tieren und Pflanzen offenbart. Ihr Bau gleicht einer rituellen Handlung. Es schien geradezu ein Sakrileg, als der *Jali* Sidiki Yayo für einen Dokumentarfilm[1], den wir 1991 in Guinea drehten, vor unserer Kamera eine Kora nachbaute. In einem ruhigen, fast meditativen Arbeitsprozess, der mehrere Tage in Anspruch nahm, erlebten wir den Bau des „königlichen Instruments" der Griots – vom Kauf der Materialien auf dem Niger-Markt von Conakry bis zum fertigen Instrument. Sidiki Yayo musste sich anschließend mit dem Vorwurf aus dem Griot-Milieu auseinander setzen, „geheimes Wissen" an die *toubabs,* die Weißen, verraten zu haben. Mit ihrer Leichtigkeit, Eleganz und spieltechnischen Virtuosität gehört die Kora-Musik, auch wenn sie vorwiegend den Gesang der *Griots* und *Griottes* begleitet, zum Schönsten, was die Musik Afrikas zu bieten hat.[2]

Eine weitere urafrikanische Instrumentenerfindung ist die *mbira,* über die der portugiesische Missionar Don Santos vor über 400 Jahren schrieb: „Die Afrikaner spielen dieses Instrument, indem sie die freien Enden der Stäbe mit langen Fingernägeln zupfen, und sie tun dies so anmutig wie ein guter Cembalo-Spieler." Bewundernd fügte er hinzu: „Die schwingenden Eisenstäbe bringen einen vollkommen zarten Zusammenklang von harmonischen Tönen hervor." Vor allem im südlichen Afrika ist die *mbira* in unzähligen Varianten beheimatet. Eine Reihe von Klangstäben oder Lamellen aus Holz oder Metall (heute oft plattgeklopfte Fahrradspeichen) sind auf einem Holzkästchen oder -brettchen befestigt und werden mit den Daumen und Zeigefingern beider Hände angezupft. Archäologische Ausgrabungen in Zimbabwe förderten Metall-Lamellen aus dem 15. Jahrhundert zutage. Es gibt die Vermutung, dass die *mbira* bereits im 10. Jahrhundert gespielt wurde, als sich die *Shona* im Gebiet des heutigen Simbabwe niederließen. Ihre überragende Bedeutung in der Kultur der Shona erklärt sich aus ihrer spirituellen Bedeutung: Mit dem Klang der *mbira dva vadzimu* (mit 22 bis 24 Metall-Lamellen und einer großen Kürbiskalebasse als Resonanzverstärker) lockt man bei nächtlichen Zeremonien *(bira)* die Ahnengeister hervor, die im religiösen Kosmos der Shona eine zentrale Rolle spielen.[3]

Jahrzehntelang unterdrückte das rhodesische Kolonialregime das Spielen der *mbira* – in eurozentrischer Überheblichkeit als „Kaffernpiano" oder „Daumenklavier" bezeichnet – als Ausdruck afrikanischer Identität. Erst mit dem siegreich beendeten Unabhängigkeitskampf konnte sie ihre frühere Bedeutung zurückgewinnen. Der bis heute populärste Sänger Zimbabwes, Thomas Mapfumo, der mit seinen *Chimurenga-Songs (chimurenga* heißt in Shona „Aufstand, Revolte") zum Idol der unterdrückten Schwarzen wurde, bezog zum ersten Mal elektrisch verstärkte *mbiras* in seine Songs ein, um eine Brücke zwischen afrikanischer Popmusik und der traditionellen Musik Zimbabwes zu schlagen. „Ihr Klang ist reinstes Afrika!", sagte er in einem Interview.

Die faszinierende Vielfalt und das expressive Klangspektrum afrikanischer Musikinstrumente wie Mbira und Marimba, Musik- und Mundbögen, Harfen, Lauten, Leiern und Zittern, Trommeln und Perkussionsinstrumente kennen zu lernen, bedeutet eine Bereicherung des musikalischen Horizonts, der in unserer Musikkultur viel zu sehr auf ein Standard-Instrumentarium verengt ist.[4]

Auch innermusikalisch oder musikstrukturell gesehen unterscheidet sich afrikanische Musik fundamental von der europäischen.[5] Grundlegend für die Mbira-Musik wie für viele andere Musikformen Afrikas ist eine zyklische Struktur, die periodische Wiederholung bestimmter melodisch-rhythmischer Muster. „Afrikanische Musiker denken in *pattern*" (J.H. Kwabena Nketia) – und nicht in Takten und Metren wie europäische Musiker. *Pattern* sind elementare, gestaltbildende Bausteine der Musik, die aneinander gereiht, kombiniert, ausgetauscht, umgedreht und in kleinere Einheiten zerlegt werden können, die selbst wieder *pattern*-Charakter haben. Wie Zahnräder greifen die *pattern* zweier Mbiras ineinander – ein weiteres musikalisches Prinzip, das *interlocking* genannt wird und in afrikanischer Musik eine wichtige Rolle spielt. Zyklus für Zyklus variieren die mbira-Musiker ihre Melodielinien auf der Basis einer feststehenden Akkordfolge. „Kaleidophone Musik" hat der südafrikanische Musikforscher Andrew Tracey diesen ständig in Bewegung bleibenden musikalischen Fluss genannt. Und es sei daran erinnert, dass die amerikanische *minimal music* (Steve Reich, Philip Glass u. a.) wichtige Impulse aus der zyklisch kreisenden *Pattern*-Struktur afrikanischer Musik bezog.

Wie kommt es, dass afrikanische Musikkulturen eine so hochkomplexe Rhythmik entwickelt haben? Wissenschaftlich durchgesetzt hat sich die Erkenntnis, dass afrikanische Kulturen sich durch ein bestimmtes *Bewegungsverhalten* von allen anderen Kulturen der Welt unterscheiden. Afrikanische Bewegungsauffassungen, in der Musik als „polyrhythmisch", im Tanz als „polyzentrisch" beschrieben, durchdringen nicht nur Musik und Tanz, sondern auch den traditionellen Alltag, insbesondere die Arbeitsabläufe bei der Feldarbeit, beim Mehlstampfen und anderen häuslichen Verrichtungen. Die Bewegungsorganisation folgt geradezu rigoros bestimmten Prinzipien eines *timing,* das die akustischen oder motionalen Ereignisse zeitlich ordnet.[6] Kleinste, regelmäßige Pulseinheiten in enormer Geschwindigkeit, so genannte Elementarpulse, fungieren als grundlegendes Orientierungsraster und als gemeinsamer mentaler Hintergrund für Musiker wie Tänzer. Sie sind zwei- oder dreimal schneller als der *beat,* die nächsthöhere Ebene rhythmischer

Orientierung. Die Elementarpulsation bildet ein Zeitraster, auf das sämtliche rhythmischen Ereignisse bezogen werden können: *offbeat-Akzente,* sich überkreuzende Rhythmen (Kreuzrhythmik bei gemeinsamem, *interlocking* bei individuellem *beat), time-line*-Formeln, die so etwas wie den strukturellen Kern eines Musikstückes bilden. Man hat vom „Metronom-Sinn" afrikanischer Musiker gesprochen, jener phänomenalen Fähigkeit, mit äußerster Präzision des *timing* kompliziertestes Rhythmen spielen zu können.

Die koloniale Aufteilung Afrikas hatte zur Folge, dass z. B. *Malinke* oder *Mandinka* sprechende Ethnien sowohl in den Staaten Mali, Senegal, Gambia, Guinea wie auch in Sierra Leone, Liberia, Côte d'Ivoire und Burkina Faso leben. Man kann also schlecht von senegalesischer oder gambischer Musik sprechen, präziser ist es, von der Musik der *Malinke,* der *Bambara*, der *Dyula* oder umfassender der *Mande-* oder *Manding*-Sprachgruppen zu reden, die zu den Nachfahren des alten Großreiches Mali gehören. Dass sich diese oft regional geprägten Musikkulturen im Verlauf der Geschichte Afrikas untereinander beeinflusst haben, liegt auf der Hand. Dass Völkerwanderungen dabei ein große Rolle gespielt haben, ebenso. So drängten Bantuvölker im ersten Jahrtausend unserer Zeitrechnung nach Süden und übernahmen Bräuche, Jagdtechniken, aber auch musikalische Auffassungen von der dortigen Urbevölkerung, den *Khoisan* oder *San.* Die Herausbildung großer Königreiche, an denen sich eine „höfische Musik" entwickelte, und die regen Beziehungen zur muslimisch-arabischen Welt waren für die spezifische Prägung verschiedener Musikkulturen ebenso bedeutsam wie der kulturelle Einfluss der Kolonialmächte, der die afrikanischen Völker mit europäischer Musik konfrontierte.

Über eine der komplexesten Vokalmusiken der Welt verfügen die so genannten *„Pygmäen"*[7], die im zentralafrikanischen Regenwaldgürtel von Kamerun im Westen bis Uganda im Osten leben. Der Musikethnologe Simha Arom, der sich seit Jahrzehnten der Erforschung dieser Musik widmet, sagte auf die Frage, warum es ihn immer wieder zu den Pygmäen gezogen habe: „Weil sie eine Polyphonie mit einem Schwierigkeitsgrad besitzen, den das Abendland erst im 14. Jahrhundert meisterte." Und der Komponist György Ligeti bewundert an ihrer Musik Strukturen, die sowohl ganz einfach als auch hoch komplex sind."[8] Dabei entsteht die polyphone Überlagerung verschiedener rhythmisch-melodischer Muster oder *pattern* wie selbstverständlich bereits bei der Jagd. Um sich zu verständigen, kommunizieren „*Aka*-Pygmäen" mit kurzen Rufen und melodischen Gesängen, die sie nicht als Musik, sondern als Teil der Jagdtechnik betrachten. Von einer erfolgreichen Jagd zurückgekehrt, erfreuen sie sich am *Mbenzele*-Tanz (um nur ein Beispiel zu nennen), in dem sich verschiedene vokale und rhythmische Schichten überlagern. Zu Beginn hört man eine einzelne Stimme, die mit einem charakteristischen „Jodel-Gesang" den Tanz eröffnet, dann setzen Trommeln und metallisch klingende Perkussionsinstrumente in einem merkwürdig vertrackten Rhythmus ein, schließlich entwickelt sich der Gesang von Männer- und Frauenstimmen, bis durch das gleichmäßige Klatschen der gemeinsame Puls spürbar wird, auf den sich alle beziehen.

Die einzelnen Stimmen herauszuhören und in Noten aufzuschreiben, ist für den Musikethnologen eine Herausforderung. Da die verschiedenen Stimmen nur innerhalb der kollektiven Aufführungspraxis funktionieren und nicht für sich individuell, sind die Sänger und Musiker auch gar nicht in der Lage, die einzelnen Stimmen für sich getrennt vorzuführen. Simha Arom löste das Problem auf geniale Weise, indem er sich an das *playback*-Verfahren aus der Unterhaltungsmusik erinnerte. Er setzte den Musikern Kopfhörer auf, in denen sie eine Aufnahme ihres gesamten Ensembles hören konnten: „Das System funktioniert auf ganz einfache Weise: Der erste Musiker hört die Gesamtaufnahme als *playback* in seinem Kopfhörer und wiederholt dazu seine Partie. Der zweite Musiker hört den ersten und hängt sich an ihn, wie er es auch in Wirklichkeit macht, denn sie setzen nie gemeinsam ein, es gibt ja keinen Dirigenten, einer hängt sich an den anderen.“ So konnte der französische Musikethnologe nach und nach jeden einzelnen Part des vielschichtigen und vielstimmigen Gewebes auf Tonband aufzeichnen und später dann in Notenschrift übertragen. Es ist kein Wunder, dass die komplexe Vokalmusik der Pygmäen auch manche Musiker und Komponisten der nördlichen Hemisphäre inspiriert hat.

Gehörte die Auffassung von der „primitiven Musik der Neger“ zu den hartnäckigen Vorurteilen früher Ethnologie und ihre Reduzierung auf „ungehemmte Körperlichkeit“ zur eingeschliffenen Projektionsfläche europäischer Sehnsüchte nach „Exotik und Ursprünglichkeit“, so sind inzwischen viele interkulturelle Missverständnisse und Fehlinterpretationen afrikanischer Musik (im Sinne europäischer Denkmuster und Erwartungshaltungen) einem differenzierteren und kompetenteren Verständnis gewichen. Wissenschaftler und Künstler begannen in den 50er Jahren „auf der Basis von Gleichwertigkeit“ (G. Kubik) afrikanische Kulturen zu studieren, indem sie selbst jahrelang in afrikanischen Gemeinschaften lebten und afrikanische Instrumente, Spielpraktiken, Musikformen und ihre Terminologie von Afrikanern selbst erlernten.

Afrika ist nicht erst seit heute ein Kontinent im Umbruch. Nicht wenige traditionelle Musikinstrumente und Musizierformen existierten bereits vor 50 Jahren nur noch in Rudimenten. In musikethnologischen Archiven und einigen Spezial-Editionen sind sie den Fachleuten zugänglich, während das breite Publikum aufgrund unseres immer noch eurozentrischen Kultur- und Medienverständnisses von grundlegenden Informationen über afrikanische Musik nach wie vor abgeschnitten ist – trotz zeitweiligen „Weltmusik-Booms“.

In Afrika selbst hat nach den Verheerungen der Kolonialepoche, die auch das große Erbe afrikanischer Musikkulturen beschädigte, unübersehbar die Moderne Einzug gehalten: Mit Massenverelendung und wirtschaftlicher Rückständigkeit, mit Kriegen und korrupten Regierungen, mit AIDS und Hungerkatastrophen. Was das für die Bewahrung und Weiterentwicklung des großen afrikanischen Musikerbes heißt, lässt sich nur ahnen.

Die Bedeutung afrikanischer Musik als „sozialer Kraft“[9], in ihrer gemeinschaftsbildenden Funktion bei Festen, Zeremonien, im Alltag und bei der Arbeit, als Ausdruck von kultureller Identität und Lebensfreude, leidet unter diesem unaufhaltsamen Erosionsprozess, der nicht nur die urbanen, sondern auch die ländlichen Zonen Afrikas längst in Mitleidenschaft gezogen hat. Natürlich haben sich neue populäre Musikformen entwickelt, die auf traditionellen Musikelementen und Musizierformen fußen.[10] An musikalischer Kreativität herrscht in Afrika kein Mangel. Doch auch die Vitalität afrikanischer Popmusik kann über den Verlust von musikalischer Vielfalt und Eigentümlichkeit, über den schleichenden wie dramatischen Prozess eines unaufhaltsamen musikalischen „Artensterbens“ kaum hinwegtrösten. Westafrikanische Griots sehen sich gezwungen, ihr Überleben mit Koraspielen in Pariser Restaurants zu sichern[11]. Der Weg vom „maître de la parole“, dem „Meister des Wortes“ in der traditionellen *Mande*-Gesellschaft, zum Unterhaltungsmusiker und Bühnenkünstler am Ende des 20. Jahrhunderts, ist nur ein Beispiel für die schwierige Umbruchsituation, in der sich afrikanische Musikkulturen heute befinden.

2. Tiefes Graben nach den Quellen

Verlegererfahrungen mit afrikanischer Literatur

Von Hermann Schulz

Über Afrika ist seit zweihundert Jahren viel geschrieben worden. Allein die so genannte Kolonialliteratur füllt Bibliotheken in mehreren Sprachen. Auch „Jenseits von Afrika" war ein wunderbarer Film von den Afrika-Sehnsüchten der schönen Dänin Tania Blixen. Aber was haben all diese Bücher und Filme mit Afrika zu tun – außer dass in ihnen Afrikaner die Statisten sind und dramatisch Löwen und Leoparden durch eine unglaubliche Landschaft streichen?

Es sind Umarmungen unter tropischem Himmel, die mehr an Strangulieren als an Zärtlichkeiten erinnern. Sie haben einerseits nicht bewirkt, uns die Menschen Afrikas brüderlich näher zu bringen, sondern alte Bilder verfestigt und unheilvoll Vorurteile bestärkt. Andererseits blieb Afrika für Europa und Amerika literarisch Projektionsfläche für alle möglichen Allmachtsphantasien und Zwangsvorstellungen, von Joseph Conrad, Ernest Hemingway, Ferdinand Céline bis hin zu den Autoren der Gegenwart. Jean Paul hat schon erstaunlich früh das Dilemma erkannt, als er forderte, nicht länger von Afrikas „Reichtum, Gluthitze, unergründlicher Tiefe und Größe viel zu kleine Messungen" zu machen. Reisende, Sprachforscher oder Dritte-Welt-Bewegte ergehen sich entweder in offenem Rassismus oder nebulöser Schwärmerei. Es liegt der Verdacht nahe, dass sie unbewusst den Mangel an brauchbaren Einsichten verbergen und als Surrogat „dieses innerste Afrika" mehr in sich selbst suchen als im Gegenstand ihrer vermeintlichen Liebe. Die Afrikaner kommen dabei schlecht weg, sind sie doch in diesen „Abenteuern der Seele" nicht mehr als Statisten, schwarze Symbole des Dunklen und Bösen, wie es Chinua Achebe aus Nigeria in einem Essay formuliert hat.

Gegen dieses Afrikabild der Außenwelt kämpft die afrikanische Literatur bis heute, so scheint es, erfolglos. Und die Missverständnisse setzten sich fort. Man sagt in einschlägigen Kreisen, dass jemand, der auch nur zwei Jahre in Afrika war, als Rassist zurückkommt. Selbst Linke oder eingefleischte Dritte-Welt-Fanatiker haben spätestens nach dem dritten Glas unglaubliche Geschichten über ihre Afrikaerfahrungen (und die Unfähigkeit der Afrikaner) parat. Wo liegt der Grund für soviel Enttäuschung?

Nachdem asiatische Staaten mit großen technischen und wirtschaftlichen Leistungen auf sich aufmerksam gemacht haben, Russland sich als ein Land großer Literatur, Musik und Wissenschaft ins Buch der Welt eingeschrieben hat und Lateinamerika durch Lichtgestalten wie Che Guevara und durch die Indio-Schwärmerei unangreifbar geworden ist, scheint Afrika der letzte Kontinent zu sein, dem die westliche Welt mit negativen Vorurteilen begegnet. Nach Jahrhunderten leidvoller Geschichte (Sklavenverschleppung, Kolonialzeit mit allen Arten von Ausplünderung und Demütigungen, die den Kolonialzeiten folgenden Diktaturen) können die Afrikaner machen, was sie wollen: Es wird immer negativ ausgelegt. Vielleicht hat auch Europa und der Rest der „weißen Welt“ Afrika nie wirklich verziehen, dass es nach der leidvollen Geschichte aufgehört hat, sich für Europa zu interessieren – und bestraft die Verweigerung durch Herabsetzung und offen geäußerte Zweifel an den geistigen Möglichkeiten der Afrikaner. Die Empörung über solche Ungeheuerlichkeiten verhallt müde und lustlos, so als bestätigten solche Urteile den Ärger über die afrikanische Verweigerung. Wie auch immer: Das Geflecht tief sitzender Zweifel bewirkt, dass dieser erzählende Kontinent mit seiner Literatur kaum ernsthaft zur Kenntnis genommen wird. Sie führt, obwohl inzwischen mehr als 400 Titel in deutscher Sprache vorliegen, in den Regalen einiger engagierter Buchhändler ein Kümmerdasein und wird in den großen Medien kaum oder mangelhaft besprochen. Diese Bücher zu lesen ist immer noch eine Art Pflichterfüllung einiger so genannter „Gutmenschen“ und weniger Experten.

Es fehlt nicht an guten Ratschlägen, wie die Afrikaner sich besser „verkaufen" könnten. Warum schreiben sie nicht das, was sie jetzt schreiben müssten? Wo bleibt der große Hassausbruch wegen der Sklaverei, wegen der Demütigungen der Kolonialzeit? Warum leben sie ihre Visionen, ihre Ängste, ihre Exotik und Erotik nicht offen und lassen uns teilhaben? Wo bleibt die philosophische Durchdringung der Kolonialerfahrungen und der Gegenwart? Warum erfahren wir nichts aus dem „großen Schatz" ihrer Geheimnisse, ihrer Mythen, ihrer Trommeln und der Dschungelwelt der Zauberer? Wo bleibt denn in ihrem Werk das, was seit Céline oder Hemingway Afrikabücher so lustvoll macht: die wildeste aller Welten voller Leoparden und Löwen, Wasserfälle, reißender Ströme und ungeahnter Naturgewalten?

Das wären doch die großen Stoffe! Warum folgen sie diesen Forderungen nicht? Wir würden sie sofort in unseren Kreis aufnehmen! Aber nichts davon in ihren Büchern! So bestraft unser unerfülltes „innerstes Bild von Afrika" die Unfähigkeit, den Ungehorsam, die Verweigerung und verweist Afrikas Autoren in die letzte verachtete Ecke Dritte Welt.

Ich erkenne zwei Arten von Reaktion auf Seiten der Afrikaner: Die einen benehmen sich, wie es erwartet wird, schreiben und reden geschwollen von ihren Mythen, Magien und Geheimnissen. Damit erfüllen sie zwar ein Bedürfnis, verfestigen aber ungewollt das alte Bild vom „dümmlichen, rückständigen Afrikaner". Die anderen widmen sich ihrem Werk, ganz gleich, ob die (übrige) Welt sie zur Kenntnis nimmt. Ich kenne keinen ernst zu nehmenden afrikanischen Autor, der sich verbiegt, um von der weißen Welt gelesen zu werden, auch wenn er auf die Honorare der reicheren Länder angewiesen wäre. „Wir interessieren sie nicht", hatte schon Ende des 18. Jahrhunderts ein weißer Rezensent geschrieben. Recht hat er, Europa hat das Interesse, man könnte auch sagen: das Vertrauen Afrikas, verspielt.

Aber solche Erkenntnisse greifen zu kurz, das Problem ist komplexer. Es geht, vermute ich, um eine andere Art der Abgrenzung. Es ist Selbstschutz, Beharren auf die Chance, das

Eigene zu gestalten – und koste es noch ein, zwei Generationen Zeit. Kein Wunder, dass das, was das literarische Afrika uns anbietet, nicht kompatibel ist mit dem, was wir von Afrika erwarten, schon gar nicht mit dem, was heute unsere (Buch-)Märkte bestimmt.

Auch diese Aussage muss ich relativieren, denn niemand auf der Welt weiß, was die afrikanische Gegenwartsliteratur eigentlich ist. Denn nur wenig von dem, was in Afrika geschrieben wird, kommt auf den Buchmarkt; und nur wenig von dem Wenigen, gelangt in Übersetzungen zu uns. Ein Beispiel aus meinen Erfahrungen: In einem Rundfunkinterview in Kinshasa 1977 forderte ich spontan die Autoren der Stadt auf, zu einem Gespräch mit mir am nächsten Tag um 10 Uhr ins Goethe-Institut zu kommen. Ich war frustriert, hatten sich doch alle Verlagsadressen, die man mir bei der Deutschen Welle in Köln vermittelt hatte, als Scheinadressen erwiesen – oder die Verlage, wenn sie je produziert haben sollten, existierten längst nicht mehr.

Um neun Uhr am kommenden Tag fuhr ich, um ein paar Tassen Kaffee zu organisieren (falls jemand kommen sollte), in das Institut. Da standen schon achtzig Damen und Herren vor der Türe, alte und junge, vornehme und zerlumpte; bis zum Nachmittag kamen mehr als einhundertfünfzig. Viele von ihnen hatten stundenlange Wege hinter sich, ihre Manuskripte gegen den Straßenstaub in alte Zeitungen gepackt. Keiner dieser Autorinnen und Autoren hatte je eine Zeile bei einem Verlag untergebracht. Manche klagten, sie hätten Romanmanuskripte (von denen meist keine Kopie existierte!) an französische Verlage geschickt, aber nie eine Antwort bekommen. Zwei oder drei hatten auf eigene Kosten kurze Erzählungen in Heftform drucken lassen, um sie auf den Märkten zu verkaufen. Ein älterer Herr, der von zehn fertigen Romanen sprach, zeigte mir sein neuestes Manuskript; es endete mitten im Satz. Ich sah ihn fragend an und er berichtete, in Kinshasa sei seit Monaten kein Schreibpapier zu kaufen. Ich holte einen Packen von 1000 Blatt aus dem Depot des Institutes und gab es dem überglücklichen Mann. Ich wusste sehr wohl, dass ich mit einer solchen Geste das Drama der afrikanischen Literatur nicht wirklich lösen konnte.

Wenn man eine Rechnung anstellt und diese Erfahrung auf alle Hauptstädte Afrikas bezieht und einberechnet, dass 50 Prozent potentieller Autoren der Einladung gefolgt sind und dass nur 3 Prozent der Manuskripte so wertvoll sind, dass sie gedruckt werden sollten und von dieser verbleibenden Anzahl sich nur 3 Prozent als exportfähig für fremde Märkte erweisen, dann fehlen uns für die Beurteilung der afrikanischen Literatur mindestens 300 Titel, die vielleicht nie gedruckt und gelesen werden. Es ist fast die Anzahl der heute lieferbaren Titel in deutscher Sprache! Eine solche Rechnung ist nicht zu beweisen, sie legt aber nahe, den Mund nicht zu voll zu nehmen, wenn von Afrikas Literatur die Rede ist. Wir können also nur Annäherungen versuchen.

Ich möchte nicht den Eindruck vermitteln, dass alle diese nicht gedruckten Werke die Weltliteratur der Gegenwart entscheidend bereichert hätten. Im Gegenteil soll das Augenmerk auch auf die Probleme gerichtet werden. Zwölf Jahre Drittes Reich sind auch nach fünfzig Jahren in Deutschland und Österreich nicht ohne Spuren in der Gegenwart. Wie sollten hundert Jahre Sklavenverschleppung, hundert Jahre Kolonialzeit nach vierzig Jahren so genannter Unabhängigkeit in Afrika erledigt sein? Unterentwicklung, das bedeutet auch Schäden in den Köpfen, den Gemütern, in den Seelen.

Die Antwort der afrikanischen Literatur ist die Abwendung von Europa. Die großen Hoffnungen haben sich als Popanz, als Betrug erwiesen, von dort sind keine rettenden Konzepte für Afrika zu erwarten. Afrika ist auf sich selbst angewiesen, es ist nach Epochen gläubiger Hoffnung, die sich auf Europa richteten, auf sich selbst zurückgeworfen. Es war ein schmerzlicher Fall, und er ist nicht verwunden. Das irritiert auch Afrikaliebhaber. Afrika ist nicht der Kontinent eines Che Guevara oder anderer strahlender Lichtgestalten, wie wir sie so gern mögen und auch erwarten aus Kontinenten der Unterdrückung. Afrikas „Helden" sind anderen Zuschnitts, seine Literatur (und seine Politik) muss andere Wege gehen. Der Spielraum für Entwicklungen ist in jeder Beziehung klein, der Kontinent arm, jede Wirtschaftsmacht der Erde mischt sich ein und kann auf korrupte afrikanische Komplizen rechnen. (Eine ganze riesige Auflage eines Schulbuches von kenianischen Autoren, gedruckt in einer kenianischen Druckerei, landete auf der Müllkippe, weil bestochene Parlamentarier in Nairobi beschlossen hatten, doch die bewährten britischen Schulbücher für ihre Schulen zu importieren.)

Afrika hat zutiefst zivile Gesellschaften, das sollte angesichts korrupter Politiker, der Schlägertrupps der Diktatoren, der Massaker der explosiven Kriege nicht vergessen werden. Ihnen, diesen Gesellschaften, wenden sich die Autoren zu mit ihrer hartnäckigen Arbeit am Verstehen dessen, was nach dem Desaster der letzten zweihundert Jahre geblieben ist. Sie haben keine Zeit, Erwartungen von außen zu erfüllen. Sie haben keine Zeit, jetzt von Afrikas Eingliederung in die Weltgemeinschaft zu reden. Ihnen geht es um das Verstehen der Vergangenheit, um Gegenwart und Zukunft neu zu definieren. Diese Autoren wollen nichts wissen vom Verführerischen und Beängstigenden, das die Europäer ihnen andichten. Sie reklamieren, Menschen zu sein wie alle anderen; nicht mehr, nicht weniger! Was sie schreiben, ist ein oft quälend tiefes Graben nach den Quellen. Sie akzeptieren diese verheerenden zweihundert Jahre Unterdrückung als „ihre" Geschichte. Das ist ihre eigentliche Leistung! Sie versuchen, die Scherben der zerbrochenen Krüge zusammenzufügen, um zu sehen, was vielleicht brauchbar ist für die Zukunft. Niemand weiß, was daraus wird, welche neuen Formen, Farben, Bilder, Kräfte sichtbar werden. Sie haben keine anderen Visionen als das, was ist. In dieser verwirrenden Vielfalt suchen sie die Spuren, das Brauchbare, das, was den Menschen am Leben hält. Es ist auch das Humane, das ernsthafte Leser in ihren Büchern entdecken und das die Reisenden in Afrika so bewundern. Aber das ist nicht alles und kann es nicht sein. Das Ende ist offen, und niemand hat eine überzeugende Prognose, welchen Weg Afrika mit der Weltgemeinschaft schließlich gehen wird. Abgrenzung ist das einzig wirksame Rezept gegen die Verführbarkeit, der Afrika lange erlegen war! Sie vergeuden keinen Gedanken daran, jetzt „Weltliteratur“ zu schreiben. Und doch liegen sie vor, die unvergleichlichen Werke von C. Achebe, U'Tamis, N. Wa Thiong'o, A. Hampaté Ba, Monénembo, W. Soyinka und anderen. Sie werden in einer Kultur geschrieben, in der das Wort von jeher eine rettende Rolle gespielt hat, in der ohne das ausführliche Gespräch nichts zustande kommt.

Da dies kein Literaturbericht ist (Interessierte mögen sich den Katalog „Quellen“ der Gesellschaft zur Förderung der Literatur aus Afrika, Asien und Lateinamerika, Postfach 100116, D – 60001 Frankfurt am Main beschaffen), mögen noch einige anekdotische Anmerkungen erlaubt sein: Der erste Titel, den der Peter Hammer Verlag (1968) aus Schwarzafrika verlegte, trug den Titel „Auf den Spuren meines Vaters“. Autor war der Priester Michel Kayoya aus Burundi. Kayoya, der in Europa studiert hatte, versuchte in einem langen Gedicht (in der oralen Tradition seines Volkes) die Widersprüche der burundischen Gegenwart auszuloten – und Afrika aufzufordern, seinen eigenen Weg zu gehen. Die in einer Miniauflage billig gedruckte Broschüre kaufte ein deutscher Kaufmann in Bujumbura und schickte sie an den damaligen Bundeskanzler Willy Brandt. Der reichte sie an seinen Entwicklungshilfe-Minister Erhard Eppler weiter, der sie wiederum seinem Berater Klaus Lefringhausen in die Hand drückte. So gelangte sie in den Verlag, der in kürzester Zeit drei Auflagen verkaufte. Der Versuch des Verlagsleiters, den Autor in seiner Heimat zu besuchen, scheiterte; Kayoya aus dem Volk der Hutu wurde im Sommer 1972 von marodierenden Tutsi umgebracht (zusammen mit 5000 Intellektuellen der Hutu).

Im Februar 1945 beendete Aniceti Kitereza auf der Ukerewe-Insel im Victoriasee seinen großen Roman, der später unter dem Titel „Die Kinder der Regenmacher“ auf Deutsch erschien. Das Werk hatte der Autor in seiner Muttersprache Kikerewe verfasst, fand aber keinen Verlag. Auf Anraten eines amerikanischen Ethnologen übersetzte er es selbst ins Kisuaheli. Mit Hilfe der Ford-Foundation wurde das Buch in China gedruckt und erschien Ende der 80er Jahre im Tansania-Publishing-House. Der Autor starb wenige Tage, bevor die ersten Exemplare auf die Ukerewe-Inseln gelangten – nach sieben Jahren Wartezeit seit der Unterzeichnung des Vertrages.

Aufmerksam geworden durch eine kleine Notiz in der Herald-Tribune schrieb der Peter Hammer Verlag an den tansanischen Verlag und erwarb die Rechte. Das Buch war eines der wenigen auf dem deutschen Afrika-Buchmarkt, das aus einer afrikanischen Sprache übersetzt wurde und wurde das wohl bestverkaufte literarische Werk eines Afrikaners in deutscher Sprache (mit annähernd 100 000 verkauften Exemplaren).

In den 70er und 80er Jahren konnten in Afrika nur Verlage überleben, die regelmäßig mit Entwicklungshilfegeldern aus Europa oder Amerika gefördert wurden. Die Geldgeber haben, aus verständlichen Gründen, meist nach zehn oder fünfzehn Jahren resigniert und die Zahlungen eingestellt. In den meisten Fällen wurden die Verlage dann geschlossen, denn von einem funktionierenden Buchmarkt kann bis heute in keinem schwarzafrikanischen Land die Rede sein.

Inzwischen gibt es einige wenige arbeitsfähige afrikanische Verlage als Partner für jene Verlage in Europa, die sich mit Afrikas Literatur beschäftigen. Die Zimbabwe-Buchmesse ist eine stabile Einrichtung des Austausches geworden, immer gefährdet allerdings von den politischen Unwägbarkeiten. Afrikas Autoren sind nicht mehr nur auf Verlage im reichen Europa angewiesen, auch wenn immer noch die meisten Neuerscheinungen in Paris oder London gedruckt werden, zumal bis zu 80 Prozent der afrikanischen Autoren in einer der beiden großen Kolonialsprachen schreiben. 1977, bei jenem denkwürdigen Autorentreffen in Kinshasa, konnte ich keinem der Autoren raten, sich an afrikanische Verlage zu wenden; von dem Dutzend Manuskripten, die ich seinerzeit mitnahm, sind immerhin drei auf Deutsch erschienen. Die deutschen Verlage, die regelmäßig Afrikaner ins Programm nehmen, sind an einer Hand, der zwei Finger fehlen, abzuzählen. Taschenbuchverlage oder Buchclubs weigern sich strikt, Lizenzen afrikanischer Romane zu kaufen; sie blicken auf bittere Erfahrungen zurück. Dem deutschen Buchhandel rassistische Verweigerung vorzuwerfen, wäre ungerecht; der Buchhandel kann zwar Literaturen „machen", nicht aber auf Dauer gegen eine allgemein herrschende Ignoranz.

Niemand weiß heute, was aus Afrika in den kommenden Jahren zu erwarten ist. Es meldet sich eine junge Generation von Autorinnen und Autoren zu Wort, die scheinbar unbelastet von den schwierigen Themen der Geschichte befreit aufspielt und ungeschminkt und kritisch die afrikanische Gegenwart zeichnet. Diese Autorinnen und Autoren stehen auf den Schultern der Generation von Achebe, Kitereza, Soyinka und U'Tamsi; ohne sie wären ihre erfrischenden Befreiungsschläge nicht möglich (Patrice Nganang sei hier besonders hervorgehoben).

Ein unglaublich spannender Prozess. Afrika sorgt immer für Überraschungen, im Alltag wie in der Literatur. Manchmal stimmen sie nachdenklich, oft heiter: Als ich in Mwanza am Victoriasee ein Schiff besteigen wollte, erfuhr ich, dass die Küche auf dem Schiff nicht funktionierte. Ich ging auf den Markt, um neben einigen Bananen ein paar Erdnüsse zu kaufen. Eine Afrikanerin hatte kleine, mittelgroße und große Tüten verpackt auf einem Brett vor sich liegen. Ich fragte sie:

„Mama, wie teuer sind die kleinen Tüten?"

„Zwanzig Schilling", war ihre Antwort.

„Und die größeren? Wie teuer sind die?", fragte ich.

„Die kosten zwanzig Schilling", sagte sie.

„Und die ganz großen Tüten?"

Lächelnd sagte sie:

„Die kosten auch zwanzig Schilling!"

Ich war verblüfft – und, auf meinen europäischen Vorteil bedacht, kaufte ich drei der ganz großen Tüten, bezahlte und ging.

Nach wenigen Schritten ging ich noch einmal zurück.

„Mama, ich habe gerade bei dir Erdnüsse gekauft. Erinnerst du dich?", fragte ich.

„Ja, ich erinnere mich. Du hast Erdnüsse bei mir gekauft. Drei der großen Tüten. Richtig?“

„Genau! Nun habe ich noch eine Frage, Mama. Wer kauft eigentlich die kleinen Tüten?“, fragte ich sie.

Lächelnd sah sie mich an und wies mit dem Finger auf mich.

„Die kaufen Leute, die nicht so hungrig sind wie du!“

Von Afrikas Poesie, Schlagfertigkeit, Humor und Hintersinn werden wir vielleicht in den kommenden Jahren ein bisschen mehr zu lesen bekommen. Hoffe ich!

3. Sie predigen die Apokalypse

Die Radikalisierung der Religionen

Von Michael Bitala

Sektenselbstmorde gab es schon viele. Meist in den USA, wo ein Teil der Menschen wohl eh ein bisschen skurril ist und an Ufos, Verschwörungstheorien oder den Weltuntergang glaubt. Aber in Afrika? Hier sind Selbstmorde nicht sehr verbreitet, hier bringt sich fast niemand freiwillig um. Das Leben ist hart genug, und die meisten Menschen sind froh, wenn sie 50 oder 60 Jahre alt werden, ein Großteil stirbt viel früher – an Krankheiten, an Hunger, an Kriegen, an Naturkatastrophen.

Das waren wohl die ersten Überlegungen bei vielen Journalisten, als sie die Nachricht hörten, dass sich in einem abgelegenen ugandischen Bergdorf Dutzende Menschen freiwillig getötet haben. In ihrer Sektenkirche in Kanungu, nahe der Grenze zur Demokratischen Republik Kongo und zu Ruanda. Die Christen haben sich, so hieß es in den Meldungen, angezündet, weil sie an den Weltuntergang am 31.12.1999 geglaubt haben und sie kurz vor dem Beginn des Frühlings 2000 noch immer ein irdisches Dasein fristen mussten. Deshalb ging am Morgen des 17. März ihr Gotteshaus in Flammen auf – und die so genannte Bewegung für die Wiedereinführung der zehn Gebote war mit einem Schlag ausgelöscht.

Schon drei paar Tage später bestätigte sich die Skepsis, und das Ausmaß der Tragödie war noch viel schlimmer als erwartet. Es war kein Selbstmord. Bei einem Besuch in Kanungu, als die Leichen immer noch in der Kirche lagen, zeigte schon die Haltung der Toten, dass die Menschen nicht freiwillig ihr Leben beendet hatten. Sie wollten ins Freie stürmen und kamen aus den vernagelten und verschlossenen Türen nicht hinaus. Und es waren auch viel mehr Opfer, als die ersten Meldungen vermuten ließen. Die Ermittlungen der ugandischen Polizei ergaben, dass mehr als 1000 Menschen ermordet wurden – von ihren beiden Sektenchefs, die bis heute verschwunden sind. Die Bewohner des Dorfes sahen sie – als die Kirche brannte – in einem roten Auto davonfahren. Sie hatten ihre Anhänger eingesperrt und angezündet oder schon vorher vergiftet. Man fand Hunderte weiterer Leichen, die auf den Anwesen der Sekte verscharrt worden waren.

Der Massenmord von Kanungu ist bis heute zum Glück ein Einzelfall geblieben. Dennoch machte er schlagartig bewusst, dass in den vergangenen Jahren in Afrika etwas passiert ist, was es so bislang nicht gab. Die Bewegung für die Wiedereinführung der zehn Gebote ist bei weitem nicht die einzige christliche Sekte, die in Afrika südlich der Sahara ihr Unwesen treibt. Es soll insgesamt 10 000 davon geben, und die meisten sind erst in den vergangenen Jahren entstanden. In Nairobi zum Beispiel, der Hauptstadt Kenias, muss man nur an einem Samstag oder Sonntag durch die vielen Slums fahren, dann sieht man an nahezu jeder Ecke Hunderte von Sektenanhängern, die singend, tanzend und oft auch in Trance durch die Straßen ziehen. Einige dieser Bewegungen wie zum Beispiel die Jerusalem Church fordern die totale Unterwerfung unter die Gebote der Anführer. Wer nur ein paar Minuten zu spät zur Messe kommt, muss stundenlang vor der Tür im Dreck liegen. Erst auf den Befehl der selbst ernannten Priesterin darf er auf allen Vieren in die Kirche robben, wo er vor allen anderen Gläubigen beschimpft und mitunter auch ausgepeitscht wird. Bei der Bewegung für die Wiedereinführung der zehn Gebote war es den Mitgliedern verboten zu sprechen, wer nur ein einziges Wort von sich gab, wurde tagelang mit Essensentzug bestraft. Solche diktatorischen und auch mörderischen Religionsgemeinschaften gibt es in Kenia, Uganda, Kongo, Ruanda, Nigeria, Côte d'Ivoire, Südafrika oder Liberia. Wo immer es Christen in Afrika gibt, gibt es heute auch eine Vielzahl von Sekten. Und nicht wenige fordern von Neueinsteigern deren gesamten Besitz und bedrohen Aussteiger mit dem Tod.

Im Frühjahr 2000 aber blieb für Journalisten nicht viel Zeit, das Phänomen radikaler, christlicher Sekten eingehender zu untersuchen, denn aus dem Westen Afrikas kam eine andere, mindestens genauso verstörende Nachricht. Im Norden Nigerias hatten schon im Herbst 1999 mehrere Bundesstaaten das islamische Strafrecht, die Scharia, eingeführt, und deshalb kam es nun regelmäßig zu Straßenschlachten zwischen Christen und Muslimen, die Hunderte von Toten forderten. Einem Dieb, so wurde gemeldet, sei schon die Hand abgehackt worden, einem Mann, der eine Schlägerei angezettelt hatte, sei das Auge ausgestochen worden, und Frauen, die vermeintlichen Ehebruch begingen, drohe der Tod durch Steinigung.

Dass es die islamischen Eiferer in Nordnigeria wirklich ernst meinen, zeigte sich spätestens, als Safiyatu Huseini und Amina Lawal wegen Ehebruchs die Todesstrafe erhielten und daraufhin von Menschenrechtsgruppen weltweite Proteste gegen Nigeria initiiert wurden. Bis heute ist zwar gottlob noch keine Frau hingerichtet worden, aber die Gefahr besteht weiterhin.

Der Massenmord von Kanungu, die Steinigungsurteile und Straßenschlachten und auch die Hinweise, dass in Somalia Osama bin Ladens Terrornetzwerk al-Qaida Stützpunkte hat, das alles machte spätestens um die Jahrtausendwende klar, dass in Afrika etwas geschehen war, das vor wenigen Jahren noch unvorstellbar erschien. Sowohl im Christentum als auch im Islam zeigten sich immer deutlicher radikale und zerstörerische Tendenzen. So etwas hatte es zuvor nicht gegeben. Der afrikanische Islam war seit Jahrhunderten dadurch gekennzeichnet, dass er bei weitem toleranter und liberaler war als in den arabischen Ländern. Und von den Christen in Afrika ging noch Anfang der neunziger Jahre besonders viel Hoffnung aus. Ihre Kirchen waren es nämlich, die sich gegen die vielen diktatorischen Regime auf dem Kontinent wandten, die Bürgerbewegungen gründeten und als zivile Opposition Demokratie, die Achtung von Menschenrechten und ein würdevolles Leben für alle forderten.

Allein die ausführliche Erklärung, wie es zu dieser Radikalisierung kommen konnte, würde den Rahmen von ein paar Buchseiten sprengen. Auch ist es nicht möglich, Religionen in Afrika, und seien es nur Christentum und Islam, näher zu erläutern. Das käme dem Versuch gleich, die Christianisierung Europas in einer Zeile darstellen zu wollen. Dennoch sollen hier zumindest einige Ursachen für diese extremistischen Tendenzen in beiden großen Glaubensrichtungen beschrieben werden. Sie alle haben nämlich denselben Nährboden.

Der Zustand Afrikas, und daran besteht bei fast niemandem Zweifel, ist zu Beginn des 21. Jahrhunderts ein einziger Verstoß gegen die Menschenwürde. Und das gilt bis auf wenige Ausnahmen wie Botswana, Mauritius und eventuell Südafrika für alle Länder. Den meisten Afrikanern geht es heute schlechter als vor 40 Jahren, schlechter als zu Beginn der Unabhängigkeit. Der nigerianische Gelehrte Linus Tomas-Ogboji schreibt in der Wochenzeitung African News Weekly stellvertretend für viele Länder: „Nigeria wird als das größte Land in die Geschichte eingehen, das direkt von der kolonialen Unterjochung in den kompletten Kollaps überging, ohne auch nur eine einzige Phase gehabt zu haben, in der es sich erfolgreich selbst regiert hat. So viele Versprechen, so viel Müll, solch eine Enttäuschung, solch eine Schande. Es macht dich krank."

Afrika ist heute in vielen Gegenden wieder so unzugänglich wie vor mehr als 100 Jahren, als die weißen Entdecker und – lange vor diesen – die christlichen Missionare kamen. Riesige Landstriche, die zusammengenommen mehr als die doppelte Fläche Europas haben, können nicht mehr bereist werden. Jeder, der die großen Städte verlässt und durch das Hinterland im Kongo fährt oder durch Sierra Leone, Guinea, Liberia, Burundi, den Sudan oder Angola, riskiert sein Leben. Nicht einmal die Einheimischen wissen, was 50 Kilometer von ihrem Dorf entfernt geschieht. Weil es fast keine Straßen, Autos oder Boote gibt – und weil sich vor lauter Landminen, Soldaten oder Rebellen niemand vor die Hütte traut.

Die Schuld für diese Misere suchen afrikanische Intellektuelle inzwischen nicht mehr in der Kolonialzeit. Diese hatte unbestritten verheerende Konsequenzen für den Kontinent, Millionen von Menschen wurden ermordet, versklavt und ausgebeutet und funktionierende soziale Systeme unwiederbringlich zerstört. Dennoch setzte sich in den vergangenen Jahren auch in Afrika die Erkenntnis durch, dass vier Jahrzehnte Unabhängigkeit wahrlich keine Verbesserung gebracht haben und daran nicht allein die ehemaligen Kolonialherren schuld sein können. Der ghanaische Wirtschafts- und Geschichtsprofessor George Ayittey schreibt in seiner Studie „Africa in Chaos“: „Die afrikanischen Führer sind inzwischen so weit von den Menschen entfernt, dass sie diese als Fremde betrachten. Sie sind so exzessiv von ihrer Selbstsucht getrieben, dass sie die Interessen der Menschen längst vergessen haben. Sie sind nur noch schwer von den ehemaligen Kolonialherren zu unterscheiden.“ Ayittey zieht den Schluss, dass die Menschen von ihren eigenen Staatschefs ein zweites Mal unterworfen, gedemütigt und ausgebeutet wurden, und zwar so massiv, dass viele Länder – wie Somalia, Liberia, Sierra Leone oder der Kongo – heute kollabiert sind oder – wie die Côte d'Ivoire, Guinea, Nigeria oder die Zentralafrikanische Republik – kurz vor dem Kollaps stehen.

Vor allem zu Beginn der Neunziger Jahre verschärfte sich die afrikanische Krise, denn damals endete der Kalte Krieg. Afrikanische Regierungen, die bis dahin enge Verbündete im Kampf gegen die falsche Ideologie waren und dafür Milliarden an Unterstützung bekamen, verloren für den Westen und für den Osten ihren strategischen Wert. Und da diese Herrscher entweder schon bankrotte Länder regierten oder aber weiterhin nichts von ihrem Reichtum der Bevölkerung abgaben, wuchs für die Menschen die Bedeutung der Glaubensgemeinschaften. Die christlichen Kirchen zum Beispiel, und seien es noch so mörderische Sekten wie die Bewegung für die Wiedereinführung der zehn Gebote, bauen – im Gegensatz zu den meisten Regierungen – Häuser, Schulen, Hospitäler oder Straßen und geben den Gläubigen Geborgenheit.

„Die Kirchen sind oft die Einzigen, die sich um das Wohl der Menschen sorgen", sagt der kenianische Soziologie-Professor Edward Oyugi, der die Völker rund um den Victoriasee studiert hat, „sie besorgen den Menschen Unterkünfte, Essen und Strom. Hier weiß selbst der Ärmste, dass er etwas Besonderes ist." Und es sind vor allem die Kirchen, in denen auch Frauen eine führende Rolle einnehmen können. Die meisten afrikanischen Gesellschaften sind noch heute extrem männerdominiert, Großmütter, Mütter oder Töchter haben fast nichts zu bestimmen, wenn es um gesellschaftliche Entscheidungen geht. Deshalb ist nahezu jede Kirche und jeder Saal einer Sekte voll mit Frauen.

Das Problem an den christlichen Religionen aber ist, dass die Chefs der großen Kirchen – sowohl der katholischen als auch der protestantischen – von jeher in der Politik mitgemischt haben. In Uganda zum Beispiel werden die Regierungsämter auch heute noch danach vergeben, ob jemand Katholik oder Protestant ist. Seit die weißen Missionare zu Beginn des 19. Jahrhunderts dort aufgetaucht sind, haben Katholiken und Protestanten um Macht und Einfluss gekämpft, jeder wollte den anderen verdrängen. In Ruanda ging der Einfluss der christlichen Kirchen auf die Politik so weit, dass sie eine große Portion Mitschuld am Völkermord von 1994 haben. Denn die Missionare waren es, die die Unterscheidung zwischen Hutu und Tutsi gemacht haben und bis 1959 die Tutsi als „besondere Rasse" priesen. Mit der Unabhängigkeit aber schwenkten sie auf einmal um und machten die Hutu zum auserlesenen Volk. Von da an begannen die Pogrome gegen die Tutsi, die 1994 im Genozid eskalierten. Welche Konsequenz dies für die großen Kirchen hatte, zeigt sich allein an Zahlen. Bis 1994 gab es drei christliche Kirchen in Ruanda, einem Land, das ungefähr so groß ist wie Rheinland-Pfalz, heute sind es mehrere Hundert Glaubensgemeinschaften, der größte Teil davon sind Sekten, die sich bewusst von den großen Religionsgemeinschaften distanziert haben und – gelinde gesagt – oft Unsinn predigen. Es gibt Kirchen, in denen man sich angeblich von AIDS heilen lassen kann, es gibt Sekten, die einem ewigen Wohlstand versprechen, wenn man nur die Gebote der Anführer strikt befolgt.

Die wohl stärkste Sektenbewegung aber ist die der so genannten Pfingstkirchen, die nicht als monolithischer Block verstanden werden kann, ihre Ursprünge aber bei christlichen Fundamentalisten in den USA hat. Auch von diesen Pfingstkirchen gibt es inzwischen Tausende. Doch allen ist gemeinsam, dass sie von den Menschen fordern, sich Jesus Christus vollständig hinzugeben und den Teufel, der sich im Alkohol, in Zigaretten, in Pornographie, im Reichtum, im Luxus und vor allem auch im Islam zeigt, zu bekämpfen. Sie predigen die Apokalypse und die Wiederkehr des Gottessohnes, der das „Tausendjährige Friedensreich" errichten werde. Die Schrecken der Gegenwart, Hunger, Elend, Armut, Kriege, Krankheiten, Naturkatastrophen seien für die Gläubigen nur die Vorbereitung aufs Paradies. Sie sollten das alles ertragen und sich nicht in diese weltlichen Dinge einmischen. Die Welt sei ein untergehendes Schiff, nur sie aber seien gerettet und kämen ins ewige Himmelreich, weil sie sich Jesus Christus geopfert hätten. Da ist es kein Wunder, dass korrupte afrikanische Staatschefs nichts gegen diese Scharlatane unternehmen – haben sie doch keine Gefahren und auch keine Proteste durch deren Anhänger zu erwarten.

Auch der Islam hatte in den vergangenen Jahren erheblichen Zulauf, und zwar vor allem in Westafrika und den Sahel-Staaten. Auch hier ist der Hauptgrund die zunehmende Verelendung der Menschen und die wachsende soziale Rolle der Glaubensgemeinschaft. Doch in Westafrika kommt noch eine weitere, äußerst bedrohliche Komponente hinzu. An der Küste leben vor allem christliche und animistische Völker, im Landesinneren hingegen dominieren sunnitische Muslime. So kann Nigeria in einen muslimischen Norden und einen christlich-animistischen Süden aufgeteilt werden und ebenso die Côte d'Ivoire, Togo, Ghana oder Benin, wo es zwar viele traditionelle afrikanische Glaubensgemeinschaften gibt, aber die Muslime eben im Norden und die Christen im Süden leben. Dieser Nord-Süd-Konflikt verursacht nicht nur permanente Unruhen in Nigeria, er hat die Côte d'Ivoire im September 2002 in den Bürgerkrieg getrieben, die Front verläuft in etwa dort, wo christliche Gegenden auf muslimische treffen.

Nigeria mag immer noch als Sonderfall einzustufen sein, weil dort jahrzehntelang Muslime aus dem Norden die wechselnden Militärregierungen dominiert haben und seit den ersten demokratischen Wahlen im Mai 1999 der Sieg des aus dem Süden stammenden Christen Olusegun Obasanjo ihren Einfluss massiv beschnitten hat. Deshalb haben die meisten nördlichen Bundesstaaten inzwischen die Scharia ins Strafrecht aufgenommen, um damit die Zentralregierung herauszufordern. Dass sie mit diesem politischen Taschenspielertrick einen so enormen Zulauf in der Bevölkerung haben, haben wohl die wenigsten Provinzgouverneure kalkuliert. Doch auch in Nigeria, einem der korruptesten und sicherlich auch verkommensten Staaten der Welt, sehnen sich die geschundenen und ausgebeuteten Menschen nach Ordnung, und diese geben ihnen anscheinend nur noch ihre Glaubensgemeinschaften und ihre Volksgruppen – deshalb der enorme Zulauf und die Zuspitzung des Konflikts zwischen Christen und Muslimen.

Weit über Nigeria hinaus aber stellt der Nord-Süd-Konflikt der Religionen in Westafrika eine existentielle Bedrohung für die Region dar. Denn die meisten Länder werden von den christlichen oder animistischen Völkern der Küste beherrscht. Und dadurch sehen sich die muslimischen Sahelstaaten und auch die Menschen im Norden der Küstenländer nicht nur politisch, sondern vor allem auch wirtschaftlich isoliert und gefährdet. Im Krieg der Côte d'Ivoire fordern die Muslime aus dem Norden Gleichberechtigung, sie wollen das Recht zur Wahl und zu Grundbesitz haben, das ihnen die wechselnden Regierungen in Abidjan seit Jahren verweigern. Und Unterstützung bekommen die Rebellen der Côte d'Ivoire aus dem nördlichen, muslimischen Nachbarland Burkina Faso, das ebenso wie Mali oder Niger um seine Wirtschaft bangt.

Durch die Ausgrenzungspolitik der Küstenvölker werden nämlich die klassischen Handelsrouten der Muslime zerstört. Diese haben eine jahrhunderte alte Tradition als Händler und Geschäftsleute und fürchten wohl nicht zu unrecht, dass ihnen nun immer mehr der Zugang zu den Häfen verloren geht oder sie zumindest sehr starke Einbußen in ihren Geschäften haben, weil extrem hohe Zölle und Gebühren gefordert werden. Auch besteht die Gefahr, dass sehr viele zugewanderte Arbeiter aus muslimischen Ländern nun von der Regierung in der Côte d'Ivoire in ihre Heimat zurückgeschickt werden. Diese ausgewiesenen Menschen, die arbeits- und perspektivlos sind, stellen auch eine politische Gefahr für die Regierungen ihrer Heimatländer dar. In Nigeria werden die meisten religiösen oder ethnischen Unruhen von arbeitslosen Jugendlichen angezettelt.

Der Konflikt zwischen Christen und Muslimen wird zusätzlich noch dadurch geschürt, dass die fundamentalistischen Wahhabiten in Saudi-Arabien ihre Glaubensbrüder in Westafrika seit ein paar Jahren massiv unterstützen. Sie schicken Millionen an Hilfe, um ihren Einfluss auszudehnen und notfalls auch einen heiligen Krieg gegen die Ungläubigen anzuzetteln. Sie wollen in Westafrika – aber auch in Somalia oder im Sudan – einen ähnlich rigorosen Islamismus haben wie in ihrem eigenen Land. Zumindest in Somalia sind sie damit erfolgreich gewesen, denn seit dem totalen Kollaps des Staates 1991 sind es ihre Schulen, Moscheen und Krankenhäuser, die von den Menschen angenommen werden. Auch gab und gibt es dort Extremisten, die Osama bin Ladens Kampf unterstützen. Von Somalia aus wurden die Bombenanschläge auf die US-Botschaften in Kenia und Tansania 1998 geplant und ausgeführt und vermutlich auch der Anschlag auf das israelische Hotel in Mombasa im November 2002.

Noch ist nicht abzusehen, ob sich dieser seit ein paar Jahren eskalierende Konflikt in Westafrika weiter verschärfen wird, noch ist nicht abzusehen, ob die vielen Pfingstkirchen und anderen neu entstandenen christlichen Sekten nicht doch noch ihre Weltentrückung aufgeben und sich zu massiven politischen und auch militanten Bewegungen auswachsen. Die vergangenen Jahre aber haben gezeigt, dass in Afrika durch die Verelendung der Menschen, durch das Scheitern ihrer Regierungen mehr als genug Sprengstoff vorhanden ist, den sowieso schon geschundenen Kontinent nachhaltig zu zerstören. Das Glaubensbekenntnis der Menschen ist dazu nur eine besonders mörderische Waffe.

V. Konfliktfelder des Kontinents und Ausblick

1. Ein zerstörerisches Geschäft

Über Bürgerkriege in Afrika und Chancen des Aufbaus

Von Georg Elwert

Wenn das staatliche Gewaltmonopol nicht auf eine gesetzliche Ordnung gestützt ist, wird es labil. Selbst ernannte Befreiungskämpfer, putschende Soldaten oder Räuber können sich an seine Stelle setzen. Sie brauchen Geld, um als Gruppen weiter bestehen zu können. Das werden sie aber nicht öffentlich verkünden. Ideologische Ziele gelten als ansehnlicher. Daher müssen wir erst einmal Berge von Propaganda-Erklärungen beiseite räumen, ehe wir erkennen, was diese Gewalt aufrechterhält.

Die lautstark nach außen verkündeten Motive der Gewalt sind so unterschiedlich, wie menschliche Handlungsmotive nur sein können. Das, was die Gewalt am Leben hält, sie immer wieder aufflackern lässt, sie reproduziert, hat jedoch weitaus eindeutigere Strukturen. Gewalt muss finanziert werden. Wo der Staat nicht oder nur eingeschränkt präsent ist, kann Gewalt zur Geldbeschaffung genutzt werden. Hinter den vordergründigen Konfliktursachen spielt, wenn erst einmal der Konflikt mehrere Monate anhält, ein rational nachvollziehbares ökonomisches Handeln die zentrale Rolle für den Einsatz von Gewalt. Das führt dazu, dass sich nur militärische Führer halten, die auch das Verhältnis von Gewalt und Geschäft so im Auge haben, dass sie keinen Verlust, sondern Überschüsse erreichen. Es sind nicht die Emotionen, die die Kriegsherren schaffen. Vielmehr sind es die „Gewalt-Unternehmer", die Emotionen, wie Hass und vor allem Angst, instrumentalisieren, um sich ökonomische Vorteile zu verschaffen. Sie agieren gleichzeitig innerhalb von Konfliktgebieten mit Raub, Erpressung und Hehlerei und außerhalb dieser Gebiete auf den internationalen Märkten für Diamanten, Gold, Drogen und Waffen – und ideologisch motivierten Spenden. Es liegt deshalb nahe, im Zusammenhang mit Konfliktsituationen vom Entstehen von „Gewaltmärkten" zu sprechen, die Gewalt-Unternehmer oder „Kriegsherren" aus Profitmotiven organisieren. Dieser ökonomische Aspekt kann dann auch die Reproduktion, die Selbst-Stabilisierung, von Konfliktsituationen erklären.

Das was heute zunehmend mehr afrikanische Staaten erfasst, ist ein allgemeineres Phänomen, das seit dem frühen 20. Jahrhundert in China analysiert wurde. Damals erfand man den Ausdruck „Kriegsherren" (auf Englisch: „warlords"). Das Muster freilich ist älter. Im 19. Jahrhundert bestimmte es das ganze mittlere Afrika vom heutigen Tansania bis nach Kongo/Zaire. Die Bedingungen der Stabilität, die Regeln, sind erstaunlicherweise immer die gleichen. Ein Gewaltmarkt ist ein überwiegend von Erwerbszielen bestimmtes Handlungsfeld, in dem sowohl Raub als auch Warentausch sowie deren Übergangs- und Kombinationsformen Lösegeld-Erpressung, Schutzgelder, Straßenzölle usw. vorkommen. Jeder Akteur hat grundsätzlich mehrere Optionen von Raub bis Handel. Vor diesem Hintergrund wird klar, dass der Ausdruck „Gewaltmarkt" Tatbestände abdeckt, die über die üblicherweise mit „Markt" assoziierten Tauschbeziehungen hinausgehen. Unter der Oberfläche moralischer, weltanschaulicher und machtpolitischer Konflikte dominiert das ökonomische Motiv des materiellen Profits.

Solche Gewaltmärkte können nicht einfach überall entstehen. Eine wichtige Bedingung sind gewaltoffene Räume, d. h. die Abwesenheit eines Gewaltmonopols. Gewaltoffen sind Räume, in denen keine festen Regeln den Gebrauch der Gewalt begrenzen. Es mag zwar einen Apparat geben, der sich Staat nennt, aber dessen bewaffnete Kräfte halten sich an keine Gesetze. Und sie sind nicht die Einzigen, die organisiert Gewalt einsetzen. In diesem Zustand können sich zwar Routinen, aber keine festen Regeln etablieren. Das hat erhebliche Konsequenzen für die Verhältnisse zwischen den Kriegsherren und innerhalb ihrer Truppen. Verträge zwischen kriegführenden Parteien können gebrochen werden. Selbst innerhalb einer kriegführenden Partei kann Gewalt die Klientelbeziehungen zwischen Kriegsherren und den Söldnern auflösen.

Das Bild von in erster Linie unternehmerisch agierenden Personen wird durch die wenigen wissenschaftlichen Berichte aus den Zentren der Kämpfe und durch Beobachtungen über den gleichen Personenkreis bestätigt, der – wie vor wenigen Jahren in Äthiopien – im Frieden weiter unternehmerisch tätig ist. Diese Sicht entspricht nicht den von den Medien überwiegend verbreiteten Stereotypen von Bürgerkriegen, die Emotionen und Tradition als Erklärung bemühen. Moderne Kriege benötigen strategische Planung und Logistik. Ohne die kühle Planung des Nachschubs an Waffen, Munition, Nahrung und Kraftstoff kann eine militärische Auseinandersetzung nicht von Dauer sein. Strategisches Handeln und militärische Logistik setzen einen kühlen Kopf voraus, nicht die Dauermobilisierung von Emotionen.

Wo gewaltoffene Räume, abschöpfbare Ressourcen und abnahmebereite Märkte zusammentreffen, werden Gewaltmärkte entstehen und bei gleich bleibenden Randbedingungen (insbesondere dem Unwillen zur Intervention und zur Waffenkontrolle) eher an Häufigkeit zu- als abnehmen.

Gewaltmärkte fanden sich in den 80er und 90er Jahren des vergangenen Jahrhunderts und finden sich zum Teil bis heute in Somalia, Äthiopien, Sudan, Sierra Leone, Liberia, Guinea, Nord-Mali, der Zentralafrikanischen Republik, Tschad, Mosambik, der Demokratische Republik Kongo (Zaire), Angola und der westlichen Côte d'Ivoire.

Wie können Gewaltmärkte entstehen? Zwei Dinge müssen zusammenkommen: Erstens wirtschaftlich interessante Ressourcen in der Gegend oder in der Nachbarschaft (nicht mehr als zwei Tagesfahrten von Lkws entfernt) und zweitens ein gewaltoffener Raum. Dass die Gewalt ausbricht, ist erst einmal nicht so nahe liegend. Für bäuerliche Bevölkerungen –

noch die Mehrheit der Afrikaner – ist Krieg gleich Selbstmord. Wenn ihre Felder verbrannt werden oder sie selbst durch Kriegsdienst die Bestellung der Felder versäumen, droht ihnen Hunger. Diesem Rätsel ging der Afrika-Historiker Albert Wirz nach. Er fragte nach der Entstehungssituation afrikanischer Bürgerkriege. Das Ergebnis war überraschend: Das Gewaltmonopol zerbrach nicht plötzlich, es zerbröckelte von innen, weil der Staat seine eigenen Regeln verletzte. Dann aber kam es zu einem Aufschaukeln, das mit zunehmender Geschwindigkeit alle Menschen in eine militärische Logik hineinzog.

Den Anfang stellt erfolgreiche gewaltsame Erpressung durch bewaffnete Staatsdiener, Räuberei durch Polizisten oder Soldaten oder eine vom Staat tolerierte gewaltsame Willkür lokaler Machthaber dar. Das heißt: Staatliche Übergriffe verletzen die im Volk bestehende Vorstellung von legitimem Gewaltgebrauch. Darauf reagieren die Menschen in verschiedener Form. Welche Form sie dabei wählen, hängt sehr stark von historischen Vorbildern ab und davon, wer Zugang zu Waffen erhält. Die Vielzahl dieser Formen gibt ein buntes Bild, das sich mit der Zeit in eine ideologische Einheitsfarbe verwandelt. Bei der organisierten Selbsthilfe werden die jungen Männer der Gegend zu Selbstverteidigungseinheiten zusammengefasst, die durch Drohungen oder Terror die Staatsdiener von den Dörfern fernhalten. Nicht minder verbreitet ist die Dienstleistungsmethode. Dazu werden erfahrene Gewaltspezialisten angeheuert. Das können legale Wachschutzunternehmen sein, Militäreinheiten, die zur Revolte aufgefordert (eventuell sogar von der widersetzlichen Bevölkerung besoldet) werden oder erfolgreiche Räuber. Wenn die Räuber weniger schädlich sind als die Polizisten oder Militärs, die dem Staat unterstehen, ist man bereit, ihre früheren Untaten zu vergessen. Besonders routiniert sind jene „Gewaltdienstleister", genannt Mafia, die vorher schon dem illegalen Handel dienten, indem sie die Einhaltung der illegalen Verträge erzwangen, die Autorität der Schmuggler aufrechterhielten oder Gebietsmonopole durchsetzten. Es können auch bewaffnete ideologische

Bewegungen – politische oder religiöse – zur Hilfe gerufen werden. Auch wenn man ihre Ideologien vorher verlachte oder ihre rigide Alltagsmoral als nervig empfand, die staatliche Willkür legitimiert sie. Wir sollten die Bedeutung der Ideologien nicht überschätzen. Häufiger als Ideologen sind sich verselbständigende lokale Machthaber oder Räuber.

Wo die Institutionen der Konfliktschlichtung und Rechtssicherung durch ein Wirtschaftswachstum in besonderem Maße beansprucht werden, können sich diese Institutionen als unzuverlässig oder zu schwach erweisen. Dann liegt der Gedanke an Selbsthilfe nahe, die zum Recht verhelfen soll. Diese „Selbsthilfe" nimmt gerade in vitalen Bereichen wie etwa Bodenrechten oft gewaltsame Formen an. Vertreibungen von Bevölkerungsgruppen in Nigeria, der Côte d'Ivoire und in Zentralasien führten zu zeitweilig oder andauernd gewaltoffenen Räumen. Paradoxerweise ist also das Wirtschaftswachstum in diesem Fall – bei schwachen Rechtsinstitutionen und höherer Beanspruchung – ein Auslösefaktor der Gewalt.

In Lokalgesellschaften ohne zentralisiertes Gewaltmonopol kann ein ökonomisches oder technologisches Ungleichgewicht – z. B. eine Nachfrage nach Späherdiensten oder nach Gold oder ein günstiges Angebot für effizientere Waffen – die interne Gewaltkontrolle zum Versagen bringen. Die vorher überwiegend als Jäger und Sammler tätigen Ik sahen im ugandischen Bürgerkrieg die Chance, sich als Späher zu verdingen, was zu einer partiellen Auflösung der internen moralischen Kontrolle und dadurch zu einer Hungersnot der Alten und der verlassenen Frauen und Kinder führte. Im Hochland Neuguineas verwandelten sich Fehden in Kriege, als automatische Feuerwaffen erhältlich wurden und Speere, Bögen, Beile oder Keulen ersetzten. In Somalia entstanden manche Milizen aus Selbstschutz-Einheiten der Nomaden, die sich ohne staatlichen Schutz Zugang zu Brunnen und zu Lebensmitteln sichern mussten. Die Waffen erhielten sie von ihren Partnern im Viehhandel, die wirtschaftlich von den Vieh-Lieferungen der Nomaden abhingen. Bald entdeckten die jungen Leute, die – im Widerspruch zum traditionellen Clan-System –

diese Waffen kontrollierten, dass auch Geiselnahme, Begleitschutz und Schutzgelderpressung lohnend sind. Diese Beispiele beleuchten das Problem des internationalen Waffenhandels und die Notwendigkeit eines rechtsstaatlich garantierten Gewaltmonopols zugleich; beides sind bisher keine klassischen Felder der Entwicklungspolitik, wohl aber von großem Einfluss auf Entwicklungsprozesse.

Der Zerfall des Gewaltmonopols ist eine notwendige, aber keine hinreichende Bedingung für die Entstehung von Gewaltmärkten. Zumindest die zukünftigen Kriegsherren müssen mit ökonomischen Regeln vertraut sein. Das erklärt, warum diese z. B. im Kaukasus und Zentralasien vor allem aus dem Kreis der früheren Schwarzmarkt-Aktivisten stammen. Weiterhin müssen Waffen, Munition und Treibstoff zu akzeptablen Preisen zu erhalten sein. Der Preisverfall für Kriegswaffen, der seit Beginn der 90er Jahre in Afrika beobachtet werden kann, dürfte dort zur Verbreitung von Gewaltmärkten beigetragen haben. Nicht zuletzt müssen aber auch abschöpfbare Ressourcen vorhanden sein. Extreme Armut der Opfer erstickt auch in gewaltoffenen Situationen das Entstehen von Gewaltmärkten (so in den Teilen Kongos/Zaires ohne Bodenschätze). Reichtumskonzentration und der Zugang zu legal oder illegal ausbeutbaren Ressourcen begünstigt hingegen das Entstehen und die Ausbreitung von Gewaltmärkten. Wenn gewaltoffene Räume und Marktwirtschaft zusammentreffen, kann es zu einer positiven Rückkoppelung kommen: Die ökonomischen Interessen vergrößern die gewaltoffenen Räume, und in gewaltoffenen Räumen werden Marktinteressen in wachsendem Maßstab realisiert. Es entsteht das sich selbst stabilisierende System des Gewaltmarktes (so hielten z. B. in Kongo/Zaire Edelmetalle und Edelsteine die Gewaltmärkte seit den 1960er Jahren aktiv).

Die Entscheidung darüber, ob bestimmte Güter geraubt oder durch Handel erworben werden, ist in den Gewaltmärkten prinzipiell immer offen. Um strategisch entscheiden zu können und um die Optionen offen halten zu können, müssen die Kriegsherren Zeit gewinnen. Daher ergibt sich für diese Akteure ein strategisches Dreieck aus Gewalt, Handel und Zeit. Zwischen diesen Polen optimiert der Kriegsherr. Er kalkuliert das Verhältnis von Aufwand und Ertrag.

Die Produktion von Gewalt folgt ökonomischen Imperativen. Kriegsherren sind bemüht, die Kosten der Gewalt zu reduzieren. Zu den unverzichtbaren Ressourcen gehören Waffen, Munition und Treibstoff, aber es empfiehlt sich für die Kriegsherren nicht, hier auf Kosten der Qualität zu sparen. Machbar ist hingegen, am Sold der Söldner zu sparen. Das „Marodieren", der systematische Raub durch Soldaten, ist daher eine nahe liegende Form der Reproduktion der Kampfkraft. Es kann sogar ein Markt für das Marodieren entstehen. Das heißt, man bezahlt eine Gebühr, um an organisierten Raubzügen teilnehmen zu können.

Von der Entwicklungspolitik wenig beachtet wird, dass auch Nahrungsmittelhilfe zur Truppenversorgung eingesetzt werden kann (z. B. in Liberia) und Flüchtlingslager zu Kasernen für auf den Kampfeinsatz wartende Truppen und ihren Tross umfunktioniert werden (z. B. in Ostafrika für Truppen aus Somalia, dem Sudan, der Demokratischen Republik Kongo und Äthiopien).

Für die Kriegsherren Kosten senkend ist es auch, eine gesellschaftliche Nachfrage nach Prestige zu bedienen. Dort, wo der junge Mann erst dann zum Mann wird, wenn er riskante Unternehmen (wie z. B. Viehdiebstahl) bestanden hat oder wo Gewaltausübung gar als Bedingung zu einem Initiationsritual gehört, lassen sich junge Männer als hoch motivierte „Freiwillige" gewinnen. Für eine kurze Frist – wichtig vor allem für die Anfangsphase des Gewaltmarkts – kann auch die Verheißung von Recht und Freiheit, genauer die Hoffnung, latente Konflikte zu lösen oder eine Willkürherrschaft zu beseitigen, Freiwillige, das heißt unbezahlte Akteure, mobilisieren. Eine besonders kostengünstige Form der Mobilisierung von Arbeitskraft ist die Erzeugung von Angst. Die Propaganda wird so ein wichtiges Produktionsinstrument. Ökonomisch gesehen, kann „sinnlose Gewalt" so ihren Sinn finden. Die Angst vor der Vergeltung der Opfer lässt keine andere Option zu als die, sich einer Armee anzuschließen oder sie zum eigenen Schutz zu unterstützen. Die Angst vor Rache stabilisiert das System. Die Angst, selbst Opfer von Gewalt zu werden, führt auch zu Präventivschlägen. Diese sind meist kaum strategisch geplant, eskalieren rasch und enden in der Ermordung von Nachbarn, welche sich zuvor u.U. sogar nahe standen. Die Berichte aus Ruanda rücken dabei die Bedeutung der Radio- oder Fernsehpropaganda in den Vordergrund. In Ruanda spielte der aus Entwicklungshilfemitteln aufgebaute Rundfunksender Radio Mille Collines die Rolle des Angsterzeugers und -verstärkers, welcher dann die Gemetzel provozierte.

Der große Unterschied zwischen den heutigen Gewaltmärkten und denen des letzten Jahrhunderts ist, dass heute die elektronische Propaganda schneller und kostengünstiger große Bevölkerungsmassen erreicht und damit die Angst der Menschen in einem bisher unbekannten Ausmaß in eine Massenbeteiligung der für einige wenige ökonomisch gewinnbringende militärische Unternehmungen umgemünzt werden kann. Der Automatismus von Rache und Racheangst schafft Eindeutigkeit, wo zuvor multiple Zugehörigkeiten (z. B. nach Sprache oder nach Religion) die Menschen neutral gegenüber den militanten Akteuren bleiben ließen. Mit der neuen Eindeutigkeit kann damit großräumiger agiert werden. Die militärstrategisch sinnvolle Freund/Feind-Trennung kann, ideologisch überformt, die Gestalt der „ethnischen Säuberung" erhalten. Die Angst, als Feind deklariert und damit zum potentiellen Opfer zu werden, oder die Angst vor Rache, verwandeln dabei bisher nicht mobilisierte Zivilisten in unbezahlte „Säuberungshelfer".

Auch der Warenhandel ist für Gewaltmärkte wichtig. Für räumlich mobile Räuber-Händler sind jene Tauschgüter besonders wichtig, welche leicht zu transportieren und unter Umständen sogar zu verbergen sind. Im Gewaltmarkt erhält aus diesen Gründen der Handel mit wertvollen Objekten ein überproportionales Gewicht. Diamanten, Gold und Smaragde, aber auch seltene Erden, Stahlveredler oder geschützte

Tiere, werden besonders interessant, weil hier mit einem einzigen Transport große Wertmengen bewegt werden können. Lukrativ ist auch der Handel mit Drogen oder Rauschmitteln und mit Waffen. Für den illegalen Handel, den Schmuggel mit Drogen und Waffen, kann der professionelle Begleitschutz durch Kriegsherren und unter Umständen sogar der Entrepot-Handel, das Zwischenlager im „sicheren" Gebiet, attraktiv sein. Handelsströme („Schmugglerrouten") nehmen dann den (Um-)Weg durch Konfliktgebiete.

In einigen wenigen, dafür international aber besonders beachteten Gewaltmärkten wird außerdem noch mit einem Gut gehandelt, das die fernen Käufer nicht als Ware identifizieren: mit dem ideologisch motiviert erscheinenden Opfer. Begleitet von ausführlicher Berichterstattung werden Schlachten für ein ideelles Ziel geschlagen. Das Leben der Gegner oder auch der eigenen Leute wird einer Sache geopfert, die Emigranten oder am Weltschicksal interessierten Ausländern etwas wert ist. Der „freie Westen", „die sozialistische Weltrevolution", „die Ehre unserer Nation", „die Rettung unseres Glaubens" scheinen auf dem Spiel zu stehen. Beträchtliche Ressourcen lassen sich von außen in den Gewaltmarkt transferieren, wenn die Kriegsherren diese Ware durch Aufbau einer rhetorisch geschulten und international kommunizierenden Spezialtruppe besonders bearbeiten. Jonas Savimbi konnte so seine Schlachten in Angola sowohl als Opfer für die maoistische Weltrevolution zugunsten des Sozialismus als auch – später – für die Verteidigung des freien Westens gegen den Sozialismus verkaufen, bevor er sich wieder seinem Kerngeschäft in der Diamantenwirtschaft Angolas und Zaires zuwandte. Osama bin Laden war zumindest als Spendensammler vom Sudan (und dann Afghanistan) aus noch erfolgreicher.

Als Zwischenform zwischen Handel und Raub haben der Einzug von Schutzgeldern, auch Zölle genannt, und die Geiselnahme große Bedeutung. Heute besonders aktuell ist der Begleitschutz. Diamanten- und Goldschmuggler in Kongo/Zaire, Qat-Händler in Somalia und nicht zuletzt die Konvois mit Nahrungsmittelhilfe im Sudan, in Somalia und Liberia lassen in bestimmten Perioden diesen Wirtschaftszweig zum wichtigsten Einkommenssektor der Kriegsherren werden.

Die derzeit verbreitetste Form der Intervention ist die Entsendung von Ärzten und Krankenschwestern und die Verteilung von Nahrungsmitteln und Bekleidung an die Opfer der Gewalt. Dort wo die Menschen in Lagern zusammengefasst werden, wird den Kriegsherren die Rekrutierung von Truppen eher erleichtert als erschwert (wie das Beispiel der ruandischen Flüchtlinge in Kongo/Zaire zeigte). Flüchtlingslager, die als Kasernen und Trosslager der Kriegsherren dienen und durch die Vergabe von Nahrungsmittelhilfe gefördert werden, sind als Intervention kontraproduktiv (vgl. Allen in Elwert/Feuchtwang/Neubert 1999). Als ein Mästen der Beute („fattening the booty") erscheint dies aus der Sicht der Kriegsherren. Dass Hilfslieferungen durch Erpressung von Schutzgeldern, „Zölle", Bezahlung von Geleitschutz oder Raub nur zum Teil die Zielgruppen erreichen, ist nie gänzlich zu verhindern. Dezentrale Versorgungskonzepte und ein Monitoring wären hier angebrachter. Dass solche Lieferungen die Kriegsherren mehr stärken als ihre Opfer, könnte vermieden werden. Wir erleben einen Zyklus, in dem Hilfe einen bescheidenen Reichtum schafft, der dann wieder von Kriegsherren abgeschöpft wird.

Eine Folge der Gewaltsituation ist, dass die Erwerbschancen in alternativen Wirtschaftszweigen schwinden. Gewerbe, Industrieproduktion, friedlicher Handel und Landwirtschaft geraten in Krisen und brechen dann, wenn sie auf kontinuierliche Lieferung von Inputs von außen angewiesen sind, vollständig zusammen. Die Löhne und Einkommen in diesen Sektoren sinken. Das investierte Kapital wird entwertet. Für die Lohnabhängigen und kleinen Selbständigen wird es sinnvoll und oft sogar die einzige Überlebensoption, zu Söldnern und/oder Marodeuren zu konvertieren. Die Unternehmer sind gut beraten, wenn sie ihr flüssiges Kapital in den Aufbau einer Truppe und den Kauf von Waffen investieren. Es ist insofern nicht überraschend, dass etwa die Kriegsherren Somalias zuvor – in der friedlichen Periode – überwiegend als Großhändler oder als politische Unternehmer (auch als Partner der Entwicklungszusammenarbeit) tätig waren. Der Gewaltmarkt stabilisiert sich selbst, indem alternative Erwerbszweige unter Druck geraten und ihre Reproduktionschancen weitgehend verlieren, wodurch Arbeitskraft und Kapital von den – relativ gesehen – höheren Löhnen und von den höheren Profitchancen in den gewalttätigen Wirtschaftsbereich gesogen werden. Zur Stabilisierung gehören auch Anstrengungen auf dem symbolisch-ideologischen Feld. Waffenparaden vor den Kameras der internationalen Fernsehteams gehören ebenso wie demonstrative Brutalität zu den erfolgreich verwendeten Propagandamethoden dieses Gewerbes. Die ideologische Selbstdarstellung, die Gewalt in den Vordergrund rückt, soll die Position im Gewaltmarkt stabilisieren. Sie erleichtert u. a. den Verkauf von „Schutz".

Die Wahl der Opfer folgt recht komplexen Kalkülen. Nicht jeder, der etwas hat, wird beraubt. Die Kriegsherren brauchen auch Handelspartner, Unterstützer und neutrale Kräfte. Damit sich diese sicher fühlen, ist es hilfreich, die Gewalt klaren, symbolisch vorgezeichneten Linien folgen zu lassen. Abzeichen einer Religion, städtische oder ländliche Tracht, regionaler Akzent u.ä. dienen dazu und erwecken den Eindruck ethnischer oder religiöser Konfrontation. Kein Handels- oder Bündnispartner kann jedoch sicher sein, nicht auch zum Opfer der Begehrlichkeit der Verbündeten von gestern zu werden. Jede der Allianzen in Somalia wurde schon einmal gebrochen.

Gewaltmärkte bestehen maximal für einige Jahrzehnte. Die Gründe ihres Zusammenbrechens hängen sowohl mit ihrer internen Struktur als auch mit ihrem Umfeld zusammen. Gewaltmärkte entstehen und bestehen nicht in einem Vakuum. Sie erwachsen aus sich selbst organisierenden sozialen Systemen. Mit dieser abstrakten soziologischen Erkenntnis kommen wir auf einen Punkt von höchster Praxisrelevanz: Diese Systeme sind auf einen Austausch mit ihrer Umwelt angewiesen. Da Gewaltmärkte das landesinterne Institutionengefüge und Produktionspotential weitgehend zerstören, sind sie entscheidend von Abnehmern, Lieferanten, Banken und anderen Dienstleistungen außerhalb ihres Raumes abhängig. Die Bedeutung des Dienstleistungssektors wird leicht übersehen. Gewaltmärkte brauchen eine externe Infrastruktur. Somalische Kriegsherren nutzten etwa intensiv Ausbildungszentren, Spezialkrankenhäuser, Banken, Versicherungen, Börsen und Handelsschiedsgerichte auf anderen Kontinenten (nachweisbar: Nordamerika, Asien). Der Austausch über die Grenzen des eigenen Systems ist also eine der neuralgischen Stellen von Gewaltmärkten. Blockaden, also Behinderungen dieses Austauschs, können sie von außen zerstören. Allerdings lassen sich Beispiele für erfolgreiche Blockaden derzeit nur schwer aufzählen. Mosambik nach der Wende in der südafrikanischen Republik, welche vorher die externe Infrastruktur für die Gewalt bereitstellte, war ein solcher Fall. Der durch deutsche Intervention zu Wege gebrachte Waffenboykott gegenüber Eritrea und Äthiopien wirkte präventiv. Die Behinderung der gesamten externen Infrastruktur von Gewaltmärkten müsste eine europäische (entwicklungs-) politische Aufgabe werden. Leider wurden die im September 2001 begonnenen Bemühungen zur Kontrolle der Geldwäsche ab Mitte 2002 nicht weitergeführt.

Die Prioritäten der agierenden Parteien und Personen können sich im Zeitablauf ändern. Der Einsatz von Gewalt beruht nicht nur auf Profit-Motiven. Ohne sekundäre Motivationen ließen sich, wie oben dargestellt, Gewaltmärkte nicht verstetigen. Aus sekundären Motivationen – wie etwa den Bemühungen um die Schaffung einer neuen ethno-nationalen Gemeinschaft – können primäre werden, die dann ein neues Zielsystem etablieren. Dies belegt auch die europäische Geschichte: Aus den Führern der Söldnerheere des Dreißigjährigen Krieges wurden macht-akkumulierende Staatsmänner und friedliche Unternehmer.

Der Übergang vom Gewaltmarkt zu friedlicheren Zuständen kann also sowohl durch eine Erschöpfung der Ressourcen, durch externe Blockaden als auch durch interne Verlagerungen der Prioritäten erreicht werden.

Könnte man von außen helfen? Grundsätzlich kann zwischen präventiver Hilfe, Hilfe durch Intervention und Hilfe zur Stabilisierung des Friedens unterschieden werden. Bei der präventiven Hilfe kann die Förderung von Rechtssicherheit durch Unterstützung des Institutionen-Aufbaus vor allem im Bereich der Landrechte der Neigung zur gewaltsamen Konfliktlösung vorbeugen und somit die Entstehung gewaltoffener Räume behindern.

Im Vorfeld potentieller Bürgerkriegssituationen liegt es insbesondere nahe, auf den sich andeutenden Zusammenbruch des innerstaatlichen Gewaltmonopols in seiner rechtsstaatlichen Form rasch und deutlich zu reagieren. Instrumente sind:

- Außenpolitische Interventionen über direkte diplomatische Wege oder supranationale Organisationen,
- Entzug von Entwicklungshilfe (vor allem dort, wo sie staatliche Administrationen stabilisiert, die Willkür für ihr selbstverständliches Vorrecht halten),
- gezielte Hilfe (z. B. durch humanitäre Organisationen und politische Stiftungen) zur Stärkung rechtsstaatlicher Institutionen oder bestimmter Akteure.

Die Rückenstärkung von verantwortlichem Journalismus und die Untersagung von Minderheitenhetze kann Gewalt-Unternehmern das Instrument der Angst-Mobilisierung entziehen. Als absurd erscheint es, wenn Entwicklungshilfe zum Aufbau und zur Förderung von Massenmedien nicht von einer politischen Konditionalisierung begleitet wird. Wenn solche Massenmedien zur Volksverhetzung (nach deutscher Rechtsterminologie) und Gewaltaufforderung benutzt werden – wie in Ruanda geschehen –, müsste die Hilfe zurückgefordert werden. Dies mag heute utopisch erscheinen, wäre aber nur die Verlängerung eines innerstaatlichen Rechtsprinzips.

Hilfe durch Intervention: Sowohl die Wirtschaftsinteressen (Schmuggel, Anlage der Erlöse aus Handel, ideologisch motivierte Spenden, Raub, Erpressung und Geiselnahme in sicheren Drittstaaten) als auch der Waffennachschub können durch eine Blockade empfindlich getroffen werden. Eine solche Blockade ist freilich nicht einfach zu realisieren. Sie ist an den Grenzen der Kriegsgebiete personalintensiv oder technologisch aufwendig und setzt voraus, dass die Kräfte, die diese grenzpolizeiliche Aufgabe ausüben, zur Durchsetzung ihrer Pflichten auch die Waffe einsetzen können (anders als dies im Jugoslawienkonflikt praktiziert wurde). Zeitgleich muss eine solche Blockade auch als Blockade der Dienstleistungen und insbesondere der Geldbewegungen realisiert werden. Dies geschieht weniger an den Grenzen als in den großen internationalen Finanzzentren. Von manchen Staaten wird dies freilich als Eingriff in ihre „Bankenfreiheit" gesehen.

Zusätzlich zu einer Blockade kann zur Beendigung der Gewalt in manchen Fällen auf eine zeitlich befristete Gewährleistung des innerstaatlichen Gewaltmonopols durch externe Kräfte nicht verzichtet werden. In anderen Worten: Ausländische Polizisten oder Soldaten müssen die Gewalt mit Waffendrohung unterbinden. Diese polizeiliche (und im eigentlichen Sinn nicht militärische) Aufgabe setzt freilich vier Dinge voraus:

- Erstens muss Bewaffnung und Logistik der Interventionskräfte der der internen Akteure gewachsen sein (deswegen sind manchmal Soldaten geeigneter als Polizisten).
- Zweitens muss der Einsatz sanktionierender Gewalt an rechtsstaatliche Normen gebunden sein und dies institutionell gesichert werden (innere Führung und der lange Arm der Gerichte müssen verhindern, dass aus Friedenstruppen – wie in Liberia – Räuber werden).
- Drittens muss eine Waffenkontrolle erreicht werden (was zu Todesopfern führen kann, wenn Waffenlager beschlagnahmt werden).
- Viertens muss auch ein begrenzter aber zentraler Teil der alltäglichen Konflikte geschlichtet werden, wenn nicht Gewalt – in der Form der Selbsthilfe, „um zu seinem Recht zu kommen" – wieder aufflammen soll (das heißt, Gerichte müssen von unten aufgebaut werden). Wenn es

um Bodenrecht, Wasserzugang für Bewässerung, Versorgungsansprüche aus Familien- und Erbrecht oder den Zugang zu Märkten geht, sind Überlebens-Interessen betroffen. Wenn hier nicht rasch geschlichtet wird, bietet es sich an, selbst zur Gewalt zu greifen oder Gewaltspezialisten damit zu beauftragen. Genau diese Gewaltspezialisten sind aber die alten oder die neu nachwachsenden Kriegsherren.

Bei der Institutionalisierung von Konfliktschlichtung müsste unumgänglich an lokale Vorstellungen von Gerechtigkeit und an lokale Institutionen angeknüpft werden, wenn man ein Fundament für den endogenen Aufbau von Rechtsstaatlichkeit durch einheimische Kräfte legen will.

Frieden muss langfristig stabilisiert werden: Da kriegerische Zustände die Werte der Krieger besonders prämieren, liegt eine besondere Gefahr für den Frieden darin, dass er nur als vorübergehender Waffenstillstand erscheinen kann, in dem die potenziellen „Helden" in Wartestellung verharren. In gewaltoffenen Räumen stabilisiert sich nämlich eine gewaltspezifische Prestigeordnung, die die Chance junger Männer, Ehre und Ansehen zu erwerben, an Gewalttaten gegen Fremde oder an die Rache von „Ehrverletzungen" bindet. Solange diese Prestigeordnung besteht, wächst auch im Frieden kontinuierlich eine Reservearmee zur Verfügung eventueller Bürgerkriegsstrategen heran. Dies ist allerdings nicht zwangsläufig so. Es ist auch möglich, neue Wege zur gesellschaftlichen Anerkennung zu eröffnen: eine schwierige, aber nicht unmögliche Aufgabe. Die Förderung unternehmerischen Ehrgeizes in friedlichen Formen kann hier potentiell destruktive Energien umleiten und sowohl Prestige als auch Profit vermitteln (wie etwa Entwicklungen in Äthiopien zeigten).

Was oben über die Notwendigkeiten eines rechtsstaatlich kontrollierten Gebrauchs der staatlichen Gewalt und über verantwortungsvollen Journalismus ausgeführt wurde, bezeichnet auch Notwendigkeiten der Entwicklungszusammenarbeit in der Nachkonfliktphase. Besonders vordringlich ist die Unterstützung des Aufbaus von lokalen Institutionen der Konfliktschlichtung. „Wahrheitskommissionen“, die durch ihre Verfahren beide Seiten eines Konflikts implizit auf die gleichen Werte verpflichten, können eine Vorstufe hierzu sein. Dabei ist die Anknüpfung an endogene Rechtsvorstellungen hilfreich wie auch eine Information über die Erfahrungen anderer Länder. Beides zusammen könnte Gegenstand einer genuinen Partnerschaft sein.

2. Tötet AIDS den Kontinent?

Wie Krankheiten Staaten verändern

Von Dagmar Wittek

> *Frau verendet unter Baum an AIDS. Ihr Vater schmiss sie aus dem Haus. Ihr Freund verstieß sie. Auch die Nachbarn behandelten sie wie eine Aussätzige. […]*
> (Die südafrikanische Tageszeitung „Sowetan", Herbst 2003)

> *Eine Studie im Daimler Chrysler Werk in East London hat herausgefunden, dass acht Prozent der 498 befragten Arbeiter davon überzeugt sind, Sex mit einer Jungfrau heile AIDS. Eine frühere Studie in der Provinz Gauteng, der Wirtschaftsmetropole des Landes, zeigte, dass 32 Prozent der Befragten an diesen Mythos glauben. […]*
> (IRIN – UN Integrated Regional Information Network, Herbst 2002)

> *AIDS noch immer Südafrikas Hauptkiller. […]*
> (Sowetan, Herbst 2003)

Staatsfeind Nummer eins ist bekannt. Man kann ihn zwar nicht ausmerzen, aber zumindest beherrschen. Der Feind heißt AIDS. AIDS wird in Afrika ganze Staaten zerstören, wird Wirtschaften lahm legen und Bevölkerungen ausrotten – wenn nicht schnell und konzentriert Maßnahmen ergriffen werden. In Botswana ist fast jeder Dritte HIV-positiv. In Südafrika ist es nach offiziellen Angaben der Organisation UN AIDS jeder Neunte. Allein in Südafrika haben 20 Prozent aller Arbeitskräfte das Virus; bei Frauen im Alter zwischen 20 und 30 Jahren sind es sogar rund 30 Prozent. Bis 2010 wird die Lebenserwartung um 20 Jahre auf 48 fallen – Südafrika wird ein Bevölkerungsproblem haben. Täglich sterben hier rund 600 Menschen an den Folgen von AIDS und täglich infizieren sich rund 1700 Menschen neu. In Schulen, im Bergbau, in Krankenhäusern, überall fallen Arbeitskräfte aus. Auf Friedhöfen werden prophylaktisch massenweise Gräber ausgehoben. Manche Kommunen haben keine Kapazitäten mehr und wissen nicht, wohin mit den Toten. Kaum einer in Südafrika, der nicht einen AIDS-Fall in der Familie oder im näheren Umfeld hat.

Nur Präsident Thabo Mbeki offenbar nicht. Denn die südafrikanische Regierung stellt sich nicht den Fakten und der größten Herausforderung dieses jungen Landes. Mbeki leugnet sogar nach wie vor den direkten Zusammenhang zwischen dem HI-Virus und AIDS. Die Folge: Es gibt keinen Aktionsplan und kein staatliches Programm, die drohende AIDS-Katastrophe aufzuhalten. Zyniker vermuten, Mbeki hoffe, dass sich die akuten Probleme des Post-Apartheid-Staates Südafrika durch die Killerkrankheit AIDS von selber lösen. Südafrika kämpft gegen eine Arbeitslosenquote von rund 30 Prozent; es fehlen qualifizierte Arbeitskräfte; und auch fast zehn Jahre nach dem Ende der Apartheid hat sich der Lebensstandard für viele noch nicht verbessert. Andere sagen: Das Land kann es sich nicht leisten, antiretrovirale Medikamente für alle rund fünf Millionen Betroffenen zu zahlen. Tatsächlich sind es auch gewaltige Summen, die auf das staatliche Gesundheitssystem zukämen – bis zu 30 Millionen Euro im Jahr. Aber das ist immer noch wenig im Vergleich zu 22 Milliarden US Dollar, die es das Land kosten wird, wenn es weiterhin nichts tut.

UN AIDS hat ausgerechnet, dass Südafrikas Wirtschaft bis 2010 um mindestens 17 Prozent schrumpfen wird, wenn die Regierung nicht schnellstens handelt. Das Institut für Sicherheitsstudien in Südafrika warnt, dass die junge Demokratie des Landes in Gefahr sei. Erstens werde fast das komplette Gesundheitsbudget durch die durch AIDS verursachten Krankheiten aufgebraucht. Zweitens sinke dadurch, dass immer weniger gesunde Arbeitskräfte zur Verfügung stehen, die Produktivität, und sobald das Wirtschaftswachstum falle, bestünde die Gefahr, dass das Land bald nicht mehr regierbar sei, weil Korruption und Kriminalität nur so sprießen würden. Die Lösung, die die AIDS-Aktivisten von *Treatment Action Campaign* predigen: Enttabuisierung von AIDS und flächendeckende Versorgung mit antiretroviralen Medikamenten. Nicht die teuren Originale von Bayer, Pfizer oder Glaxco Wellcome – sondern Generika. Dann wären die Medikamente bald so billig wie eine Pizza und würden nicht wie derzeit das Doppelte eines Durchschnittseinkommens kosten. Seit der WTO-Deklaration von Doha dürfen Dritte-Welt- und Schwellenländer trotz Patentschutz Generika produzieren, wenn sie nachweislich in einer Gesundheitskrise stecken.

Südafrikas Regierung lässt auch diese Chance bisher ungenutzt. Stattdessen propagiert die Gesundheitsministerin gesundes Essen und verbündet sich mit dubiosen Quacksalbern, die das HI-Virus einzig über Ernährung bekämpfen wollen.

Dass AIDS nicht zum Staatskiller werden muss, hat Uganda gezeigt. Für den Präsidenten von Uganda schrillten die Alarmglocken, als er ausrechnete, dass die AIDS-Epidemie den Staat um rund 702 Millionen US-Dollar bringen würde. Die zwei Hauptgründe: die immensen Behandlungskosten der verschiedenen AIDS-Folgekrankheiten und die sinkende Wirtschaftskraft durch mangelnde Arbeitskräfte. Uganda entwickelte einen Aktionsplan und machte AIDS zum Topthema. Zahlen über die Verbreitung von AIDS in Uganda hat das Land nie unter Verschluss gehalten. Offener Umgang, gezieltes Bekämpfen des Virus, so das Motto. Das brachte Hilfsgelder ins Land und Uganda konnte eines der fortschrittlichsten AIDS-Bekämpfungsprogramme der Welt aufbauen. Der Präsident persönlich klemmte sich hinter die AIDS-Aufklärung, auf sämtlichen Radiostationen laufen entsprechende Programme, überall hängen Plakate, Kondome sind problemlos zu bekommen, in den Schulen wird über das Virus informiert und sämtliche in einer Gesellschaft relevanten Gruppen, von Kirchen zu Nichtregierungsorganisationen, wurden in die Anti-AIDS-Strategie eingebunden. AIDS-Tests sind kostenlos und die Ergebnisse liegen noch am selben Tag vor. Der Erfolg von Uganda: Die HIV-Infektionsrate unter Erwachsenen sank von 18 Prozent im Jahre 1995 auf 8,3 Prozent im Jahr 1999.

„AIDS wird nicht durch Sex übertragen. Unsere jungen Männer benutzen doch heute alle Kondome. Und Sie sehen es ja: sie sterben wie die Fliegen!", Zitat des Sangoma Credo Mutwa aus Südafrika. Tausende setzen ihre Hoffnungen auf diesen traditionellen Heiler. In Scharen kommen sie und campieren um sein Haus südlich von Pretoria, Südafrikas Hauptstadt. Credo Mutwa glaubt, dass AIDS die Krankheit des weißen Mannes ist. Kreiert, um die Schwarzen auszurotten. Und kreiert, um dem schwarzen Mann weiße Lebensweise und christliche Moral aufzuzwingen. AIDS als neue und brutale Art der Kolonialisierung. „Viele Völker in Afrika leben nun mal polygam", so Credo. Das war schon immer so, und das ist auch gut so. Früher gab es kein AIDS, obwohl so gelebt wurde. Also können afrikanische Lebensweise und Umgang mit Sex nicht schuld sein, meint Mutwa. Er versucht seinen Kunden klarzumachen, dass sie stolz auf ihre Kultur, ihre Traditionen und Lebensweisen sein sollen. Als Heilmittel gegen AIDS gibt er ihnen ein Präparat aus einer einheimischen Pflanze, das das Immunsystem stärkt. Dass es zumindest lebensverlängernd und damit möglicherweise genauso gut wie antiretrovirale Medikamente wirkt, sollen Dutzende Bilder in einem Fotoalbum belegen. Bilder von Menschen, die ausgezehrt und nur noch aus Haut und Knochen bestehend zu ihm kamen und schon nach einem Monat deutlich besser oder gesund aussehen. Traditionelle Heiler haben, seit AIDS in Afrika grassiert, starken Zulauf. Insbesondere in Ländern wie Südafrika, wo es außer durch Hilfsorganisationen und die Privatwirtschaft antiretrovirale Medikamente bislang lediglich in 18 Pilotprojekten für HIV-positive Schwangere und Vergewaltigungsopfer gibt.

AIDS tötet den Kontinent. Durch AIDS werden all die „alten" afrikanischen Krankheiten potenziert – was die Krise noch weiter verschärft. Malaria, Cholera, Tuberkulose schlagen heftiger zu denn je zuvor. Mit einem vom HI-Virus geschwächten Körper haben die anderen „alten" Krankheiten, welche die Medizin eigentlich schon recht gut im Griff hatte und für die die Staaten bereits ihre individuellen Strategien entwickelt hatten, leichtes Spiel.

Malaria ist vor allem bei Kindern wieder auf dem Vormarsch. Kinder, deren Eltern aidskrank oder schon am Virus verstorben sind, sind häufig selber infiziert oder, da sich keiner um sie kümmert, körperlich so geschwächt, dass sie Malaria um so härter trifft. Die Kindersterblichkeit durch Malaria wächst, warnen UNICEF und Weltgesundheitsorganisation. Jeden Tag sterben nach UN-Angaben in Afrika 3000 Kinder an Malaria. Drei Viertel aller Malaria-Toten auf dem Kontinent sind jünger als fünf Jahre. 90 Prozent der mehr als eine Million Malaria-Toten weltweit sterben nach UN-Angaben in Ländern südlich der Sahara. Das Problem sind erstens durch AIDS geschwächte Körper, zweitens mangelnde Prävention und drittens resistente Malaria-Erreger. In Afrika wird meistens das billigste Malaria-Medikament benutzt – Chloroquin. Neuere Medikamente, gegen die noch keine Resistenzen bestehen, kosten zwischen einem und vier Euro und sind damit für die meisten Menschen in Afrika, die nach wie vor von weniger als einem Dollar pro Tag leben, unerschwinglich. UNICEF und auch die Weltgesundheitsorganisation (WHO) fordern, dass Moskitonetze kostenlos verteilt werden und loben Tansania, das als Vorreiter in der Malariabekämpfung gilt. Die Produktion von Moskitonetzen ist hier vollständig von Steuern befreit worden. Aber: Der Kampf gegen Malaria ist hart. Denn die meisten Betroffenen leben in abgelegenen Dörfern und können mit Aufklärung und Netzen nur schwer erreicht werden. Und: Traditionelle Regeln wie zum Beispiel in Swasiland machen eine erfolgreiche Bekämpfung fast unmöglich. Dorfältere und einflussreiche Traditionalisten im kleinen Bergkönigreich haben Moskitonetze für schwangere Frauen verboten. Für sie ist es ein Tabu, ein Zelt in einem Haus aufzuschlagen. Wer es täte, bekäme eine Fehlgeburt. 4000 von der UN gespendeten Moskitonetze verrotten jetzt ungenutzt in Swasiland. Unter anderem deshalb ist das Schädlingsbekämpfungsmittel DDT im südlichen Afrika wieder so populär. Und Südafrikas Gesundheitsministerin, Manto Tshabalala Msimang, lobt das hochgiftige, großflächig aus der Luft gesprühte DDT in höchsten Tönen. Es sei ein voller Erfolg. Wohl wahr, die Malariafälle im Nordosten des Landes, das traditionell immer am heftigsten betroffen war, sind drastisch gefallen. Der Nachteil: Genau dort, wo DDT gesprüht wird, liegt

Südafrikas größter und bekanntester Nationalpark, der Krüger Park. Und es liegen dort noch weitere Naturschutzgebiete, die wegen ihrer einzigartigen Tier- und Pflanzenwelt beliebt sind. DDT wird im Organismus eines Lebewesens nicht abgebaut, sondern im Fettgewebe gespeichert. Beim Menschen führen bereits geringe Mengen zu Übelkeit und Kopfschmerzen. Bei Vögeln wurden eine erhöhte Sterilität und zu dünne Eierschalen festgestellt. Die meisten Länder haben DDT daher schon lange verboten. Im südlichen Afrika ist sein Einsatz eine Frage der Abwägung und Schadensbegrenzung. In Swasiland gab es dank DDT im letzten Jahr nur 12 Malariatote. Tuberkulose fordert in Afrika jedes Jahr rund 675 000 Todesopfer. Hört man sich in afrikanischen Dörfern um, müsste die Zahl um das Zigfache höher sein. Kaum einer stirbt hier an AIDS, höchstens an TB. Über AIDS spricht man nach wie vor ungern. Aber auch über TB mittlerweile immer weniger bereitwillig. Denn Tuberkulose gilt als Hauptindikator für eine HIV-Infektion. 40 Prozent der an Tuberkulose erkrankten Patienten sterben. Zum Vergleich: in Industrienationen sind es nur rund 9 Prozent. Die Gründe dafür sind ähnlich wie bei der Malaria: Mangelnde hygienische Bedingungen, fehlende oder schlechte medizinische Versorgung und durch das HI-Virus geschwächte Körper.

Eine weitere Krankheit, die alle Welt neben AIDS mit Afrika verbindet, heißt Ebola. Ein teuflisches Virus, das plötzlich schubweise und unkontrollierbar mit nicht zu stoppenden Blutungen und Fieber auftritt. Ein Virus, das potenzielle Investoren vor allem in Zentralafrika abschreckt. Siebenmal seit 1976 hat das Ebola-Virus bislang gewütet. Die Sterblichkeitsrate liegt zwischen 50 und 90 Prozent. Bislang ist Ebola in der Demokratischen Republik Kongo, Kongo-Brazzaville, dem Sudan, Gabun, der Côte d'Ivoire und Uganda aufgetreten. Die letzte Ebolawelle meldete die WHO Anfang des Jahres 2003 – 800 Kilometer nördlich von Kongo-Brazzaville. Von 140 Infizierten starben 123. Das sind 88 Prozent. Medikamente oder Impfungen gegen das Virus gibt es nicht. Keiner weiß genau, wo Ebola herrührt und warum es explosionsartig ausbricht und kurz darauf wieder verschwindet. Für die zentralafrikanischen Staaten hat Ebola stark imageschädigende Wirkung: Afrika ist gefährlich und schnell auch tödlich, da sucht man sich doch lieber andere Länder als Handelspartner. Letztendlich spielt Ebola aber für die Entwicklung des Kontinents keine tragende Rolle. Dafür taucht das Virus zu sporadisch und zu lokal begrenzt auf.

Entscheidend für den Kontinent wird sein Umgang mit der AIDS-Epidemie sein. Täglich sterben in Afrika rund 6000 Menschen an AIDS. „Das sind weit mehr Tote als Kriege sie verschulden. 1998 starben 200 000 Afrikaner im Krieg, während 2 Millionen durch AIDS umkamen", sagt die kenianische Hohe Kommissarin. Sie spricht von einer Katastrophe, einem Holocaust und Genozid. Die Ausmaße der AIDS-Epidemie seien derzeit die größte Herausforderung, der sich Afrika und der Rest der Welt stellen müsse. Um erfolgreich zu sein, müssen alle Ressourcen mobilisiert und gebündelt werden. Ohne internationale Hilfe, die Industrie und den privaten Sektor wird es nicht gehen, hat der internationale Währungsfond ausgerechnet. Kein afrikanisches Land – außer vielleicht Südafrika und Botswana – könne genug Geld aufbringen, um flächendeckend antiretrovirale Medikamente anzubieten. Die Medikamente müssen nicht nur gekauft, sondern auch verteilt, die Einnahme kontrolliert und die Infrastruktur für eine Behandlung aufgebaut werden.

In Südafrika, dem Land, dessen Regierung nach wie vor keine Strategie im Kampf gegen AIDS ausgearbeitet hat, hat die Wirtschaft mittlerweile schon eigene Ideen entwickelt. Schließlich geht es um ihre Arbeitskräfte. Vorreiter sind die von AIDS am schlimmsten betroffenen Bergbauunternehmen. Anglo Gold zum Beispiel hat 2,5 Millionen Euro ausschließlich für ein firmeninternes Anti-AIDS-Programm einkalkuliert. Auch Daimler Chrysler Südafrika hat einen AIDS-Aktionsplan entwickelt. Beratung, Tests und Behandlung sind für Mitarbeiter frei. Und seit Anfang des Jahres gibt es an der südafrikanischen Börse einen AIDS-Index. Unter anderen legt Daimler Chrysler dort offen, wie viele ihrer

Mitarbeiter HIV-positiv sind. Die DaimlerChrysler-Leitung ist davon überzeugt, dass nur ein offener Umgang mit dem Thema der Tabuisierung, Stigmatisierung und langfristig auch den vielen Toten ein Ende setzt. Die freie Wirtschaft bügelt mit solchen Maßnahmen momentan das aus, was die Politik des Landes versäumt. Aber: Auch sie können nur einen Teil der von HIV betroffenen Bevölkerung auffangen. Sobald einer so krank wird, dass er ausfällt und nicht mehr arbeiten kann, wird er in der Regel auch nicht mehr firmenintern behandelt. Und was ist mit den Angehörigen, die häufig ja ebenso infiziert sind, und all denen, die keinen Job bei einem der progressiven Unternehmen haben? Spätestens hier muss durch einen Ausbau des öffentlichen Gesundheitssystems die staatliche Versorgung greifen.

Aufklärung ist nach wie vor ein Schlüsselwort. In Angola herrschte 27 Jahre lang Bürgerkrieg, Millionen Menschen waren Jahrzehnte auf der Flucht. Viele von ihnen haben noch nie von AIDS, geschweige denn Kondomen gehört. UNICEF schätzt, dass Angola möglicherweise noch eine sehr geringe Infektionsrate hat, dadurch, dass es so lange abgeschottet war und auch keine Infrastruktur vorhanden war. Jugendliche AIDS-Aktivisten fahren daher, unterstützt von UNICEF, per Anhalter quer durch das Land, versuchen in kleinste Dörfer zu reisen, um Aufklärung zu betreiben. Sie singen, spielen Theater und ganze Dorfgemeinschaften stehen mit offenen Mündern um sie herum. Die meisten können nicht glauben, was sie hören. Aber alle zeigen sich hinterher beeindruckt und bei vielen sind Treueschwüre gegenüber ihren Frauen zu hören. Angola hat vielleicht noch eine Chance, der Epidemie in ihren schlimmsten Ausmaßen zu entrinnen. Wenn der Staat sie denn nutzt. Bislang ist zu befürchten, dass die Regierung mehr an Machterhalt und Ölfeldererschließung interessiert ist, als an AIDS-Bekämpfung.

Botswana ist das bislang einzige und erste Land des Kontinents, das antiretrovirale Medikamente über die öffentliche medizinische Versorgung verteilt. Der offensive Umgang der Regierung mit dem Problem und die Unterstützung eines

Pharmaunternehmens sowie der Bill Gates Stiftung machen es möglich. Anders könnte das rund 1,5-Millionen-Einwohner Land die 30 Millionen US $ pro Jahr nicht aufbringen. Im Programm inbegriffen ist ein durchkonzipierter Aktionsplan: landesweit sollen Beratungs- und Teststellen eingerichtet werden, eine Art „AIDS-Marshalls“ reisen durch das Land in abgelegene Regionen, um Aufklärung zu betreiben und um mit den traditionellen Heilern, Dorfältesten und Oberhäuptern zu beraten. Dass sie eingebunden werden, ist wichtig. Die „chiefs“ sind in Afrika einflussreiche Männer. Nur wenn sie mitziehen, kann mit solchen Mythen aufgeräumt werden, dass Sex oder gar Vergewaltigung einer Jungfrau AIDS heilen. Gleichzeitig zeichnet sich ein Hoffnungsschimmer ab: Botswana und Südafrika wollen noch in diesem Jahr mit ersten klinischen Tests für eine AIDS-Impfung beginnen.

„AIDS fordert mehr Leben als die Summe aller Kriege, Dürren, Hochwasser und Krankheiten wie Malaria. Wir müssen etwas tun und zwar in der höchstmöglichen Dringlichkeitsstufe. Und nachdem wir bereits zwei Jahrzehnte Erfahrungen mit der Epidemie gesammelt haben, wissen wir auch wie …“ (Nelson Mandela, 13. Internationale AIDS-Konferenz in Durban 2000)

3. Versöhnung nach dem Völkermord?

Perspektiven für Ruanda

Von Wolf-Christian Paes

Das kleine zentralafrikanische Land Ruanda war in den Monaten April bis Juni 1994 Schauplatz des größten Völkermords in der zweiten Hälfte des 20. Jahrhunderts, dem mehr als 800 000 Menschen, in der Mehrzahl Tutsi, aber auch oppositionelle Hutu, zum Opfer fielen. Nach dem Sieg der Tutsi-Rebellen über das Schreckensregime der „Hutu-Power"-Bewegung steht das Land nun vor der schwierigen Aufgabe, die Mörder zu verurteilen und gleichzeitig die verschiedenen Bevölkerungsgruppen miteinander zu versöhnen.

Als der Tod nach Nyarubuye kam, trug er die Züge eines alten Bekannten. Langsam und methodisch erfasste er die örtlichen Tutsi, die bereits aus dem Radio erfahren hatten, dass die Mörderbande in der ruandischen Hauptstadt Kigali das Todesurteil über alle Angehörigen der Minderheit verhängt hatte. Hunderte von Menschen – Männer, Frauen und Kinder – hatten in der Kirche im Osten Ruandas, nahe der tansanischen Grenze Zuflucht gesucht. Die katholische Kirche hatte bei vorherigen Massakern oft einen gewissen Schutz geboten. Auch die Hutu-Bürgermeister der umliegenden Gemeinden forderten die Verzweifelten auf, sich in den Kirchen und dem nahegelegenen Krankenhaus zu verstecken. Während die Zahl der Flüchtlinge auf dem Kirchengelände von Stunde zu Stunde zunahm, brannten in den Dörfern im Tal die ersten Hütten und mit den Flüchtenden kam die Nachricht von Folter und Tod an den von Milizionären besetzten Straßensperren.

„Inyenzi" bedeutet Küchenschabe auf Kinyarwanda, der gemeinsamen Muttersprache von Hutu und Tutsi, und als solche wurden die Tutsi in den Sendungen von Radio Ruanda, dem Propagandasender der militanten Hutuextremisten, bezeichnet. Unaufhörlich agitierte der Sender aus der ruandischen Hauptstadt Kigali und erinnerte die Bevölkerung an ihre Pflicht, Tutsi-Nachbarn zu töten und auch Frauen und Kinder nicht zu verschonen. Wer die Schriften der radikalen „Hutu-Power"-Bewegung liest, fühlt sich unweigerlich an den „Stürmer" des 3. Reiches erinnert. Wie die Juden in der Nazizeit wurden Tutsi als Ungeziefer und Krankheit am ruandischen Volkskörper dargestellt. Heilung sei nur durch die Beseitigung der verhassten Minderheit möglich.

Anfang April 1994, als das große Morden in Ruanda begann, waren diese Ideen der Öffentlichkeit bekannt. Radikale Kreise innerhalb der ruandischen Regierung hatten bereits in der Vergangenheit offen zur Ausrottung der Minderheit aufgerufen, und Hutu-Politiker spielten regelmäßig die ethnische Karte, um ihre Anhängerschaft an der Wahlurne zu mobilisieren. Bereits in den ersten Jahren nach der Unabhängigkeit von der belgischen Kolonialherrschaft hatte es wiederholt Massaker und gezielte Vertreibungen von Tutsi aus Ruanda gegeben. In den Wochen und Monaten, die dem Völkermord 1994 vorhergingen, hatten auch internationale Menschenrechtsorganisationen und Angehörige der in Ruanda stationierten UN-Schutztruppen mehrfach dringlich auf das Risiko eines erneuten Gewaltausbruchs hingewiesen. Trotzdem glaubten die meisten Tutsi nicht, dass es zu gewalttätigen Ausschreitungen kommen würde, gab es doch Anfang des Jahres 1994 erstmals Fortschritte in den Friedensverhandlungen zwischen dem ruandischen Präsidenten Juvenal Habyarimana, einem vergleichsweise moderaten Hutu-Politiker, und den Rebellen der Rwandan Patriotic Front (RPF), einer von Tutsi dominierten Bewegung, die aus dem benachbarten Uganda operierte.

Diese Hoffnungen nahmen am 6. April 1994 ein jähes Ende, als das Flugzeug mit Habyarimana und seinem burundischen Amtskollegen Cyprien Ntaryamira auf dem Rückflug von Friedensverhandlungen im tansanischen Arusha beim Anflug auf Kigali von einer Boden-Luft-Rakete getroffen wurde und in der Nähe des Flughafens abstürzte. Die genauen Umstände des Anschlags sind auch neun Jahre später noch nicht geklärt, aber es steht außer Zweifel, das Hutu-Power-Anhänger in Regierung und Armee den Tod des Präsidenten zum Vorwand nahmen, um die Macht zu übernehmen und die bereits seit Monaten geplante Ausrottung von Tutsi und oppositionellen Hutu in die Tat umzusetzen. Bereits Stunden nach dem Anschlag wurden die ersten Straßensperren errichtet und das Morden begann.

Auch wenn der Völkermord, der innerhalb von drei Monaten mehr als 800 000 Menschen das Leben kostete, von Regierung und Armee geplant wurde, so waren die meisten Mörder doch einfache Menschen, Bauern und Kleinstädter, die, von der Propaganda aufgewiegelt, sich an ihren ehemaligen Nachbarn vergingen. Während in den ersten Tagen nach dem Tod des Präsidenten noch gezielt gegen prominente Tutsi-Politiker und Hutu-Oppositionelle vorgegangen wurde, richtete sich das Morden bald ausnahmslos gegen alle Angehörigen der Minderheit.

Auch in Nyarubuye ging die Bedrohung sowohl von den Angehörigen des Militärs als auch von paramilitärischen Milizen und mit Macheten bewaffneten Bauern aus. Nur wenige Amtsträger wagten es, sich dem organisierten Morden in den Weg zu stellen und diese bezahlten ihren Mut zumeist mit dem Leben. Auch die Kirchen spielten im überwiegend katholischen Ruanda während des Genozids eine unrühmliche Rolle; anstatt sich auf die Seite der Gläubigen zu stellen, machten viele Hutu-Priester gemeinsame Sache mit den Mördern, verrieten versteckte Flüchtlinge oder beteiligten sich sogar selbst an den Morden.

So wurde auch die Kirche von Nyarubuye zur tödlichen Falle für die Flüchtlinge. Die Mörder hatten ein leichtes Spiel mit den unbewaffneten und entkräfteten Flüchtlingen. Das Morden geschah überwiegend mit Macheten und Knüppeln. Wohlhabendere Tutsi konnten sich das Recht erkaufen, durch eine Kugel zu sterben. Die Täter gingen dabei mit größter Brutalität vor, folterten und vergewaltigten ihre Opfer. Am Abend des ersten Tages schnitten die Mörder den überlebenden Tutsi die Archillessehnen durch, um sie an der Flucht zu hindern, und feierten ein Gelage. Am nächsten Tag beendeten sie ihr blutiges Werk.

Als Wochen später die ersten Rebellen der RPF in der Region eintrafen, fanden sie den Ort des Gemetzels fast unverändert. Die Täter hatten sich noch nicht einmal die Mühe gemacht, ihre Opfer zu beerdigen. Die neue RPF-geführte ruandische Regierung beschloss daraufhin, Nyarubuye als Mahnmal zu erhalten. Auch heute – fast ein Jahrzehnt nach dem Völkermord – erinnern die unbestatteten Toten von Nyarubuye an ein Verbrechen, das in der jüngeren afrikanischen Geschichte ohne Beispiel ist, die gezielte Ausrottung einer ganzen Bevölkerungsgruppe durch ihre eigenen Nachbarn. Ein Holocaust mit der Machete.

Der Völkermord in Ruanda kam für die meisten europäischen Beobachter überraschend und wurde schnell in den Medien als Ausdruck jahrhundertealter Spannungen zwischen „verfeindeten Stämmen" und als Ausdruck atavistischer Gewalt gewertet. Gegen diese Theorie spricht nicht nur die stringente Organisation des Mordens durch politische Führer, sondern auch die Tatsache, dass es sich bei den ruandischen Hutu und Tutsi nur bedingt um ethnische Gruppen handelt. So sprechen beide Gruppen dieselbe Sprache und gehören den gleichen Kirchengemeinden an, es existieren keine getrennten Siedlungsgebiete und Eheschließungen zwischen beiden Gruppen sind keine Seltenheit. In der Fachwelt wird daher gestritten, ob es sich bei den beiden Gruppen wirklich um unterschiedliche Ethnien oder eher um soziale Klassen handelt.

Gelegentlich hört man das Argument, Hutu und Tutsi seien als ethnische Gruppen eigentlich erst durch die deutschen und belgischen Kolonialherren „erfunden" worden. Es steht außer Zweifel, dass sich die pseudo-wissenschaftliche Rassenkunde bei den weißen „Entdeckern" Zentralafrikas größter Beliebtheit erfreute. Die deutschen Kolonialherren, die Ruanda und Burundi gegen Ende des 19. Jahrhunderts kolonialisierten, benötigten einheimische Verbündete, um ihre neuen Besitzungen zu verwalten. Schnell verfielen sie auf die Idee, die traditionellen Führer der Tutsi gegenüber den Hutu zu stärken, wobei sie sich die relativ stärkere Rolle der Tutsi in der vorkolonialen Aristokratie zunutze machten. Die Afrikaforscher jener Tage glaubten zudem in den hochgewachsenen und hellhäutigeren Tutsi die Nachkommen sog. „nilotisch-hamitischer" Einwanderer aus Äthiopien zu sehen, die den kleinwüchsigeren bantu-stämmigen Hutu als natürliche „Herrenrasse" überlegen seien.

Was unter der deutschen Kolonialherrschaft begann, wurde von der belgischen Verwaltung, die Ruanda nach dem ersten Weltkrieg übernahm, fortgesetzt und ausgebaut. Auch die neuen Herren setzten auf Tutsi als Plantagenverwalter, Amtsleute und Soldaten. Neben der Kolonialverwaltung spielte auch die katholische Kirche in der ersten Hälfte des 20. Jahrhunderts eine sehr zweifelhafte Rolle bei der Vertiefung der Gräben zwischen Hutu und Tutsi – sie, die in weiten Landesteilen ein Monopol auf die Vermittlung von Schulbildung hatte, bevorzugte ebenfalls gezielt Tutsi bei der Auswahl des Priesternachwuchses. Auch der Eintrag der ethnischen Zugehörigkeit in die Personaldokumente, der Jahrzehnte später das Werk der Schlächter vereinfachte, geht auf die belgische Kolonialzeit zurück. Diese taktisch und rassenideologisch motivierte Bevorzugung der Tutsi endete erst wenige Jahre vor der ruandischen Unabhängigkeit, als die belgischen Kolonialherren plötzlich Hutu-Führer gegen die zunehmend selbstsicheren Tutsi-Vertreter unterstützten.

Wenn die koloniale Verantwortung für die Verschärfung der Spannungen zwischen Hutu und Tutsi auch kaum zu leugnen ist, so sind die Gegensätze zwischen den beiden Gruppen doch älter und reichen in die vorkoloniale Vergangenheit Ruandas zurück. Auch wenn verlässliche Quellen zur Gesellschaftsstruktur des Landes in jener Zeit spärlich sind, so wird doch deutlich, dass sich Hutu und Tutsi vornehmlich durch ihre wirtschaftliche Rolle und soziale Stellung voneinander unterschieden – während Hutu primär vom Ackerbau lebten, waren Tutsi Viehzüchter. Diese unterschiedlichen Reproduktionstechniken mussten in einem so dicht besiedelten Land wie Ruanda automatisch zu Konflikten führen, die dadurch noch weiter akzentuiert wurden, das die ruandische Aristokratie von Tutsi dominiert wurde. Insbesondere die Ausdehnung des ruandischen Staates unter dem (Tutsi-) König Rwabugiri und die Einführung des feudalen „uburetwa"-Systems, das landlose Hutu-Bauern zwang, die Felder von Großgrundbesitzern zu bearbeiten, sorgte bereits vor der Ankunft der ersten Europäer für soziale Spannungen. Trotzdem gibt es Hinweise darauf, dass es noch im 19. Jahrhundert möglich war, vom Hutu zum Tutsi aufzusteigen, was darauf hindeutet, dass es sich bei diesen „ethnischen" Kategorien ursprünglich eher um soziale Klassen bzw. Kasten handelte.

Nach der ruandischen Unabhängigkeit von Belgien 1962 nutzten Hutu-Politiker diese historisch gewachsenen Ressentiments zur Mobilisierung der eigenen Bevölkerungsgruppe, die vor dem Genozid mehr als 80 Prozent der Bevölkerung stellte, während Vertreter der Tutsi marginalisiert wurden. Bereits in den sechziger Jahren kamen mehr als 100 000 Menschen bei Unruhen um und Zehntausende Tutsi flüchteten in die Nachbarländer, insbesondere nach Tansania und Uganda. Diese Flüchtlinge bildeten mit Unterstützung durch den ugandischen Präsidenten Museveni den Kern der RPF, die ab Anfang der neunziger Jahre einen bewaffneten Feldzug gegen die Regierung in Kigali führten.

Während der Völkermord an den Tutsi seinen Lauf nahm, veränderte sich die militärische Lage – an allen Fronten befanden sich die Regierungstruppen auf dem Rückzug und die RPF rückte vor. Wenige Wochen nach dem Tod Präsident Habyarimanas kontrollierte die RPF Teile der Hauptstadt Kigali, die Hutu-Power-Regierung floh zuerst in den Südwesten des Landes, wo französische Soldaten eine Schutzzone errichtet hatten, und dann weiter nach Kongo-Zaire, wo Präsident Mobutu die Flüchtlinge aufnahm. Dabei folgten mehr als zwei Millionen Hutu der gestürzten Regierung in das Nachbarland, angetrieben durch die Propaganda der ehemaligen Machthaber und von der Furcht vor Vergeltungen durch die RPF.

Während die neuen Herren in Ruanda ein teilweise entvölkertes Land vorfanden, errichtete die Hutu-Power-Bewegung in den riesigen Flüchtlingslagern mit der impliziten Unterstützung internationaler Hilfsorganisationen eine Art Staat im Exil. Auch wenn die Flüchtlinge eigentlich beim Grenzübertritt nach Kongo-Zaire entwaffnet werden sollten, so begannen doch bereits Wochen nach der Errichtung der Flüchtlingslager erneute Angriffe von Hutu-Milizen auf Dörfer in Ruanda. Nur wenige Hutu kehrten freiwillig nach Ruanda zurück, obwohl die RPF Mitläufern und Unbeteiligten Straffreiheit zusicherte. Diese Situation änderte sich grundlegend erst mit dem Sturz Präsident Mobutus in Kinshasa durch eine mit Ruanda und Uganda verbündete Rebellenbewegung und die gewaltsame Auflösung der Lager im Osten Kongo-Zaires.

Zwar gehen die Angriffe auf ruandische (und burundische) Dörfer durch versprengte Gruppen von Hutu-Milizionären auch ein Jahrzehnt nach dem Völkermord weiter, aber ein Großteil der überlebenden Hutu-Flüchtlinge kehrte seit 1997 nach Ruanda zurück. Seither steht die ruandische Regierung vor dem Problem, wie sie einerseits die Mörder zur Rechenschaft ziehen und gleichzeitig die beiden Bevölkerungsgruppen miteinander versöhnen soll. Für ein armes afrikanisches Land, das nur über eine Handvoll unbelasteter Richter und Anwälte verfügt, eine nahezu unmögliche Aufgabe. Noch zu Anfang des Jahres 2003 waren mehr als 100 000 Menschen, die der Mitwirkung am Völkermord beschuldigt waren, in ruandischen Gefängnissen. Die Haftbedingungen sind dabei kaum menschenwürdig zu nennen, da das ruandische Gefängnis- und Justizsystem auf eine so große Zahl von Angeklagten nicht eingestellt war. Da kaum öffentliche Mittel zur Versorgung der Insassen bereitstehen, sind die Verdächtigen darauf angewiesen, das sie von Familienangehörigen mit Nahrungsmitteln und Medikamenten versorgt werden.

Zwar existiert ein internationaler Strafgerichtshof zur Aufarbeitung des Völkermords im tansanischen Arusha, aber diese UN-Einrichtung leidet unter organisatorischen

Problemen und daran, dass die ruandische Regierung nur sehr eingeschränkt mit ihr zusammenarbeitet, da sie die Drahtzieher des Völkermords lieber im eigenen Land verurteilt sehen möchte. Fast ein Jahrzehnt nach dem Genozid hat der Strafgerichtshof erst eine Handvoll von Hintermännern zu langen Freiheitsstrafen verurteilt. In Ruanda selbst wurden zwar spezielle Gerichte geschaffen, welche die Anführer der Mörderbanden bestrafen sollen, problematisch bleibt aber der Umgang mit den zahllosen Fußsoldaten des alten Regimes, die selber mordeten und vergewaltigten oder sich am Eigentum der Getöteten bereicherten. Eine Verhandlung vor ordentlichen Gerichten würde bei der momentanen Geschwindigkeit der Rechtsprechung mehr als einhundert Jahre dauern.

Die Regierung griff daher zu einem international vielbeachteten Mittel, um diese Angeklagten vor Gericht zu stellen – sie schuf die so genannten Gacaca-Gerichte. Ursprünglich handelte es sich bei dieser traditionellen Form der Konfliktlösung um eine Art Dorfgericht, in dessen Rahmen kleinere Streitigkeiten, etwa Eigentumsdelikte, von ehrenamtlichen Richtern vor der Dorfbevölkerung verhandelt wurden. Im Oktober 2001 wählte die ruandische Bevölkerung auf Dorfebene insgesamt 258 208 ehrenamtliche Gacaca-Richter. Durch die Aufarbeitung der Verbrechen auf der Ebene der Dorfzelle soll einerseits die Rechtsprechung beschleunigt werden, andererseits aber auch die Bevölkerung einbezogen und Gräben zwischen Tätern und Opfern gefüllt werden.

Internationale Menschenrechtsorganisationen kritisieren diese Art der Rechtsprechung, da einerseits die Angeklagten kein Recht auf einen vom Staat gestellten Verteidiger haben und andererseits die ehrenamtlichen und nur angelernten Gacaca-Richter sogar Todesurteile auf der Basis von Zeugenaussagen treffen. Unter der Hutu-Bevölkerung werden die Gerichte kritisiert, da sie „nur" der Aufarbeitung des Völkermords an den Tutsi dienen, nicht jedoch für die Klärung von Verbrechen durch die RPF-Truppen im Zeitraum 1994 bis 1998.

Fast ein Jahrzehnt nach dem Völkermord scheint Ruanda von einem echten Frieden zwischen Hutu und Tutsi weiterhin weit entfernt. Zwar bemüht sich die RPF-geführte Regierung um den Anschein einer möglichst breiten Koalition, aber Hutus sind vergleichsweise selten an den Schaltstellen von Verwaltung und Militär. Während der Bürgerkrieg zwischen RPF-Truppen und den Resten der Hutu-Milizen im Grenzgebiet zu Kongo-Zaire weitergeht, ist das Verhältnis zu den meisten Nachbarstaaten, inklusive zur ehemaligen Tutsi-Schutzmacht Uganda, gespannt. Radikale Hutu-Führer arbeiten dagegen bereits an einer neuen Legende, die den Völkermord von 1994 relativieren soll. Glaubt man der Theorie vom „doppelten Genozid", fand das Morden an den Tutsi seine Entsprechung in den Gräueltaten der vorrückenden Tutsi gegen Hutu-Flüchtlinge. Die weiter bestehenden sozialen Spannungen um Landzugang und Teilhabe an der Macht lassen an einer friedlichen Zukunft für Ruanda zweifeln.

4. Der lange Weg nach Europa

Warum junge Afrikaner ihre Heimat verlassen

Von Susanne Babila

Um 5 Uhr morgens ist es noch ruhig an den Stränden des spanischen Küstendorfes Tarifa, einem kleinen Surferparadies am südlichsten Zipfel Europas. Hier bläst der Wind unerbittlich, an der Kante zwischen Atlantik und Mittelmeer. Die Meerenge von Gibraltar ist tückisch, die Strömungen gefährlich.
Trotz der hohen Lebensgefahr versuchen viele Afrikaner vom marokkanischen Tanger ins spanische Tarifa zu gelangen. Denn nur 14 Kilometer Wasser trennen hier Afrika von Europa. Das vermeintliche Paradies scheint so nah, dass sich für die Auswanderer jedes Risiko zu lohnen scheint.
Die Überfahrt wird von Schlepperbanden mit so genannten „Pateras" organisiert, schnellen Fischerbooten mit 40 bis 60 PS-Motoren, oder mit einfachen Schlauchbooten. Der Preis liegt zwischen 1.100 und 1.300 US-Dollar, ohne Erfolgsgarantie. Denn die Schlepper („Pateros") zwingen Flüchtlinge und Migranten nicht selten, aus dem Boot zu springen, aus Angst vor der spanischen Küstenpolizei. Immer häufiger weichen die Boote wegen der scharfen Überwachung auf den offenen Atlantik aus.
In Europa angekommen, erhalten sie in der Beratungsstelle für Migranten in der nächstgrößeren Stadt Rat und Hilfe. Der Leiter des Beratungsbüros „Algeciras Acoge" sieht seine erste Aufgabe darin, die meist ahnungslosen Flüchtlinge über ihre Situation aufzuklären: „Wir sagen ihnen, dass sie in Spanien von der Polizei aufgegriffen und abgeschoben werden können, wenn sie keine Papiere haben. Sie können auf keine legale Art und Weise Arbeit finden, weder in Spanien, noch in Frankreich, Italien, Deutschland oder anderswo in Europa. Manche wissen nicht einmal auf welchem Punkt der Landkarte sie sich befinden, haben nur ein kleines Stück Papier bei sich, mit einer Telefonnummer von Leuten irgendwo in Europa und bitten die Mitarbeiter, anrufen zu dürfen. Da die meisten kein Geld haben, lassen wir sie telefonieren" sagt José Biaof, „das ist ihnen sehr wichtig, sagen zu können: Wir sind angekommen."

Endlose Bürgerkriege, politisch aufgeheizte ethnische Auseinandersetzungen, Dürrekatastrophen, Landkonflikte, Armut, ökologischer Verfall und wirtschaftliche Aussichtslosigkeit zwingen die Nachbarn im Süden, ihre Länder zu verlassen. Grenzüberschreitungen haben vielschichtige Ursachen und können je nach ihrem Charakter als Flucht oder Migration gewertet werden. Ob sie zu verbesserten Lebensumständen führen, hängt vor allem davon ab, ob die Fluchtländer ihnen staatlichen Schutz gewähren oder nicht.

Afrika ist in hohem Maße von den tief greifenden Veränderungen der weltweiten politischen und wirtschaftlichen Neuordnung nach dem Ende des Kalten Krieges betroffen. Zwar machen Demokratisierungsprozesse in einigen Ländern Fortschritte und konnten autoritäre Einparteienregime beispielsweise in Benin, Kenia und Südafrika durch demokratisch gewählte Parlamente oder Staatspräsidenten abgelöst werden. In anderen Regionen jedoch führt der Zusammenbruch postkolonialer Strukturen zur „Somalisierung", das heißt zum Zerfall ganzer Staaten und, wie beispielsweise in Angola, Liberia oder in der Demokratischen Republik Kongo, zu jahrelangen Bürgerkriegen. Die so entstandenen politischen Vakuen, in denen sich „Chaosmächte" und „mörderische Despoten" Macht verschaffen, die Bevölkerung terrorisieren, die Ressourcen der rohstoffreichen Länder ausbeuten, gefährden die Lebensgrundlage der Bevölkerung. Die Geschäftspartner dieser „postmodernen Raubritter", die diese Kriege finanzieren und durch Waffenlieferungen und Söldnerarmeen unterstützen, sitzen meist im Ausland. Meist geht es um Bodenschätze, wie Gold oder Diamanten oder um strategische Rohstoffe wie Uran, Erdöl, Kupfer oder Coltan, das zur Herstellung von Raumkapseln, Handys oder Computern dient. In manchen afrikanischen Staaten hat sich allein durch Krieg und Bürgerkrieg der Anteil der „Flüchtlinge" an der Bevölkerung auf 10 bis 20 Prozent erhöht. Der wirtschaftliche Verfall, den Kriege nach sich ziehen, ist ein weiterer Grund, der zur Abwanderung führt.

Eine weitere Ursache für Wanderbewegungen ist die zunehmende Urbanisierung. Durch die Entfesselung von Kapitalbewegungen und die veränderten Produktions- und Marktbedingungen nach Ende des Ost-West-Konflikts zogen viele Afrikaner aus den ländlichen subsaharischen Gebieten in die Randregionen und Slums der Städte. Im Jahr 1995 war die Einwohnerzahl in den 50 größten Städten südlich der Sahara auf bereits rund 184 Millionen Menschen angewachsen, das waren etwa 30,8 Prozent der Bevölkerung![1] Anders als in Europa ist diese Entwicklung der Verstädterung oder Urbanisierung bei einem gleichzeitig raschen Bevölkerungswachstum nicht mit industrieller Entwicklung einhergegangen, so dass die Zahl der Arbeitslosen sprunghaft angestiegen ist.

Ursächlich für Wanderungsbewegungen ist außerdem die wachsende Umweltzerstörung, sowohl die klimatisch bedingte als auch die durch menschliche Einflüsse hervorgerufene, wie zum Beispiel die Abholzung der Regenwälder. Die Menschen fliehen vor Naturkatastrophen wie Dürren, Überschwemmungen, Erdbeben oder Wirbelstürmen. Dazu kommt der Kampf um knapper werdende, aber lebensnotwendige Ressourcen wie zum Beispiel Wasser. Der Treibhauseffekt und der steigende Meeresspiegel wird die Wanderungsbewegung weiter vergrößern. Nach dem jüngsten UN-Weltbevölkerungsbericht von 2001 befinden sich rund 25 Millionen Menschen auf der „Flucht" vor Umweltzerstörungen.

„Flucht" und „Migration" lassen sich im Einzelfall nur schwer voneinander unterscheiden, nicht zuletzt, weil Begrifflichkeiten wie Wirtschaftsflüchtlinge und Umwelt- bzw. Armutsflüchtlinge im täglichen Sprachgebrauch verwendet werden. Über den Status „Flüchtling" wird nach der Genfer Flüchtlingskonvention von 1951 entschieden, dem einzig universell geltenden Abkommen, das die Rechte und die Stellung der Flüchtlinge regelt. Flüchtling ist nach ihrem Art. 1 jede Person, die sich außerhalb des Landes befindet, dessen Staatsangehörigkeit sie besitzt oder in dem sie ihren ständigen Wohnsitz hat, und die wegen ihrer Rasse, Religion, Nationalität, Zugehörigkeit zu einer bestimmten sozialen

Gruppe oder wegen ihrer politischen Überzeugung eine wohlbegründete Furcht vor Verfolgung hat und den Schutz dieses Landes nicht in Anspruch nehmen bzw. nicht dorthin zurückkehren kann. 140 Staaten haben die Genfer Flüchtlingskonvention unterzeichnet. Die Regierungen der jeweiligen Länder sind zum Schutz der Flüchtlinge verpflichtet. Der gewährte Schutz ist jedoch nicht zwingend dauerhaft, sondern wird solange gewährt, bis die Grundlage für die Rechtsstellung wegfällt. Erlaubt der Staat die sichere Rückkehr, erlischt die Schutzpflicht der Aufnahmestaaten.

Keinen Schutz genießen die so genannten „Wirtschaftsflüchtlinge", „Armutsflüchtlinge", „Hunger- oder „Umweltflüchtlinge", da sie nicht vor einer lebensbedrohlichen Verfolgung im Sinne der Genfer Flüchtlingskonvention fliehen. Sie sind Migranten, da sie ihren Lebensmittelpunkt dauerhaft aus einer Region in eine andere (Binnenmigration) oder aus einem Staat in einen anderen (Außenwanderung) verlegt haben[2]. Die internationale Migration hat sich durch umwälzende Globalisierungsprozesse in Ursache, Umfang, räumlicher Dimension und Organisationsform verändert und erfordert neue Sicht- und Handlungsweisen. Die „Freiwilligkeit" der Migration, die häufig zur Abgrenzung von Flucht und Migration mit herangezogen wird, scheint besonders dann als ungeeignetes Kriterium, wenn die Chance der Migranten, zu überleben, nicht höher ist, als die der „offiziellen" Flüchtlinge.

Europa fürchtet einen „globalen Marsch" von Süd nach Nord und zieht seine Festungsmauern immer höher. Tatsächlich gab es 2001 weltweit schätzungsweise 14,9 Mio. Flüchtlinge und 22 Millionen Menschen, die innerhalb ihres Heimatlandes aus ihrem Dorf, ihrer Stadt oder ihrer Region vertrieben wurden[3].

Dabei wird vergessen, dass nur ein Rinnsal des weltweiten Flüchtlingsstroms nach Europa gelangt. Vielmehr tragen gerade in Afrika und Asien die jeweiligen Nachbarländer die Hauptlast. So beherbergt Asien 45 Prozent aller Flüchtlinge, während Afrika 30 Prozent und Europa gerade einmal 19 Prozent aufgenommen haben[4]. Der ausländerfeindliche Diskurs in der Europäischen Union oder in den USA suggeriert dagegen, dass die reichen Länder mit Flüchtlingen „überschwemmt" würden.

Im neuesten Bericht der Internationalen Organisation für Migration (IOM) wird die Zahl internationaler Migranten auf 175 Millionen geschätzt.[5] Davon sind ungefähr die Hälfte Frauen. „Binnenwanderungen" sind in der Schätzung nicht enthalten. Ebenfalls nicht in der Schätzung enthalten sind die undokumentierten Migranten, deren Zahl wahrscheinlich der der dokumentierten entspricht. Diese Tatsache wirft ein völlig neues Licht auf Dynamik und Dimension der weltweiten Wanderungsbewegungen. Doch auch von der Gesamtzahl der Migranten erreicht nur ein Bruchteil, rund zwei Prozent, Europa. Sie spielen sich nach wie vor innerhalb der so genannten Dritten Welt – und davon ca. ein Drittel in Afrika – ab. Zu Recht betont der Migrationsforscher, Klaus Bade, daher: „Die Geschichte der Süd-Nord-Wanderung nach Europa ist, so betrachtet, im Grunde weniger eine Geschichte von Wanderungsbewegungen als eine Geschichte der Angst davor und der Abwehr dagegen".

Deshalb fordert er zu Recht eine migrationsorientierte Entwicklungspolitik, „... wenn das globale Desaster gebremst werden soll, das die weltweiten Wanderungen forciert. Ein Europa, das sich dieser Aufgabe verweigert, wird dauerhaft mit der Angst vor steigendem Wanderungsdruck leben müssen"[6].

Mit dem Schengen-Abkommen führten die europäischen Staaten eine Angleichung in der Visa- und Asylpolitik innerhalb der Mitgliedsstaaten ein, schufen gemeinsame Mindeststandards für die Durchführung von Asylverfahren und setzten einen gemeinsamen rechtlichen Rahmen für Menschen, die in die EU-Staaten einwandern wollen. Des weiteren wurde ein gemeinsames Vorgehen gegen illegale Einwanderung beschlossen. Diese Vereinbarungen wurden durch den Vertrag von Amsterdam in den Rechtsrahmen der Europäischen Union integriert. Durch die Umsetzung der Änderungen des Asylrechts in Deutschland Mitte 1993 sank die Zahl der Asylbewerber von 438.000 im Jahr 1992 auf 88.000 im Jahr

2001.[7] Dafür stieg die Zahl der „illegalen Migranten" dramatisch an. Schätzungen variieren erheblich , sie liegen zwischen 500.000 und 1,5 Millionen in Deutschland.[8] Für die meisten Migranten bleiben die Tore nach Europa wie z. B. über „Elitenförderung" oder „Arbeitsmigration für Hoch- und Fachqualifizierte" verschlossen.

Bisher fehlt es an einer die Migration hinreichend gestaltenden Gesetzgebung. Auch in Deutschland erfolgt die Einwanderung vor allem faktisch, ohne dass der Staat durch den Erlass entsprechender Gesetze auf die Migration lenkend Einfluss nimmt[9]. Die Verabschiedung eines Zuwanderungsgesetzes ist bislang nicht gelungen. Dennoch zeigt die demographische Entwicklung bereits heute, dass der Lebensstandard in Deutschland ohne das Hinzukommen von Einwanderern sinken wird und bereits 2010 mit einem Arbeitskräftemangel zu rechnen ist. Um die Zahl der 20–60-Jährigen auf Dauer stabil zu halten, müssten jährlich ca. 400.000 Menschen mehr nach Deutschland einwandern. Gegenwärtig steht die Zuwanderungsquote von ca. 800.000 Menschen pro Jahr einer Abwanderungsquote von ca. 700.000 gegenüber.[10] Dies verdeutlicht , dass dringender Handlungsbedarf besteht.

Solange die Einwanderungspolitik und –gesetzgebung die Zuwanderung nicht ausreichend regelt, werden internationale Schlepperbanden weiterhin die großen Nutznießer der Süd-Nord-Migration sein. Sie profitieren von der großen Sehnsucht der Migranten nach einem besseren Leben. Experten gehen davon aus, dass Menschenschmuggel bereits heute einträglicher ist als der Handel mit Drogen. Trotz verstärkter Grenzkontrollen finden die mafiaähnlich organisierten Schlepperbanden immer neue Wege und lassen sich die Kosten von den Migranten bezahlen. „Die Preise variieren stark und hängen in der Regel von Distanz, Destination und angebotenem Service ab (…) Top-Regionen wie Nordamerika oder Westeuropa sind selbstverständlich am teuersten (…) Viele können die zum Teil horrenden Summen nicht zahlen und nehmen ein Darlehen bei der Schlepperbande auf. Dadurch begeben sie sich in ein Abhängigkeitsverhältnis, aus dem es nur sehr schwer ein Entkommen gibt. Vor allem Frauen sind bevorzugte Opfer und müssen in den meisten Fällen ihre Schulden durch Prostitution begleichen".[11]

Der Leiter der IOM-Verbindungsstelle bei der Bundesregierung, Bernd Hemingway, beklagt, dass Schleuser, obwohl sie die größten Gewinne erzielten, zugleich die geringsten Strafen zu erwarten hätten. Verschiedene Schlepperrouten führen quer durch Europa. Eine wichtige Route verläuft von Nordafrika ausgehend über das Mittelmeer nach Italien oder auf die Iberische Halbinsel. Die gefährliche und nicht selten tödlich endende Immigration an ihren Küsten macht nur einen Bruchteil der illegalen Einwanderung aus. Viele reisen per Flugzeug mit gefälschten Papieren ein oder ergattern trotz wachsender Restriktionen ein Touristenvisum. Läuft das Ausreisedatum ab, tauchen sie unter.

Diejenigen, die stark, gesund, jung und flexibel sind, finden meist auch Arbeit, zum Beispiel in Spanien: Ende der 90er Jahre zeichnete sich bereits ab, dass auch in Spanien Arbeitskräfte fehlen. Hier sind es mindestens 300.000. Nach einer UNO-Studie benötigt Spanien bis 2050 rund 12 Millionen Arbeitskräfte zusätzlich, um bei der niedrigen Geburtenrate den jetzigen Lebensstandard zu halten. Ausländische Arbeitskräfte werden auf dem Bau, für Haushalte, in der Hotellerie, in sozialen Diensten oder in der Landwirtschaft gebraucht. In der nur 300 Kilometer von Tarifa entfernt gelegenen Provinz Almería verhelfen Marokkaner und seit einigen Jahren auch zunehmend Afrikaner aus den Subsahara-Regionen der südspanischen Provinz zu einem enormen Wirtschaftsaufschwung. Die billigen Lohnkräfte sind Dämpfen durch Düngemittel und Pflanzenschutzmittel ausgesetzt. Sie werden nach Bedarf eingestellt und entlassen und kosten keine Sozialversicherung. Dabei können die Gemüsebauern und Großhändler Arbeitskräfte mit Papieren gegen Arbeiter ohne Papiere ausspielen. So werden Löhne gedrückt und soziale Probleme ignoriert. Nach dem Willen der spanischen Regierung sollen jetzt Saisonarbeitskräfte aus Polen oder Rumänien für optimale Ertragsziele sorgen.

Doch die verschärften Einwanderungsbestimmungen verändern nichts an der Tatsache, dass immer mehr Migranten aus Afrika ins Land kommen.

Dabei haben viele afrikanische Auswanderer kaum eine realistische Vorstellung von Europa. Vor allem nicht davon, was sie erwartet, wenn sie ohne Papiere einreisen. Meist sind sie motiviert durch ein von den Medien verzerrtes Europabild oder den rosa gefärbten Schilderungen afrikanischer Rückkehrer, die häufig kein Wort von den Demütigungen und Entbehrungen erwähnen, die das Leben in der Schattenwelt mit sich bringt. Nicht selten kratzen Familien und Dorfgemeinschaften ihr letztes Geld zusammen, um den jungen Hoffnungsträgern, die von Schleppern organisierte Reise ins „gelobte Land" zu ermöglichen.

Die illegale Beschäftigung von Ausländer wirft ein bezeichnendes Licht auf die doppelzüngige Diskussion und Politik in den Industrieländern, schreibt der Migrationsforscher und Journalist Karl-Heinz Meier-Braun in seinem neuesten Buch „Deutschland, Einwanderungsland": „So hat Frankreich ein Drittel seiner Autobahnen mit „Illegalen" gebaut und bestreitet seine Autoproduktion ebenfalls zu einem Drittel mit illegal Beschäftigten. Italien erwirtschaftet sein Bruttosozialprodukt schätzungsweise zu 20 bis 30 Prozent mit „Illegalen".[12]

Über die Bekämpfung der Fluchtursachen wird in Europa zwar nachgedacht, gehandelt wird aber kaum. Und das, obwohl es von der nationalen über die europäische Ebene bis hin zur UN unzählige Pläne und Beschlüsse gibt. Gemeinsame Anstrengungen gerade der europäischen Staaten in der Friedens-, Außen-, und Entwicklungshilfepolitik zur Beseitigung der Fluchtursachen vor Ort sind dringend notwendig. Dazu gehört nicht nur ein effizienteres Krisenmanagement bei Massenfluchtbewegungen und ein schnelles Handeln der internationalen Staatengemeinschaft, wenn nur noch eine militärische Intervention die Zivilbevölkerung schützen kann. Es erfordert vielmehr auch ein grundsätzliches Umdenken in der Entwicklungszusammenarbeit. „Entwicklungshilfe kann sicher nur einen kleinen Beitrag dazu leisten, dass dcr Auswanderungsdruck nachlässt", schreibt Karl-Heinz Meier-Braun, „Sie sollte aber endlich, wie bereits 1970 festgelegt und von den Vereinten Nationen gefordert, 0,7 Prozent des Bruttosozialproduktes erreichen. Die Bundesrepublik – immer noch eines der reichsten Länder der Welt – erreicht mit 0,27 Prozent nicht einmal die Hälfte dieser Marke. Der Umfang der internationalen Hilfe geht zurück, obwohl die Flüchtlings- und Migrationsbewegungen in den vergangenen Jahren eine neue Dimension erreicht hat."[13]

5. Strukturelle Instabilität und Wachstumsschwäche

Wohin steuert Afrika?

Von Robert Kappel

Anders als viele andere Entwicklungsländer haben die meisten Staaten des subsaharischen Afrika (SSA) in den letzten drei bis vier Jahrzehnten kaum wirtschaftliche Fortschritte erzielt. Die Ursachen dafür sind in zahlreichen wissenschaftlichen Publikationen der vergangenen Jahre untersucht worden. Zu den wichtigsten Gründen für die Unterentwicklung gehören: ethnische Vielfalt, niedrige Produktivität, einseitige Exportstruktur, schlecht ausgebildete Arbeitnehmer, oft schwierige Boden- und Wachstumsverhältnisse, externe Schocks wie Währungsschwankungen, Kriege und Flüchtlingsbewegungen, niedrige Spar- und Investitionsquoten, geringes Niveau der Humankapitalbildung, tropisches Klima, geografische Isolation, Markt- und Staatsversagen und institutionelle Schwächen. Aus fast allen Studien geht hervor, dass ein Wachstumsdurchbruch und eine Reduktion der Armut in der nächsten Zeit nicht zu erwarten ist.

Wirtschaftliche Veränderungen in der Weltwirtschaft oder weshalb hat Afrika den Wandel verpasst?

Die wichtigsten makro-ökonomischen Daten zeigen, dass sich der Wachstumsoptimismus der 90er Jahre als wenig begründet erwiesen hat. Im subsaharischen Afrika gab es zwischen 1970 und 2000 lediglich in zwei von 48 Ländern ein durchschnittliches Wachstum des Pro-Kopf-Einkommens (PKE) von mehr als 5 Prozent (Botswana und Mauritius). Seit Mitte der 90er Jahre haben zwölf Länder ein reales BIP-Wachstum von mehr als 5 Prozent verzeichnen können. Ebenso groß ist die Zahl der Länder mit einem BIP-Wachstum von 3–5 Prozent. Hingegen blieben 16 Länder bei 0–3 Prozent stecken, und sechs hatten sogar negatives Wachstum – das heißt, dass lediglich 20 Länder (ca. 40 Prozent) in den letzten Jahren den durchschnittlichen Wohlstand der Bevölkerung haben steigern können, während die Mehrheit des SSA stagniert. Damit erreicht kein Land des SSA das von der Weltbank und dem IWF als erforderlich angesehene Wachstum von 7 Prozent, ohne das die Armut bis zum Jahr 2015 nicht halbiert werden kann.

Insgesamt ist die Armut weiter angestiegen. Die Investitionsquoten verbleiben auf einem niedrigen Niveau, die Privatinvestitionen haben sogar nur einen durchschnittlichen Anteil von 5 Prozent/BIP. Die Indikatoren des Humankapitals zeigen kaum eine Trendwende an. Lediglich die makro-ökonomischen Daten, hervorgerufen durch die Reformprogramme der Weltbank und des Internationalen Währungsfonds (IWF), weisen eine in den meisten Ländern befriedigende Bilanz auf, wie beispielsweise relativ ausgeglichene Zahlungsbilanzen, niedrige Inflation, geringe Haushaltsdefizite und realistische Währungsparitäten. Besonders dramatisch ist der Anstieg der HIV/AIDS-Rate im südlichen Afrika. In der Informations- und Kommunikationstechnologie hinkt Afrika hinter allen Regionen her, was eine Abkopplung besonderer Art darstellt – auch wenn sich der Zugang zu moderner Informations- und Kommunikationstechnologie erheblich verbessert hat. Dabei steht Südafrika bei weitem an der Spitze der Entwicklung. Einem Zusammenwachsen Afrikas stehen insbesondere die hohen Transportkosten entgegen – vor allem in den Binnenländern. Ohne große Fortschritt in diesem Bereich werden afrikanische Unternehmen gegenüber den Konkurrenten aus Asien und Osteuropa auf den amerikanischen und europäischen Märkten abgekoppelt bleiben.

Die Mehrzahl der Länder auf dem afrikanischen Kontinent verharrt in einem „Gleichgewicht auf niedrigem Niveau". Folgende Ländertypen lassen sich auf der Basis wesentlicher Wirtschaftsindikatoren (Investitionsquote, PKE, Produktivität, Wachstumsraten des realen BIP, u. a.) bilden (Stand 2002):

A. Emerging African Economies: Lediglich zwei Länder haben seit 20 Jahren eine gute Performanz aufzuweisen – Mauritius und die Seychellen.

B. Potenzielle Reformländer: z. B. Botswana, Namibia, Südafrika, Lesotho, Gabun, Kap Verden, Ghana und Äquatorial-Guinea.
C. Verharrende Niedrigeinkommensländer mit geringen Entwicklungschancen: z. B. Uganda, Senegal und die Côte d'Ivoire.
D. Verharrende Niedrigeinkommensländer langfristig ohne Entwicklungschancen: z. B. Nigeria.
E. Länder (derzeit) ohne Perspektive: z. B. Sierra Leone und Liberia.

Die Gruppen C, D und E umfassen drei Viertel der Staaten Afrikas. Sie sind vor allem durch folgende Hauptprobleme gekennzeichnet: mangelhaft funktionierende Institutionen, niedrige Niveaus der Kapitalakkumulation, niedriger Grad der Humankapitalentwicklung, steigender Urbanisierungsgrad mit ansteigender Informalität, geringe wirtschaftliche Produktionstiefe und niedrige Investitions- und Sparquoten, insgesamt eine strukturelle Instabilität. Die meisten Länder sind sehr stark von Entwicklungshilfe abhängig und zudem durch große Einkommens-Ungleichheit gekennzeichnet. Sehr große Einkommens-Ungleichheiten gibt es allerdings auch in Botswana und Südafrika.

Afrika im Wandel in der Weltwirtschaft

Die Weltwirtschaft hat sich in den letzten fünf Jahrzehnten grundlegend gewandelt. Der Anteil der Entwicklungsländer an den Weltexporten beträgt inzwischen etwa 25 Prozent. Vor allem die Schwellenländer Südost- und Ostasiens haben ihre Anteile stärker ausweiten können. Ein eindeutiger Trend im Welthandel ist zugunsten von Fertigwaren und zuungunsten von Rohstoffen auszumachen. Der Anteil der Fertigwaren an den Weltexporten stieg von 25 Prozent (1950) auf 75 Prozent (2000). Der Handel mit Fertigwaren zeigt zudem einen eindeutigen Trend hin zu Produkten im Hochtechnologiebereich. Entwicklungsländer weisen insgesamt sogar einen besonders stark steigenden Wandel hin zu Fertigwarenexporten mit mittlerem und hohem Technologieniveau auf. Allerdings sieht die Situation sehr unterschiedlich nach Kontinenten aus. Die am wenigsten entwickelten Länder haben ihren Außenhandel kaum diversifiziert, sie exportieren weiterhin Rohstoffe. Dies gilt auch für die meisten afrikanischen Staaten. So beträgt der Anteil der Fertigwaren am Außenhandel Afrikas gerade drei Prozent. Eine Diversifizierung des Exports lässt sich meistens nicht verzeichnen. Lediglich eine kleine Gruppe afrikanischer Länder weist einen Anteil der Fertigwaren am Außenhandel von mehr als 15 Prozent auf: Dazu gehören Südafrika, Mauritius, Simbabwe, die Côte d'Ivoire und Kamerun.

Nur wenigen Ländern ist es in den vergangenen Jahren gelungen, beständig mehr Fertigwaren zu exportieren. Diese Länder, zum Beispiel Mauritius, sind in Wertschöpfungsketten eingebunden und haben steigende Anteile von ausländischen Direktinvestitionen (ADI) zu verzeichnen. Lediglich ein Land hat sich grundlegend umstrukturiert: Südafrikas Exportbasis hat sich von landwirtschaftlichen Produkten und Rohstoffen aus verbreitert – inzwischen gibt es einige Hochtechnologiebereiche wie Medizintechnologie, Informations- und Kommunikationstechnologie mit allerdings bislang kleinen Marktanteilen. Ausländisches Kapital ist in die verarbeitende Industrie geflossen (einschließlich der Weinindustrie). In zahlreichen Ländern des SSA gibt es starke Zuwächse im Tourismus – z. B. in Südafrika, Botswana, Kenia, Kapverden, Senegal, auf Mauritius und den Seychellen. Was die Anteile Afrikas am Weltrohstoffhandel betrifft, hat das SSA starke Rückgänge – mit Ausnahme von Öl – zu verzeichnen. Mit der jetzigen Außenhandelsstruktur gibt es für die afrikanischen Länder fast keine Möglichkeit, Wirtschaftswachstum zu erzielen.

Investitionen in Afrika

Die weltweiten Auslandsdirektinvestitionen (ADI) sind innerhalb der letzten dreißig Jahre stark angestiegen. Der weitaus größte Anteil davon ging in die OECD-Länder (64 Prozent) und in einige wenige bedeutende Entwicklungs- und Schwellenländer (32 Prozent). Die Anteile Afrikas sind mit 3–5 Prozent weiterhin sehr niedrig.

Die Globalisierung hat Differenzierungsprozesse in der Weltwirtschaft weiter befördert. Durch die zunehmende Einbindung in den Weltmarkt differenzieren sich die außenwirtschaftlichen Strukturen. Die jeweilige Außenhandelsorientierung hat unterschiedliche Wohlstands- und Verteilungseffekte zur Folge. Die afrikanischen Binnenstaaten sind kaum in den Globalisierungsprozess involviert: Aufgrund hoher Transportkosten haben sie es besonders schwer, auf dem Weltmarkt wettbewerbsfähige Produkte anzubieten. Sie verbleiben dadurch in relativ geschützten Märkten, denn auch Importe sind teuer.

Einige afrikanische Entwicklungsländer haben es allerdings geschafft, sich als Produzenten standardisierter Waren (Textilien, Bekleidung) zu etablieren – wie Mauritius oder Kapverden. Um die internationale Wettbewerbsfähigkeit zu erhalten, bzw. auszubauen, bedarf es neben hohen Investitionsquoten auch der Hebung technologischer Kompetenz und der Steigerung der totalen Produktivität.

Innovation und Netzwerke

Die wachsende Urbanisierung in Afrika, die zu größeren Nachfragemärkten führt, kann einen Schub für die wirtschaftliche Entwicklung bedeuten, weil sich in den Städten Wachstumspole herausbilden können. Die Entstehung von Clustern (Wirtschaftsunternehmen der gleichen oder ähnlichen Branche auf engem geografischen Raum mit intensiven wechselseitigen Beziehungen) ist ein Hinweis auf diese neue Dynamik. Hier besteht die Möglichkeit, schneller zu wachsen, produktiver und innovativer zu werden. Aufgrund von Fühlungsvorteilen (d. h. Nähe und Kenntnis der Märkte), geringen Transportkosten und niedrigen Preisen für die Produkte haben sich lokale Klein- und Mittelunternehmen (KMU) einen bedeutenden Marktanteil sichern können. In diesen Agglomerationen können KMU leichter wachsen und ihre Produktionszahlen erhöhen (Economies of Scale). Modernere Unternehmen mit höherem Innovationspotenzial und höherer Produktivität haben besondere Expansionsmöglichkeiten. Bislang weisen afrikanische Cluster jedoch viele Schwächen auf – nur in wenigen Ländern lassen sich erfolgreiche Cluster orten.

Als entscheidende Probleme sind schwache Institutionen, unzureichende Wirtschaftsförderung, ungesicherte Eigentumsrechte, mangelnde technische Kompetenzen, ein niedriges Niveau technologischen Lernens und zu kleine Nachfragemärkte zu nennen. Häufig stehen auch mangelnde Kooperation mit anderen Clustern oder mit Großunternehmen weiterem Wachstum entgegen: Bei den KMU in Clustern handelt es sich zumeist um Familienbetriebe, die ihre eigene Familienklientel bedienen müssen und daher nicht den Akkumulationssprung schaffen. Trotzdem haben sich in einigen afrikanischen Clustern Kompetenzen und Wirtschaftskraft herausgebildet, bei denen es sich anzuknüpfen lohnt.

Nigeria, das seit langem durch die Dominanz der Ölindustrie gekennzeichnet ist, erlebt seit Jahren einen tiefgreifenden De-Industrialisierungsprozess. Dennoch hat sich in Anambra State im Südosten Nigerias ein weithin unbekanntes „Taiwan of Africa" herausgebildet. Es ist ein Cluster von modernen mittelgroßen Firmen, die für den einheimischen Markt und für den Export produzieren. Trotz der sehr schwierigen wirtschaftlichen und politischen Lage in Nigeria haben diese Unternehmen ein lokales Milieu geschaffen, das ihnen erlaubt, ihre Produktion auszudehnen, Beschäftigte einzustellen, lokale Zulieferer zu engagieren und ihr technologisches Niveau durch Ausbildung zu heben. Da viele Unternehmen aus Handelsfirmen hervorgegangen sind, gibt es eine sehr enge Beziehung zwischen Handel und produzierendem Gewerbe.

In den vergangenen Jahren sind Clusterbildungen in Entwicklungsländern intensiv untersucht worden. Die wesentlichen Erkenntnisse dieser Studien sind:

- Handwerkscluster sind wenig dynamisch und weisen keine Innovation auf. Hingegen haben jene Cluster Wachstum zu verzeichnen, die die Arbeitsteilung zwischen den Unternehmen vertieft haben und aufgrund höherer Produktivität in der Lage waren, international zu agieren.
- Während in Lateinamerika und Asien in industriellen Clustern Mittel- und Großunternehmen entstanden sind, ist dies in Afrika nicht der Fall. Hier fehlt die einflussreiche Steuerungsrolle von Großunternehmen für Informationen, Qualität, Lieferpünktlichkeit usw.
- Cluster von KMU bilden eine wichtige Basis für wirtschaftlichen Erfolg in der Frühphase eines dynamischen Unternehmensprozesses. Komplementäre Investitionen, gemeinsame Maßnahmen, Mobilisierung von Finanzen und Humankapital tragen ebenfalls zur Vertiefung der Kooperation bei, so dass sich die Unternehmen gegenseitig positiv beeinflussen. Das Risiko vermindert sich und Kapitalakkumulation kann schrittweise erfolgen. Als ein Beispiel dieses Prozesses kann die taiwanesische Elektroindustrie angesehen werden. Aus kleinen Clustern gingen schließlich global players hervor. Solche Cluster existieren in Afrika bislang nicht.
- Unternehmen in Clustern haben offenbar nur dann eine Chance zu wachsen, wenn sie einen großen Nachfragemarkt außerhalb des lokalen Marktes vorfinden. Die afrikanischen Cluster sind schon wegen der hohen Transportkosten kaum exportorientiert.
- Kollektive Effizienz lässt sich aber nur realisieren, wenn es ein effektives System von Sanktionen und Vertrauen gibt. Fehlen Vertrags- und Rechtssicherheit, kann es keine vertiefte Arbeitsteilung und Spezialisierung geben. Prozesse dieser Art befinden sich in Afrika am Anfang.

- Vertikale Kooperation zwischen Unternehmen in der verarbeitenden Industrie und Unter-Auftragnehmern auf lokaler Ebene sind der Qualitätsverbesserung, Flexibilität und Schnelligkeit in der Produktion förderlich. Die horizontale Kooperation ist hingegen weniger bedeutend. Der Prozess der Öffnung der KMU nach oben, also der Zugang zu externen Märkten, führt zu starker Differenzierung der KMU. In den meisten afrikanischen Clustern ist eine solche Differenzierung und Arbeitsteilung nicht erkennbar.

Globale Netzwerkketten und Produktionsbeziehungen

Bei Netzwerken ist zu unterscheiden, ob sie auf den nationalen Rahmen beschränkt sind oder ob sie international verankert sind. Von internationalen Netwerken (global commodity chains (GCC)) existieren zwei Hauptformen, zum einen „buyers driven GCC", zum anderen „producer driven GCC".

Besonders weit verbreitet sind Wertschöpfungsketten in der Textilindustrie, die von den Kaufhausketten in Japan, Nordamerika und Europa dominiert werden (buyers driven GCC). In der Automobilindustrie setzen die großen Automobilproduzenten die Standards in den „producer driven" GCC. Über diese Ketten findet ein Upgrading von Unternehmen in den Entwicklungsländern statt. Die Zuliefererfirmen sind Satelliten einer Kernfirma, die die Netzwerke prägt.

GCC treten in entwickelten Nationen in der Form von extensivem Sub-Contracting und Anbieter-Käufer-Arrangements auf, wobei die große „Mutterfirma" diese Beziehungen führt und entsprechende Unteraufträge an Firmen in der näheren Umgebung vergibt. Diese Beziehungen sind nur in wenigen Ländern Afrikas entwickelt, insbesondere da, wo größere Firmen agieren. Globale Netzwerkketten übernehmen in der Globalisierung zunehmend klassische Regierungs-Aufgaben wie das Festsetzen von Technologie-, Umwelt- und Arbeitsstandards.

Ein Beispiel für die Veränderungen in „producer driven" GCC ist die südafrikanische Automobil- und Zuliefererindustrie. Sie befindet sich aufgrund der wirtschaftlichen und politischen Öffnung seit 1992 und der WTO-Beschlüsse in einem starken Wandel. Dieser Wandel ist zudem durch ein verändertes strategisches Handeln der großen Automobilproduzenten geprägt. Bis 1989 waren die südafrikanische Automobilindustrie und die Zuliefererbetriebe durch Zölle und „local content" Regelungen stark geschützt. Die Umstrukturierung durch die Liberalisierung Südafrikas seit 1992 wurde durch die transnationalen Konzerne sehr stark vorangebracht. Als Konsequenz des nunmehr weltweiten Einkaufs (global sourcing) trat eine Erosion der Eigentumsverhältnisse bei den Zuliefererfirmen ein. Aus lokalen Unternehmen mit lokaler Technologie wurden lokale Zulieferer mit ausländischer Technologie und schließlich „Joint Ventures" und vollständig von ausländischen Unternehmen aufgekaufte Zulieferer. In der Wertschöpfungskette passen sich die lokalen Klein- und Mittelunternehmen an die Erfordernisse der globalen Vermarktung durch eine geringere Anzahl transnationaler Automobilunternehmen an. Lokale Zulieferer sind aufgrund des steigenden Wettbewerbs in ihren Handlungsspielräumen eingeschränkt, dennoch haben es zahlreiche Zulieferer geschafft, neue eigene Produkte auf die Märkte zu bringen und sich neue Abnehmer zu suchen.

Ein interessantes Beispiel ist auch die Entwicklung der Textilindustrie auf Mauritius, seitdem dort eine Exportproduktionszone etabliert wurde. Vor allem asiatische Textilunternehmen sind hier tätig, die von Mauritius aus den Weltmarkt beliefern und so zum wirtschaftlichen Durchbruch des Landes beigetragen haben. In die GCC der Textilindustrie Mauritius sind allerdings kaum Kleinunternehmen eingebunden. Nur wenige weitere afrikanische Nationen weisen eine ähnlich erfolgreiche Einbindung in Wertschöpfungsketten wie Mauritius oder Kenia (Gartenbauprodukte) auf.

Afrika befindet sich seit der Unabhängigkeit in einem Transformationsprozess, der durch die sehr stark angewachsene Urbanisierung und Zunahme von Informalität gekennzeichnet ist. Der ländliche Raum ist de-agrarisiert, die Produktivität ist niedrig, und die Überlebenschancen sind vielfach äußerst gering. Der informelle Sektor ist zur dominierenden Ökonomie Afrikas geworden. Drei Arten von Informalität lassen sich unterscheiden:

- Im Überlebenssektor (ÜS) ist die Mehrheit der afrikanischen Menschen tätig. Der ÜS absorbiert die überschüssige Arbeitskraft. Die Produktivität ist sehr niedrig. Kapital wird nicht akkumuliert. Die meisten Menschen versuchen durch Risikostrategien ihr Überleben zu sichern.
- Der peri-urbane Sektor ist ein Mischsektor in den Vorstädten, wo landwirtschaftliche Subsistenzproduktion und informelle Aktivitäten parallel stattfinden.
- Der informelle Sektor im engeren Sinne (IS) zeichnet sich durch niedrige Kapitalintensität aus. Das *Faktorausstattungsverhältnis* zeigt die Dominanz arbeitsintensiver und sachkapitalsparender Produktionsverfahren. KMU beschäftigen meistens Familienangehörige bzw. schlecht bezahlte Arbeiter.

Der IS differenziert sich u. a. durch die Liberalisierung und Deregulierung der Märkte. Ein kleiner moderner Sektor beginnt sich im produktiven Bereich und im Dienstleistungssektor herauszubilden. Einige KMU sind innovativ, sie wenden moderne Technologien an, und sie befriedigen die steigende Nachfrage in städtischen Agglomerationen. Aufgrund von Fühlungsvorteilen und kostengünstiger Produktion können sie sich bislang gegen ausländische Importe behaupten. Die innovativen KMU decken ein steigendes Marktsegment ab, aber weniger als 5 Prozent der KMU sind in der Lage zu wachsen. Nicht-produktive Betriebe des IS verbleiben als Übergangssektor zum Überlebenssektor.

Die Grenzen der Entwicklung des IS werden durch folgende Aspekte deutlich: Die *Zuwanderung von ländlichen Migranten* hat eine beständige Vergrößerung der Zahl der anbietenden Unternehmen zur Folge. Die *Marktform ist polypolistisch.* In einigen Regionen gibt es jedoch Unternehmensassoziationen, die die Qualitätsstandards der Produkte festzulegen, manchmal die Preise zu heben und beruflichen Kompetenzniveaus zu regulieren versuchen. Nur wenige Unternehmen sind innovativ. Das *Kompetenzniveau* zeichnet sich meistens durch low-skill Kompetenzen aus. Die Produktivität ist sehr niedrig. Die meisten Unternehmer gründen ihre Firmen ohne gute *Management-Kenntnisse* und Organisationsfähigkeit. Die *Informationsdiffusion* ist räumlich eng. Die meisten Firmen legen ein kreatives Imitations- und Kopierverhalten an den Tag. Informelles Lernen ist die Regel, bewegt sich aber meist ebenfalls auf dem Niveau von „Learning by doing". Als problematisch für die Entwicklung haben sich folgende Faktoren erwiesen:

- *Vertrauensbeziehungen zu Kunden und innerhalb von Familienbetrieben* haben ein niedriges Niveau. Es handelt sich bei diesen Vertrauensbeziehungen um *Flohmarkt-Verhalten.*
- Die Einhaltung von Verträgen mit Familienangehörigen wird als schwierig angesehen. Sie werden ungern beliefert.
- Die „extended family" wird als eine Art Wohlfahrtseinrichtung angesehen. Diese garantiert Unterstützung und in Risikosituationen auch ein Minimum an Sicherheit, aber fordert auch reziproke Umverteilung ein, wenn Familienmitglieder Wohlstand erworben haben.
- Zudem gibt es mangelnde Rechts- und Vertragssicherheit.
- Der *Zugang zu Krediten* ist erschwert. Kredite sind teuer, da Sicherheiten fehlen. Es gibt außerdem eine *mangelnde Transparenz bei der Produktqualität.*
- Die *soziale Einbettung in Familien- und Clanstrukturen, bzw. in lokale Netzwerke* kann problematisch sein.

Am besten wird in dem folgenden Zitat eines afrikanischen Unternehmers deutlich, was im afrikanischen Kontext konkret unter Sozialkapital verstanden wird:

„Das unternehmerische Ziel eines jeden privatwirtschaftlich geführten Unternehmens, nämlich Gewinn zu machen, stößt sich an den afrikanischen Familientraditionen, die ihren Tribut fordern. Unternehmerischer Erfolg wird nur dann akzeptiert, wenn die Früchte weitgehend mit der Großfamilie geteilt werden, was Wachstum nicht zulässt und Gewinnmaximierung behindert. Familiendruck spielt ebenfalls eine große Rolle, wenn es um die Auswahl von Mitarbeitern geht. Auch meinen viele Afrikaner noch heute, dass Zeit kein knappes Gut ist. Der Unternehmer, der moderne Methoden der Zeitplanung durchsetzen will, hat deshalb große Schwierigkeiten zu überwinden. Nicht zuletzt sind afrikanische Unternehmer vielfach stärker als größere ausländische Unternehmen dem Druck ihrer Regierungen ausgesetzt, die vielfach direkte und indirekte Sonderabgaben fordern" (nach Kappel, Dornberger u. a.).

Ergebnisse

Die afrikanischen Kleinstunternehmen im informellen Sektor sind international nicht wettbewerbsfähig, weil sie vor allem durch lokalisierte Netzwerke geprägt sind, die eine Akkumulation nicht erlauben. Es handelt sich vor allem um Überlebensunternehmen. Ihre Innovationsfähigkeit ist gering. Vertrauen tritt in Form von Familienbeziehungen, „Kinship Groups" oder traditionalen Sozialgruppen (ethnische Gruppen und Dorfassoziationen) auf – es ist lokaler Natur. Nationale Vertrauensbeziehungen sind schwach ausgeprägt und hängen mit mangelnder Rechtssicherheit und unzureichenden Eigentums- und Verfügungsrechten zusammen. Informelles Lernen ist weitverbreitet.

Eine Einbindung in externe Märkte existiert nicht. Nur wenige Unternehmen sind in der Lage zu wachsen und sich auch Märkte außerhalb der lokalen Gemeinde zu erschließen. Die Unternehmen, die erfolgreich sind, haben Vertrauensbeziehungen nach außen aufbauen können, ohne die lokale Vernetzung aufzugeben. Diese doppelte Strategie hat aber ihre Grenzen – denn mangelndes Makro-Vertrauen, große Korruption, unzureichende Rechts- und Vertragssicherheit limitiert nach außen gerichtete expansive Firmenstrategien.

KMU außerhalb des Überlebenssektors sind eine kleine aber entscheidende Gruppe für wirtschaftliches Wachstum. Sie entwickeln eine Akkumulationsdynamik und sind meistens in industriellen Clustern aktiv. Die vorliegenden Studien zu industriellen Clustern sehen vor allem in der Arbeitsteilung innerhalb des Clusters die Basis für wirtschaftlichen Erfolg. Upgrading-Prozesse kommen vor allem durch sich modernisierende KMU und innovative lokale Institutionen zustande.

Staatliche und nicht-staatliche Einrichtungen – vor allem auch Organisationen der Entwicklungszusammenarbeit – richten ihr besonderes Augenmerk auf KMU-Förderung, um zum Upgrading der KMU und ihrer Wettbewerbsfähigkeit beizutragen. Inzwischen sind zahlreiche Selbsthilfeorganisationen in Form von Business Associations, Kammern und Produktionskonsortien aktiv, deren Ziele es sind, Kooperation zwischen Firmen zu stimulieren und Informationsflüsse zu verbessern, um so Transaktionskosten zu senken und zum internationalen Niveau aufzuschließen. Zum Instrumentarium der KMU-Förderung gehören Training der Unternehmer, Aufbau von Beratungsdiensten, Berufsbildung, Existenzgründungen, Förderung von Forschung und Entwicklung. Durch staatliches und nicht-staatliches Agieren soll Wissenstransfer, Technologieentwicklung, Upgrading gesichert werden. Als Basis für wirtschaftliche Dynamik werden lokale Innovation, lokales Lernen und lokale Netzwerke angesehen. Der Impuls sollte von innen kommen. Bis vor einigen Jahren wurde die Lokalisierung als Garant für den wirtschaftlichen Erfolg von KMU angesehen. Tatsächlich haben KMU aus solchen Clustern technologische Fähigkeiten und Managementkompetenzen erworben, um in der Produktion von Massenkonsumgütern erfolgreich zu sein. Allerdings gibt es oft Netzwerkversagen, bzw. Versagen von industriellen Clustern. Meistens gibt es eine eingebaute Instabilität. Diese kommt durch das Patronagesystem, Mangel an Vertrauen und Handelsabschottung (mit einer Wahrnehmung der Märkte als lokale und statische Märkte durch die KMU) zustande.

Die Globalisierung mit ihren veränderten Anforderungen und steigendem Wettbewerbsdruck zwingt den KMU neue Handlungsstrategien auf. KMU werden zukünftig dynamisch und innovativ agieren müssen, um international und national aktionsfähig zu bleiben. Dies zeigen exemplarisch KMU in globalen Wertschöpfungsketten. Der Erfolg von Export-Clustern beruht darauf, dass eine Integration in globale Wertschöpfungsketten erfolgt. Upgrading in GCC ist wichtig, weil der Marktzugang über global players leichter ist. Sie nehmen die Integration und Koordinierung vor (z. B. afrikanische Blumen für britische Supermärkte). KMU müssen sich auf einen schnellen Lernprozess einlassen, da die Kernunternehmen meist kontinuierlich die Kosten reduzieren und die Qualität verbessern möchten.

Die Verteilung der Nutzen kann ungleich sein, da die Forschung und Entwicklung, das Design, das Schaffen von „brand names" und die Vermarktung durch das Kernunternehmen erfolgt. KMU haben nur geringe Möglichkeiten bei der Ausgestaltung der GCC. Da GCC mit Veränderungen im Technologiesystem verknüpft sind, stellen sie oft die Basis für ein nationales oder regionales Innovationssystem dar, das den Zugang zu den Weltmärkten ermöglichen kann.

Schlussbetrachtungen: Afrikanische Innovationsfähigkeit

Insgesamt gilt, dass Unternehmen und Sektoren nur dann international wettbewerbsfähig sind, wenn sie Netzwerke bilden. Der Aufbau von Netzwerken auf dem Binnenmarkt ist eine wesentliche Voraussetzung, reicht aber bei weitem nicht aus. Afrikanische KMU müssen darauf abzielen, sich in GCC einzuklinken. Afrikanische Unternehmen, die international bestehen wollen, müssen letztlich Kosten- und Leistungsführerschaft übernehmen können.

Von besonderer Bedeutung ist die Innovationsfähigkeit der Unternehmen. Diese hängt von Investitionen in Forschung und Entwicklung sowie von den Dienstleistungen im jeweiligen Sektor und den damit verbundenen Sektoren ab (Input-Output-Beziehungen). In sehr vielen Analysen zu KMU in Afrika spielt das Forschungsumfeld von Universitäten und Forschungseinrichtungen überraschender Weise keine Rolle. Die Erfolge der KMU aus Industrieländern zeigen jedoch, das Forschung und Entwicklung und ein innovatives, anwendungsorientiertes Forschungsumfeld wesentliche Impulse zur Erhöhung der Wettbewerbsfähigkeit geben. Nicht zuletzt auch die Spin-Offs aus Universitäten, Fachhochschulen und Forschungseinrichtungen haben ein innovatives Milieu entstehen lassen, in dem immer mehr erfolgreiche Unternehmen entstehen. Solche Strukturen sind in Afrika mit Ausnahme von Südafrika nicht vorhanden. Gerade aber Südafrika zeigt, welche Rolle Universitäten und Forschungseinrichtungen für ein regionales Innovationssystem spielen können.

Die Ausführungen zu den grundlegenden Wandlungsprozessen in der Weltwirtschaft zeigen, dass afrikanische Unternehmer weniger denn je auf geschützte lokale Märkte bauen können. Der Wettbewerbsdruck erreicht auch die Kleinstunternehmen, die die lokalen Märkte bedienen: Mit der weiteren Liberalisierung der Märkte und dem Abbau von Präferenzen für afrikanische Exportprodukte werden steigende Einfuhren von Fertigwaren, Nahrungsmitteln und Vorprodukten den Wettbewerbsdruck auf afrikanische Unternehmen erhöhen.

Entscheidend für einen langfristigen Durchbruch afrikanischer Unternehmen auf den Weltmärkten wird daher sein, die Wettbewerbsfähigkeit zu erhöhen. Dies kann nur gelingen, wenn weitaus mehr Wert auf Technologie, Kompetenz und Innovation gelegt wird als bisher. Die Offenheit der Märkte (niedrige Zölle auf Importe und Abschaffung der Exportbesteuerung) schafft bessere Voraussetzungen. Die Etablierung von modernem Sozialkapital bzw. die Ablösung traditioneller Solidarität durch Marktrationalität wird Afrika die nötigen Impulse für die Entwicklung eines weltweit agierenden innovativen Unternehmertums geben können. Daher kann es in der Kooperation mit Afrika nicht mehr darum gehen, nur noch eine Strategie der Konzentration auf die Ausweitung der traditionellen Exporte zu verfolgen, sondern darum, dass Afrika als Nachzügler Nischen findet, die Ausgangspunkt für eine Stärkung nationaler und regionaler Wirtschaftsstandorte sein können.

Die Globalisierung verlangt tiefgreifende Wandlungen von den Ländern des SSA, wenn ihre Unternehmen wettbewerbsfähig werden sollen. Die Herausforderungen nehmen durch die Liberalisierung, durch die Öffnung der OECD-Märkte und durch die Senkung der Transport- und Transaktionskosten eher zu als ab. Es besteht sogar die Gefahr, dass Afrika aufgrund seiner einseitigen Handelsstrukturen im Globalisierungsprozess noch weiter abgehängt wird.

Anmerkungen

I.2 Folgenschwere Konstrukte (Kodjo Attikpoe)

[1] Zitiert nach Basil Davidson: Afrika. Mythos, Geschichte und Gegenwart des Schwarzen Kontinents. Manuskript zur Sendereihe des Bayerischen Rundfunks. Deutsche Bearbeitung Reiner E. Moritz. München 1987, S. 3.

[2] Ebd. S. 2f.

[3] L. Lévy-Bruhl: Die geistige Welt der Primitiven. Darmstadt: Wissenschaftliche Buchgesellschaft. 1959, S. 11f.

[4] Immanuel Kant: Beobachtungen über das Gefühl des Schönen und des Erhabenen. Frankfurt/Main: Hain 1993, S. 70 f.

[5] Joseph Conrad: Herz der Finsternis. Erzählung. Aus dem Englischen. Frankfurt/Main: Fischer Verlag 1968, S. 71.

[6] Ebd., S. 118.

[7] Montesquieu: Vom Geist der Gesetze. Übersetzt und herausgegeben von Ernst Forsthoff. 1. Band. Tübingen: Mohr 1992, S. 334.

[8] Siehe FAZ 10. September 1994, S. 5.

[9] Wole Soyinka: Diese Vergangenheit muss sich ihrer Gegenwart stellen. Eine Rede. Zürich Ammann Verlag 1988. S. 32f.

[10] Antoine Glaser/ Stephen Smith: L'Afrique sans Africains. Le rêve blanc du continent noir. Paris: Editions Stock 1994, S. 18.

[11] Die afrikanische Geschichte beginnt mit dem antiken Ägypten. In seinem Lebenswerk belegt Cheikh Anta Diop, dass die menschliche Zivilisation bei den Schwarzafrikanern in Alt-Ägypten entstanden ist. Siehe z. B. Cheikh Anta Diop: Nations Nègres et Culture. De l'Antiquité Nègre – Egyptienne aux problèmes culturels de l'Afrique Noire d'aujourdhui. Paris: Librairie Présence africaine 1955. Siehe auch: Leonhard Harding & Brigitte Reinwald (Hg.): Afrika – Mutter und Modell der europäischen Zivilisation? Die Rehabilitierung des schwarzen Kontinents durch Cheikh Anta Diop. Berlin: Reimer-Verlag 1990.

[12] Basil Davidson nennt das Beispiel der Ruinen von Bauten in Alt-Simbabwe, die Europäer in Zusammenhang mit König Salomon brachten: Siehe Basil Davidson: Alt-Afrika wiederentdeckt. Aus dem Englischen. Berlin: Akademie-Verlag 1962. Hierzu siehe 241–248.

[13] Vgl. Kodjo Attikpoe: „Afrikanität im globalen Zeitalter". In: Internationales Afrikaforum 4, 2002, S. 355–362.
[14] Herz der Finsternis, a.a.O., S. 62.
[15] Ebd. S 23.
[16] Ebd. S. 63.
[17] Chinua Achebe: Ein Bild von Afrika: Essays. Aus dem Englischen. 2. erweiterte Auflage. Berlin: Alexander Verlag 2002, S. 25f.
[18] Fremde Welten. Kinder- und Jugendbücher zu den Themen Afrika, Asien, Lateinamerika, ethnische Minderheiten und Rassismus, empfohlen von den Lesegruppen des Kinderbuchfonds Baobab, Erklärung von Bern. 2000–2001, S. 3f.
[19] Bart Moeyaert: Afrika hinter dem Zaun. Aus dem Flämischen. Ravensburg: Ravensburger Verlag 1995.
[20] Siehe Kinder zwischen den Welten. Interkulturalität in Kinder- und Jugendbüchern. Hrsg. von der Internationalen Jugendbibliothek. München 2002. Hierzu S. 28.
[21] Siehe Chima Oji: Unter die Deutschen gefallen. Erfahrungen eines Afrikaners. Wuppertal: Hammer-Verlag 1992 / Hans J. Massaquoi: Neger, Neger, Schornsteinfeger! Meine Kindheit in Deutschland. Aus dem amerikanischen. 5. Aufl., Bern [u. a.]: Fretz & Wasmuth 1999.
[22] Frantz Fanon: Die Verdammten dieser Erde. Aus dem Französischen. Frankfurt/M: Suhrkamp 1966. S. 239f.
[23] Wole Soyinka: Die Last des Erinnerns: Was Europa Afrika schuldet – und was Afrika sich selbst schuldet. Aus dem Englischen. Düsseldorf: Patmos-Verlag 2001, S. 52.
[24] János Riesz: Die „unterbrochene Lektion" Deutsche Schwierigkeiten im Umgang mit afrikanischer Literatur. In: Susan Arndt (Hg.) AfrikaBilder. Studien zu Rassismus in Deutschland. Münster: Unrast-Verlag 2001. S. 319.
[25] Chinua Achebe, S. 177f.

I.3 Für's Vaterland nach Afrika (Katja Böhler)

[1] Die Klagen gegen die Terex-Corporation und gegen die BRD wurden zwischenzeitlich zurückgenommen, die Klagen gegen die Woermann-Linie und die Deutsche Bank wurden als unzulässig zurückgewiesen. Sie sind jetzt am Bundesgericht in New York anhängig (mdl. Auskunft der Anwälte Philip Musolino am 11.9.2003 gegenüber der Autorin).
[2] Außenminister Fischer in Durban, Rede bei der Weltkonferenz gegen Rassismus, Rassendiskriminierung, Fremdenfeindlichkeit und damit zusammenhängende Intoleranz in Durban, 01. September 2001.

[3] Nach Auskunft des Auswärtigen Amtes erhielt Namibia seit 1990 von deutscher Seite Unterstützung in Höhe von 500 Mio. Euro.

[4] Vgl. H. Wesseling (Anm. 2), S. 101, 103.

[5] Vgl. die Schriften des evangelischen Pfarrers und Leiters der Rheinischen Mission, Friedrich Fabri: Bedarf Deutschland der Kolonien? Eine politisch-ökonomische Betrachtung. Gotha, Friedrich Perthes, 1879.

[6] Horst Gründer, Geschichte der deutschen Kolonien, Paderborn, 1985, S. 36; vgl. auch Fritz Fischer, Krieg der Illusionen. Die deutsche Politik von 1911–1914, Düsseldorf 1985, S. 68 ff.

[7] Wilhelm Hübbe-Schleiden, Deutsche Kolonisation, 1881, in: H. Wesseling (Anm. 2) S. 104.

[8] H. Gründer (Anm. 5), S. 42.

[9] Lothar Gall, Bismarck: Der weiße Revolutionär, Frankfurt a.M. 1993, S. 35.

[10] Heinrich von Poschinger (Hrsg.), Bismarck und die Parlamentarier, Bd. III, Breslau, 1896, S. 54.

[11] Pascal Grosse, Pascal: Kolonialismus, Eugenik und bürgerliche Gesellschaft in Deutschland 1850–1918, Frankfurt a.M. 2000, S. 23, vgl. auch Jürgen Osterhammel: Kolonialismus. Geschichte – Formen – Folgen, München 1995, S. 39 ff.

[12] Horst Drechsler, Südwestafrika unter deutscher Kolonialherrschaft, Berlin 1985, S. 34.

[13] Die Unterstützung einzelner rivalisierender Völker – vor allem mit Waffen – trug dazu bei, dass die Zersplitterung der verschiedenen Volksgruppen gefördert wurde und somit die Rheinische Mission ihren Einfluss stärken konnte. Die sich herausbildenden Zentren systematischer Aktivitäten von Händlern sind maßgeblich in Zusammenarbeit und unter Ausnutzung der von den Missionaren geschaffenen Strukturen entstanden; vgl. Henning Melber, Das doppelte Vermächtnis der Geschichte: Nationwerdung, Kolonialisierungsprozess und deutsche Fremdherrschaft in Namibia (ca. 1800 bis 1914). Bremen, 1982, S. 62 ff.

[14] In einem Brief von Lüderitz an den vertragsschließenden Vogelsang hieß es: „Lassen Sie Joseph Fredericks aber vorläufig in dem Glauben, dass es 20 englische Meilen sind", zitiert in: H. Drechsler (Anm. 12), S. 35.

[15] Jörg Schildknecht, Bismarck, Südwestafrika und die Kongokonferenz, Hamburg 1999, S. 19.

[16] H. Melber (Anm. 13), S. 67.

[17] Sibylle Benninghoff-Lühl: Deutsche Kolonialromane 1884–1914

in ihrem Entstehungs- und Wirkungszusammenhang, Bremen 1983. S. 16.

[18] S. Benninghoff-Lühl (Anm. 17), S. 22.

[19] Bernhard Dernburg wurde 1906 von Kaiser Wilhelm II. zum Staatssekretär des Reichs-Kolonialamtes ernannt.

[20] Bernhard Dernburg: Koloniale Reden, in: S. Benninghoff-Lühl (Anm. 17), S. 32.

[21] J. Schildknecht (Anm. 16.), S. 254.

[22] Er besiegte z. B. den Namaführer, Hendrik Witbooi militärisch und bewegte ihn zum Abschluss eines Schutzvertrages mit der deutschen Verwaltung.

[23] Walter Nuhn: Sturm über Südwest, Koblenz 1989, S. 42.

[24] G. Horst (Anm. 5), S. 118.

[25] W. Nuhn (Anm. 23), S. 41.

[26] Brigitte Lau, Ungewisse Gewissheiten. Der Herero-Deutsche Krieg von 1904, S. 19, in: Wilhelm Steffan (Hrsg.), Zwischen Waterberg und Sandfeld – Die Verantwortlichen am Schicksal der Herero, in: Befunde und Berichte zur Deutschen Kolonialgeschichte, 1 (2001), S. 19.

[27] Vgl. B. Lau (Anm. 26), S. 47 m.w.N., Gert Sudholt, Die Eingeborenenpolitik in Südwestafrika: Von den Anfängen 1904, Hildesheim, 1975, S. 185.

[28] Generalstabswerk I, S. 211, in J. Schildknecht (Anm. 16), S. 257.

[29] B. Lau in Schildknecht (Anm. 16), S. 257.

[30] B. Lau (Anm. 26), S. 17.

[31] Vgl. H. Drechsler, der zwar angibt, dass es genaue Bevölkerungszahlen für das Hereroland nicht gebe, dass jedoch die meisten Kenner von 80 000 Hereros ausgingen (Anm. 12), S. 23 mit weiteren Nachweisen. Zuletzt jedoch wieder Afrika Süd, Mai / Juni 2003, S. 4.

[32] Maria Fisch, Zum „Genozid" an den Herero, in: Wilhelm Steffan (Hrsg.), Zwischen Waterberg und Sandfeld. Die Verantwortlichen am Schicksal der Herero, in: Befunde und Berichte zur Deutschen Kolonialgeschichte, 1 (2001), S. 39.

[33] B. Lau geht von ca. 30 000 Überlebenden aus (Anm. 26), S. 16. Nuhn hingegen behauptet, nur ca. 16 000–17 000 auch Verfolgung und Gefangenschaft überlebt hätten: Nuhn, Walter: Sturm über Südwest, S. 315.

[34] W. Nuhn (Anm. 23), S. 282).

[35] Leutwein löste am 05.04.1894 Curt von Francois ab mit dem Auftrag, Witbooi militärisch zu besiegen.

[36] Vgl. J. Schildknecht (Anm. 16), S. 263.

[37] Karla Poewe, The Namibian Herero. A story of their psycho-social disintegration and survival, in: B. Lau (Anm. 26), S. 17.

[38] RKA Nr. 2089, Bl. 5/6, Trotha an den Chef des Generalstabes der Armee, 4. Oktober 1904, in: H. Drechsler (Anm. 12), S. 189 f.
[39] B. Lau (Anm. 26), S. 17.

II.1 Vergessene Glanzzeiten (Walter Sauer)

[1] Bartholomäus Grill, Unten, weit, in Afrika, in: SAGE & SCHREIBE 8 (1996) S. 10 f. (hier: S. 11).
[2] Walter Sauer, Rassen, Stämme, Steinzeitmenschen. Anmerkungen zum Afrika-Bild der Schulbücher für Geschichte und Sozialkunde, in: Institut für Wirtschafts- und Sozialgeschichte Universität Wien (Hrsg.), Wiener Wege zur Sozialgeschichte. Themen – Perspektiven – Vermittlungen. Wien 1997. S 423–440.
[3] So der Geograph al-Bakri 1067/68, zit. n. John Iliffe, Geschichte Afrikas. München 1997. S. 72.
[4] Urs Bitterli, Die „Wilden" und die „Zivilisierten". Grundzüge einer Geistes- und Kulturgeschichte der europäisch-überseeischen Begegnung. München 1991. S. 46 f.
[5] Als gut lesbare Einführung in den „scramble" siehe Thomas Pakenham, Der kauernde Löwe. Die Kolonisierung Afrikas 1876–1912. Düsseldorf u. a. 1993.
[6] Zit. nach Peter Martin, Schwarze Teufel, edle Mohren (Hamburg 1993) 9; hier auch ausführlich zur Philosophie der „Great Chain of Being" und der Einordnung Afrikas in dieselbe. S. 195 ff.
[7] Wulf D. Hund, Die Farbe der Schwarzen. Über die Konstruktion von Menschenrassen, in: Blätter für deutsche und internationale Politik 38/8 (1993). S. 1005–1014.
[8] Diedrich Westermann, Geschichte Afrikas. Staatenbildung südlich der Sahara. Köln 1952. S. 30.
[9] Zusammenfassend siehe Peter S. Garlake, Simbabwe. Goldland der Bibel oder Symbol afrikanischer Freiheit? Bergisch-Gladbach 1975.
[10] Oskar Lenz, Ophir und die Ruinen von Zimbabye in Südostafrika. Prag 1896. S. 9–12 (gekürzt).

II.3 Die Jahrhunderte des Sklavenhandels (Andreas Eckert)

Literaturauswahl

Graham Connah, African Civilizations. An Archaeological Perspective. Cambridge 2001.

Frederick Cooper, Decolonization and African Society. Cambridge 1996.

Albert Wirz, Sklaverei und kapitalistisches Weltsystem. Frankfurt a.M. 1984.

III.1 Frauen, Männer, Kinder (Rita Schäfer)

[1] Jane Guyer, Household and community in African Studies, in: African Studies Review, vol. 24 (1981), S. 87–138. Megan Vaughan, Which family? Problems in the reconstruction of the family as an economic and cultural unit, in: Journal of African History, vol. 24, no. 2, (1983), S. 275–284.

[2] Terri S. Barnes / Everjoyce Win, To live a better life, An oral history of women in the city of Harare, 1930–1970, Baobab Books, Harare 1992, S. 98ff. Vgl. Elizabeth Schmidt, Peasants, traders and wives: Shona women in the history of Zimbabwe, 1870–1939, Heinemann, Portmouth 1992.

[3] Gabriele S. Zdunnek, Marktfrauen in Nigeria, Ökonomie und Politik der Yoruba-Händlerinnen, Veröffentlichungen des Instituts für Afrika-Kunde, Hamburg, 1987. Garcia Clark, Onions are my husband, Survival and accomodation by West African market women, University of Chicago Press, Chicago 1994. Gudrun Lachenmann, Frauen als gesellschaftliche Kraft im sozialen Wandel in Afrika, in: Peripherie, Nr. 47/48, 1992, S. 74–93.

[4] S. hierzu ihren Roman: Aidoo, Ama Ata, Die Zweitfrau, Lamuv, Göttingen 1998. Vgl. David Parkin / David Nyamwaya (eds.), Transformations of African marriages, Manchester University Press, Manchester 1997.

[5] Interview der Autorin mit Sydney und Johanna Molepo im Feburar 2001, Rampheri Village, Limpopo-Province, Südafrika. Zum Brautpreis s. auch Gisela Geisler, Der Preis der Frauen, Wirtschaftsethnologische Untersuchungen zum Brautpreis in Afrika, Hohenschäftlarn 1985. Zur Problematik der Brautpreiszahlungen s. auch den Roman der nigerianischen Schriftstellerin Buchi Emecheta, Zwanzig Säcke Muschelgeld, Unionsverlag, Zürich 1991.

[6] Interview der Autorin mit Celiwe Cewu im Dezember 2000 in Grahamstown, Südafrika.

[7] Robert Morrell (ed.), Changing men in Southern Africa, Zed Books, London 2001. Vgl.: Fallbeispiele aus Tansania: Magdalena Rwebangira / Rita Liljeström (eds.), Haraka, Haraka ... Look before you leap – Youth at the crossroads of modernity, Publications of the Nordic Africa Institute, Uppsala 1998.

[8] Zu den Problemen polygamer Ehen aus der Sicht afrikanischer Schriftstellerinnen s. Flora Nwapa, Efuru, Göttingen, 1997 und Ma-

riama Bâ, Ein so langer Brief, ein afrikanisches Frauenschicksal, Ullstein, Frankfurt a. M. 1985.

[9] S. B. A. Rwezaura, Changing community obligations to the elderly in contemporary Africa, in: John Eekelaar / David Pearl (eds.), An aging world, Dilemmas and challenges for law and social policy, Claredon Press, Oxford, 1989, S. 113–131.

[10] S. Rita Schäfer, Gender und ländliche Entwicklung in Afrika, eine kommentierte Bibliographie, Lit-Verlag, Münster/Hamburg 2003.

[11] S. Rita Schäfer, Frauenorganisationen und Entwicklungszusammenarbeit, Traditionelle und moderne afrikanische Frauenzusammenschlüsse im interethnischen Vergleich, Centaurus-Verlag, Pfaffenweiler 1995.

III.4 Leben in der Wüste (Regula Renschler)

[1] Joseph Ki-Zerbo, Die Geschichte Schwarz-Afrikas, Peter Hammer Verlag, Wuppertal 1979, S. 137.

[2] Leo Africanus, Description de l'Afrique, Edition Epaulard, Paris 1956.

[3] Vgl. Heinrich Barth, Die große Reise, Horst Erdmann Verlag für internationalen Kulturaustausch, Tübingen und Basel 1977.

IV.1 Mehr als der Zauber der Trommeln (Wolfgang Hamm)

[1] „Die Kora spricht Afrikanische Griots und ihr königliches Instrument". (Buch und Regie: Wolfgang Hamm und Wilfried Kaute – ZDF / arte 1994).

[2] Empfehlenswerte Aufnahmen zum Thema Griots und Kora:
- Jali Musa Jawara: Soubindoor (CD World Circuit WCD 008).
- Jali Kunda – Die Griots Westafrikas und der übrigen Welt (Buch & CD ellipsis arts ELLI 5045 2).
- Toumani Diabate: Kaira (CD Hannibal Records HNCD 1338).

[3] Empfehlenswerte Aufnahmen zum Thema Mbira-Musik:
- Traditional Mbira Musicians / Kevin Volans Ensemble: Mbira.
- (CD WorldNetwork / Vertrieb 2001, Best.Nr. 52.990).

[4] Hervorragende Editionen über Afrikanische Musik und Instrumente:
- Musik in Afrika (Hrsg. Artur Simon) – 20 Beiträge + 2 Musikkassetten (1983 Staatl. Museen Preußischer Kulturbesitz, Museum für Völkerkunde Berlin).
- Ulrich Wegner: Afrikanische Saiteninstrumente – Einführung, Katalog und 1 Musikkassette (1984 Staatl. Museen Preußischer Kulturbesitz).

[5] Eine der besten Einführungen in Afrikanische Musik stammt von Gerhard Kubik, einem der führenden Musikafrikanisten: Gerhard Kubik: Zum Verstehen afrikanischer Musik (Aufsätze), Verlag Philipp Reclam jun., Leipzig 1988.

[6] Vgl. Gerhard Kubik: Einige Grundbegriffe und -konzepte der afrikanischen Musikforschung, S. 71 ff., in Gerhard Kubik, vgl. Anmerkung (5).

[7] Die Bezeichnung „Pygmäen" kommt aus dem griechischen Wort für „Fäustlinge". Auch ein abwertender Begriff, der Menschen nur nach ihrer Körpergröße definiert.

[8] Vgl. das lesenswerte Programmheft „Diesseits von Afrika / Aka-Pygmäen – György Ligeti" (Fest der Kontinente 2001 Berlin). Empfehlenswerte Aufnahmen mit Musik der Pygmäen:.

- Centrafrique: Anthologie de la musique des Pygmées Aka (2 CD Ocora C559012 13).
- Echoes of the forest: Musik of the Central African Pygmies (CD & book ellipsis arts 4020).

[9] Vgl. Klaus Kreimeier: Geborstene Trommeln – Afrikas zweite Zerstörung, Verlag Neue Kritik KG, Frankfurt 1985.

[10] Eines der besten Bücher zu diesem Aspekt und zu afrikanischer Rhythmik: John Miller Chernoff: Rhythmen der Gemeinschaft – Musik und Sensibilität im afrikanischen Leben, Trickster Verlag, München 1994.

[11] Eine gute Einführung in populäre Stile vermittelt das Buch von Wolfgang Bender: Sweet Mother – Moderne afrikanische Musik, Trickster Verlag, München 1985.

V.1 Ein zerstörerisches Geschäft (Georg Elwert)

Literaturauswahl

Elwert, Georg, Stephan Feuchtwang & Dieter Neubert (eds.) 1999, Dynamics of Violence. Processes of Escalation and De-Escalation in Violent Conflicts. Berlin: Duncker & Humboldt.

Jean, François & Jean-Christophe Rufin (dir.) 1996, Économie des guerres civiles. Paris: Hachette.

Koehler, Jan & Sonja Heyer (Hrsg.) 1998, Anthropologie der Gewalt. Berlin: VWF.

Koehler, Jan & Christoph Zuercher (eds.) 2003, Potentials of Disorder. Manchester: Manchester University Press.

Wirz, Albert 1982, Krieg in Afrika. Die nachkolonialen Konflikte in Nigeria, Sudan, Tschad und Kongo. Wiesbaden: Steiner.

V.4 Der lange Weg nach Europa (Susanne Babila).

[1] Roland E. Richter, Subsaharisches Afrika, in: Peter Opitz (Hrsg.), Der globale Marsch, München 1997, S. 275.

[2] Eberhard Eichendorfer, Migration und Recht, in: ders. (Hrsg.), Migration und Illegalität, Osnabrück 1999, S. 29.

[3] Human Rights Watch, Flüchtlinge und Vertriebene, http://www.hrw.org/german/refugees/fluechtlinge.htm (Stand: 13.08.03).

[4] Human Rights Watch, a.a.O.

[5] International Organization for Migration, World Migration Report 2003, Genf 2003, S. 5.

[6] Klaus J. Bade, Europa in Bewegung, Migration vom späten 18. Jahrhundert bis zur Gegenwart, München 2000, S. 440.

[7] Statistisches Bundesamt, Wiesbaden, 07.02.03.

[8] „Bericht der Beauftragten der Bundesregierung für Ausländerfragen. Über die Lage der Ausländer in der Bundesrepublik Deutschland." Berlin 2000. S.139.

[9] Eberhard Eichenhofer, a.a.O., S. 29.

[10] Annette Jensen, Ohne Einwanderung wird der Lebensstandard sinken, Interview mit dem Bevölkerungswissenschaftler, Rainer Münz, in http://www.changex.de/d_a00218.html. (Stand: 13.08.03).

[11] Tarek Armando Abou Chabaké, Irreguläre Migration und Schleusertum: Im Wechselspiel von Legalität und Illegalität, in: Husa / Parnreiter / Stacher (Hrsg.), Internationale Migration, Frankfurt a.M., 2000, S. 127, 128.

[12] Karl-Heinz Meier-Braun, „Deutschland, Einwanderungsland", Frankfurt a.M. 2002, S. 176.

[13] Karl-Heinz-Meier-Braun, a.a.O., S. 177.

V.5 Strukturelle Instabilität und Wachstumsschwäche (Robert Kappel)

Literaturauswahl

Kappel, Robert (2001a) Catching-Up mittelfristig kaum möglich: Begründungen für die langanhaltende Wachstumsschwäche in Afrika. In: R. Schubert (Hrsg.), Entwicklungsperspektiven von Niedrigeinkommensländern, Berlin 2001 (Schriften des Vereins für Socialpolitik), S. 87–115.

Robert Kappel, Utz Dornberger, Michaela Meier, Ute Rietdorf (Hrsg), Klein- und Mittelunternehmen in Entwicklungsländern. Die Herausforderungen der Globalisierung, Hamburg 2003.

Über die Autoren

Attikpoe, Kodjo, Dr. phil. – (geb. 1967), arbeitet derzeit an einem Forschungsprojekt „Afrikanische Kinder- und Jugendliteratur" und lebt in Frankfurt am Main. Veröffentlichungen u.a: „Afrikanität im globalen Zeitalter", „Von der Stereotypisierung zur Wahrnehmung des ‚Anderen'. Zum Bild der Schwarzafrikaner in neueren deutschsprachigen Kinder- und Jugendbüchern (1980–1999)."

Babila, Susanne – (geb. 1963), Studium der Theater-, Film- und Fernsehwissenschaft in Erlangen und Berlin. Studienaufenthalt in Mexiko. Hörfunk- und Fernsehjournalistin beim SWR. Reportagereisen in Europa, nach Lateinamerika und Afrika (Kamerun, Tschad, Demokratische Republik Kongo).

Bitala, Michael – (geb. 1965), nach dem Studium der Kommunikationswissenschaft, Politischen Wissenschaft, Soziologie und Geschichte und der Ausbildung an der Deutschen Journalistenschule in München arbeitete er von 1992 an zunächst zwei Jahre als Redakteur im Ressort Münchner Kultur der Süddeutschen Zeitung, anschließend im Ressort Medien. Seit 1999 ist er Afrika-Korrespondent der SZ und lebt in Nairobi, Kenia. Im August 2003 erschien sein Buch: „Der Löwe im Keller des Palastes – Ostafrikanische Erfahrungen", Picus-Verlag, Wien.

Böhler, Katja, LL.M./RSA – (geb. 1971), Studium der Rechtswissenschaften an der Humboldt-Universität Berlin und der University of Cape Town. Referendariat in Harare/Simbabwe. Dissertation über die Landfrage in Simbabwe. Derzeit wissenschaftliche Mitarbeiterin an der Universität Potsdam und freie Mitarbeiterin der Bundeszentrale für politische Bildung/bpb.

Eckert, Andreas, Prof. Dr. – (geb. 1964), seit 2002 Professor für Afrikanische Geschichte am Historischen Seminar der Universität Hamburg. Forschungsschwerpunkte: Afrika im 19./20. Jahrhundert, insbesondere Widerstand, Nationalismus und Kolonialismus.

Ehlert, Stefan – (geb. 1963), lebt in Kenia. Arbeitete 1997 zunächst als Redakteur für die Berliner Zeitung. Seit 2001 Freier Auslandskorrespondent für mehrere Zeitungen und ARD-Hörfunkprogramme in Nairobi.

Elwert, Georg, Prof. Dr. – (geb. 1947), Professor am Institut für Ethnologie der Freien Universität Berlin. Zahlreiche Forschungsprojekte auf dem afrikanischen Kontinent, u. a. in Benin, Bukina Faso, Dahomey. Zahlreiche Publikationen.

Hamm, Wolfgang – (geb. 1944), studierte Komposition, Musikwissenschaft und Soziologie. Lebt seit 1974 als Komponist, Autor und Musikproduzent in Köln; setzte sich in zahlreichen Musik- und Filmprojekten mit außereuropäischen Musikkulturen auseinander.

Kappel, Robert, Prof. Dr. – (geb. 1946), leitet den Arbeitsbereich Wirtschaft, Gesellschaft und Politik am Institut für Afrikanistik an der Universität Leipzig und den Masterstudiengang: *Small enterprise promotion and training*. Seine derzeitigen Forschungsschwerpunkte liegen in den Themenbereichen Wachstum und Akkumulation durch Industrialisierung und Armutsbekämpfung.

Müller, Stephanie, M.A. – (geb. 1972), studierte Germanistik, Neuere Geschichte und Rechtswissenschaft in Darmstadt. Sie arbeitet als Projektkoordinatorin des Cultural & Museum Centre Karonga in Malawi.

Paes, Wolf-Christian, M.A./Mag. rer. publ. – (geb. 1973), studierte Internationale Beziehungen und Verwaltungswissenschaften in Bonn, Stellenbosch und Speyer. Seit 1998 arbeitet er als Konfliktforscher am Bonn International Center for Conversion (BICC). Seinen Arbeitsschwerpunkt bilden bewaffnete Konflikte in Afrika und auf dem Balkan.

Renschler, Regula, Dr. phil. – (geb. 1935), Studium der Romanistik und der modernen Geschichte, Redakteurin für Außenpolitik bei verschiedenen Schweizer Tageszeitungen, seit 1985 beim Schweizer Radio DRS mit Schwerpunkt Dritte Welt, ausgedehnte Reisen nach Afrika, Asien und Lateinamerika, seit 2000 freie Journalistin, Publizistin und Übersetzerin.

Sankoh, Osman, Dr. – (geb. 1962), lebt heute in Schriesheim. Er studierte Mathematik an der Universität von Sierra Leone und angewandte Statistik an der Universität in Dortmund im Promotionsstudiengang. Er arbeitete am Institut für Tropenhygiene und Öffentliches Gesundheitswesen am Klinikum der Universität Heidelberg und veröffentlichte verschiedene Bücher (z. B. „Ein Vermittler zwischen zwei Welten – Afrika und Deutschland") und wissenschaftliche Artikel.

Sauer, Walter, Dr. – (geb. 1951), Dozent am Institut für Wirtschafts- und Sozialgeschichte der Universität Wien, Vorsitzender des Dokumentations- und Kooperationszentrums Südliches Afrika (SADOCC) in Wien. Wichtigste Veröffentlichungen: Der dressierte Arbeiter. Geschichte und Gegenwart der industriellen Arbeitswelt (München 1984); Das afrikanische Wien. Ein Stadtführer zu Bieber, Malangatana & Soliman (Wien 1996); The Vienna Conference. European – Southern African Cooperation in a Globalising World. The cooperation of Parliamentarians and Non-Governmental Organisations (Wien 1999); k. u. k. kolonial. Habsburgermonarchie und europäische Herrschaft in Afrika (Wien 2002).

Schadomsky, Ludger – (geb. 1970), Hörfunkjournalist mit Schwerpunkt Afrika. Seine dreistündige Kongo-Dokumentation wurde für den europäischen Hörspielpreis Prix Italia nominiert. Sein Beitrag über Lagos ist das Ergebnis eines Rechercheprojekts zu Afrikas Megastädten.

Schäfer, Rita Dr. – (geb. 1965) Ethnologin, Studium in Freiburg und London (SOAS), Dissertation 1994 ausgezeichnet mit dem Carl-Kromer-Preis der Universität Freiburg. Mehrjährige Forschungen in Sierra Leone, Zimbabwe, Namibia, Südafrika. Gutachterin in der Entwicklungszusammenarbeit. DFG-Stipendiatin (DFG-Postdoc-Programm und DFG-Drittmittelprojekt). Lehrbeauftragte an deutschen und Schweizer Universitäten, Gastdozentin an der Humboldt-Universität zu Berlin. Derzeit: Wissenschaftliche Mitarbeiterin am Institut für Ethnologie, Freie Universität Berlin.

Schrenk, Friedemann, Prof. Dr. – (geb. 1956), Studium der Geologie und Paläoanthropologie in Darmstadt und Südafrika. Er ist Sektionsleiter der paläoanthropologischen Abteilung des Forschungsinstituts Senckenberg in Frankfurt und lehrt als Professor für Paläobiologie an der Johann-Wolfgang-Goethe-Universität in Frankfurt a.M. Im Jahre 1991 machte er bei Ausgrabungen in Malawi einen 2,5–1,9 Millionen Jahre alten Hominidenfund.

Schulz, Hermann – (geb. 1938), leitete von 1967 bis 2001 den Peter Hammer Verlag in Wuppertal. Für sein verlegerisches Engagement für Autoren der südlichen Kontinente erhielt er 1998 vom P.E.N.-Zentrum Deutschland die Hermann-Kesten-Medaille. Er veröffentlichte eigene Romane und Kinderbücher, die viele Auszeichnungen erhielten. („Auf dem Strom" 1998; „Iskender" (1999); „Sonnennebel"

(2000); „Sein erster Fisch" (2000); „Flucht durch den Winter" (2002); „Wenn dich ein Löwe nach der Uhrzeit fragt" (2002); „Zurück nach Kilimatinde" (2003); „Dem König klaut man nicht das Affenfell" (2003).)

Wittek, Dagmar – (geb. 1969), seit 1996 Moderatorin und Redakteurin für den damaligen SDR und SWF. Seit Januar 2003 ARD-Hörfunkkorrespondentin für das südliche Afrika mit Sitz in Johannesburg.

Übersichtskarte

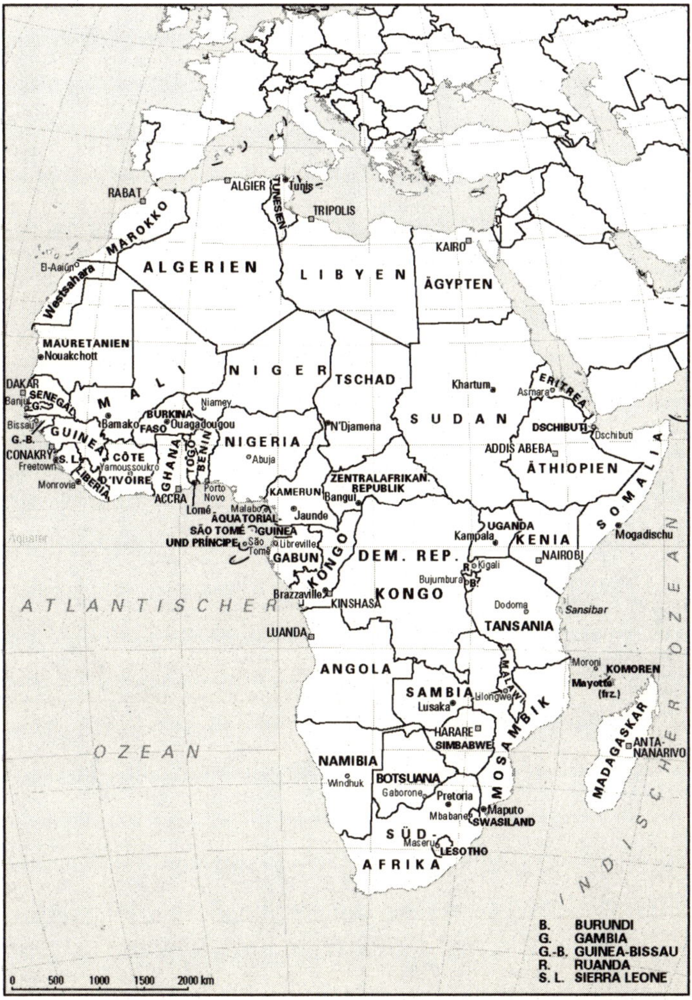